> 物业基础管理与服务指南

物业工程设施设备管理全案

福田物业项目组 —— 组织编写

实战精华版

U0430458

化学工业出版社

·北京·

本书从实际操作的角度对物业工程设施设备管理工作中应知应会的内容进行了系统的归纳和整理，具体包括物业设施设备管理概述、物业工程设施管理体系建立、前期物业工程管理、物业设施设备常规管理、房屋日常养护与管理、设施设备运维外包管理、物业设施设备管理质量提升、智慧楼宇建筑设备管理系统等内容。本书采用图表和文字结合的方式，便于读者学习理解。本书具有一定的行业代表性，具有极强的可读性和实际操作性，同时提供了大量来自国内知名物业公司的范本和案例供读者参考使用。

本书对物业设施设备进行了系统讲解，可以满足物业工作中各岗位的需求，为物业公司相关人员提供帮助。

图书在版编目（CIP）数据

物业工程设施设备管理全案/福田物业项目组组织编写．—北京：化学工业出版社，2020.6（2023.11重印）
（物业基础管理与服务指南）
ISBN 978-7-122-36383-1

Ⅰ.①物⋯ Ⅱ.①福⋯ Ⅲ.①物业管理-设备管理-指南 Ⅳ.①F293.347-62

中国版本图书馆CIP数据核字（2020）第040643号

责任编辑：辛　田　　　　　　　　　　　文字编辑：冯国庆
责任校对：宋　玮　　　　　　　　　　　装帧设计：尹琳琳

出版发行：化学工业出版社（北京市东城区青年湖南街13号　邮政编码100011）
印　　装：北京盛通数码印刷有限公司
787mm×1092mm　1/16　印张17½　字数397千字　2023年11月北京第1版第7次印刷

购书咨询：010-64518888　　　　　　　　售后服务：010-64518899
网　　址：http://www.cip.com.cn
凡购买本书，如有缺损质量问题，本社销售中心负责调换。

定　　价：68.00元　　　　　　　　　　　　　　　　　　　版权所有　违者必究

前言

物业管理与服务已成为我国社会发展最快的行业之一，物业客户服务质量及客户管理水平直接影响到客户对物业管理与服务的满意程度，直接影响到物业服务企业的经营效益。目前，物业服务类型已涉及住宅、写字楼、商业场所、工业区、医院、学校、酒店等，物业服务面积达数百亿平方米。在物业行业推广精细化管理与服务，是一个发展趋势。

经过改革开放40多年的高速发展，人们生活水平大幅提升，居民对服务质量的要求明显提升，居住、家政、养老等高端化、个性化、服务化需求快速增长，更加注重商品和服务质量，更加注重品牌和美誉度，更加注重消费体验和精神愉悦，更加注重人与自然和谐共生，更加注重文明进步和环境保护，更加注重公平、公正、法治，消费结构发生深刻变化。

物业管理，管理的是物，服务的是人，通过对物的管理，实现对人的服务。只有在这种理念的支配下，才能真正做好物业管理工作。抓好服务质量，提高业主满意率。"把温馨留给业主"，为业主营造一个优雅、舒适、温馨的生活环境，使业主心理上感受到文明、热情的服务，这是社会发展对物业管理行业提出的新要求。

物业管理是行业发展的根本，在巩固根基的基础上，要以高水平的科技创新作为支持，推动互联网、大数据、人工智能和行业的深度融合；要以人力资源培育为支撑，为行业转型升级提供符合需要的各类高素质和实用型人才，用人力资本提升弥补劳动力总量下降的不足；要以金融资本为支点，更好地发挥资本市场、风险投资、并购投资等金融工具的功能，为行业集中度提升和资源整合，提供高效便捷、功能多样、成本合理的融资服务。

"物业基础管理与服务指南"丛书就是围绕不同类型业态和不同类型企业，将专业理论与物业管理实践相结合，针对物业管理项目实操提出了标准化解决方案，对项目管理质量提升乃至行业服务质量提升都具有积极意义。本丛书的编写，不仅可以固化行业内优秀的物业管理和服务理念及方式方法，也必将为物业管理行业提升标准化工作意识，强化行业标准化工作氛围奠定基础。

"物业基础管理与服务指南"丛书就是引导企业将"为业主营造美好生活"的愿景，融入物业管理日常工作中，努力提供专业化、标准化、精细化和多元化的服务内容，不断提升业主的幸福感和获得感，助力建设和谐社区。

本丛书由福田物业项目组组织编写，深圳市福田物业发展有限公司（简称福田物业）成立于1992年，是国家一级资质物业管理服务企业、中国百强物业管理服务企业、中国物业管理协会常务理事单位、深圳市物业管理协会监事长单位、重合同守信用企业、中国质量承诺诚信经营企业。

丛书的编写，具有一定的行业代表性，具有极强的可读性和实际操作性；丛书从实操的角度对于物业管理与服务工作中应知应会的内容进行了系统的归纳和整理，提供了大量的范本和案例供读者参考使用；丛书采用图表和文字结合的方式，便于读者学习理解；丛书对物业企业服务全流程进行系统讲解，满足各个岗位培训需求，为企业提升专业水平提供帮助。

《物业工程设施设备管理全案》包括物业设施设备管理概述、物业工程设施管理体系建立、前期物业工程管理、物业设施设备常规管理、房屋日常养护与管理、设施设备运维外包管理、物业设施设备管理质量提升、智慧楼宇建筑设备管理系统。

本书由王文军对全书相关内容进行了认真细致的审核，最后由匡仲潇、滕宝红完成统筹、定稿。

由于笔者水平有限，加之参考资料有限，书中难免出现疏漏与缺憾，敬请读者批评指正。同时，部分内容引自互联网媒体，其中有些未能一一与原作者取得联系，请您看到本书后及时与笔者联系。

编者

目录

01 第一章 物业设施设备管理概述

第一节 物业设施设备的构成 ·· 002
一、基础设备类构成 ·· 002
二、生活设备类构成 ·· 003
三、安全设备类构成 ·· 004

第二节 物业工程设施设备管理核心 ·· 005
一、物业工程设施设备管理的任务 ···································· 005
二、物业工程设施设备管理的内容 ···································· 005

第三节 物业设施设备管理要点 ·· 006
一、物业公司早期介入 ·· 006
二、做好设备管理基础资料 ·· 007
三、加强物业设备运行管理 ·· 008
四、建立绩效考核机制 ·· 010
【范本1-01】物业公司工程部员工绩效考评办法 ············ 010
五、设备定期维修保养 ·· 014
六、提升员工综合素质 ·· 015

02 第二章 物业工程设施管理体系建立

第一节 物业公司工程部的组建 ·· 017
一、物业公司工程部管理范围 ·· 017
二、公司总部设立工程部 ·· 018

三、各项目管理处设工程组 020
四、工程部各岗位职务说明 020

第二节　物业工程管理制度建设 025

一、认真制定管理制度 025
二、严格实施管理制度 026
三、定期进行监督检查 027
　【范本2-01】工程部行为准则 028
　【范本2-02】工程部培训制度 029
　【范本2-03】工程部日常工作管理规定 031
　【范本2-04】安全保卫制度 032
　【范本2-05】工程验收制度 033
　【范本2-06】设备维修制度 034
　【范本2-07】报告制度 035
　【范本2-08】工具管理制度 036
　【范本2-09】巡检制度 037
　【范本2-10】交接班制度 037
　【范本2-11】值班制度 038
　【范本2-12】材料领取制度 039
　【范本2-13】机房钥匙管理制度 039
　【范本2-14】机电设备房出入管理制度 039
　【范本2-15】设备故障应急处理预案 040

03

第三章　前期物业工程管理

第一节　项目前期介入工程管理 048

一、工程部前期介入的目的 048
二、工程部介入的工作流程 048
三、物业工程前期介入的事项 049
四、图纸审核与巡查工作 054
五、工程部现场详细巡查 057

第二节　验收接管期工程管理 060

一、物业接管验收的作用 060

二、物业接管验收的对象···061
三、物业接管验收的条件···061
四、接管验收的资料要求···062
五、房屋接管验收的标准···064
六、接管验收的操作步骤···067
七、验收后入伙前的设施成品保护··069
   【范本3-01】房屋及公共设施移交清单···070
   【范本3-02】楼宇建筑接管验收记录···071
   【范本3-03】公共机电设备验收单···072
   【范本3-04】公用建筑/小型设施验收单··072
   【范本3-05】室外给排水验收单···073
   【范本3-06】房屋公共部位及设施移交清单···································073
   【范本3-07】工程资料移交清单···074
   【范本3-08】房屋附属设施设备移交清单·······································074
   【范本3-09】物业工程移交项目汇总表···075
   【范本3-10】接管验收遗留问题统计表···077
   【范本3-11】工程质量问题处理通知单···078

第三节 入伙阶段工程管理··078
   一、办理入住手续时期的工程管理··078
   二、业主装修过程的工程管理··078
   三、违规装修的工程管理··082
   【范本3-12】工程质量问题处理通知单···083
   【范本3-13】装修施工承诺书···084
   【范本3-14】装修现场巡查签到表···085
   【范本3-15】装修验收单···086

04

第四章 物业设施设备常规管理

第一节 设施设备运行管理··088
   一、制订合理的运行计划··088
   二、配备合格的运行管理人员··088
   三、提供良好的运行环境··089
   四、建立健全必要的规章制度··094

五、设施设备的状态管理 ··· 094
　　六、做好运行记录 ··· 095
　　七、对运行状态的分析 ··· 098
　　　　【范本4-01】设施设备运行计划 ·· 101
　　　　【范本4-02】供配电设施设备运行管理标准作业规程 ······················ 102
　　　　【范本4-03】柴油发电机运行管理标准作业规程 ···························· 104
　　　　【范本4-04】中央空调运行管理标准作业规程 ······························· 107
　　　　【范本4-05】给排水设施设备运行管理标准作业规程 ······················ 109
　　　　【范本4-06】消防系统运行管理标准作业规程 ······························· 112
　　　　【范本4-07】弱电系统运行管理标准作业规程 ······························· 114

第二节　设施设备维护保养管理 ··· 116
　　一、设备维护保养的类别 ··· 116
　　二、物业设施设备的保养周期及项目 ·· 117
　　三、制订物业设施设备的保养计划 ··· 122
　　四、物业设施设备的保养计划实施 ··· 123
　　　　【范本4-08】设施设备年度保养工作计划表 ································· 123
　　　　【范本4-09】供配电设施设备维修保养标准作业规程 ····················· 131
　　　　【范本4-10】柴油发电机维修保养标准作业规程 ··························· 135
　　　　【范本4-11】中央空调维修保养标准作业规程 ······························ 138
　　　　【范本4-12】排水设施设备维修保养标准作业规程 ························ 142
　　　　【范本4-13】消防系统维修保养标准作业规程 ······························ 146
　　　　【范本4-14】弱电系统维修标准作业规程 ···································· 149

第三节　应急维修的管理 ·· 152
　　一、设备维修信息的获得 ··· 152
　　二、设备维修的实施 ·· 153
　　三、设备报修单的设计 ··· 153
　　　　【范本4-15】设备巡视签到表 ·· 154
　　　　【范本4-16】空调系统巡视维护表 ·· 154
　　　　【范本4-17】电梯系统巡视维护表 ·· 155
　　　　【范本4-18】消防报警系统巡视维护表 ······································ 155
　　　　【范本4-19】气体消防系统巡视维护表 ······································ 155
　　　　【范本4-20】供配电系统巡视维护表 ··· 156
　　　　【范本4-21】供水系统巡视维护表 ·· 156

【范本4-22】排水系统巡视维护表 ·· 156
【范本4-23】监控系统巡视维护表 ·· 157
【范本4-24】避雷系统巡视维护表 ·· 157
【范本4-25】停车场管理系统巡视维护表 ··· 157
【范本4-26】楼宇自控系统巡视维护表 ··· 158
【范本4-27】弱电系统巡视问题处理表 ··· 158

05

第五章　房屋日常养护与管理

第一节　房屋的日常养护 ·· 160

一、房屋养护的原则 ·· 160
二、房屋日常养护的类型 ·· 160
三、房屋日常养护的内容 ·· 162
四、房屋日常养护的程序 ·· 166
【范本5-01】××房屋日常维修养护方案 ··· 167

第二节　房屋完损等级的评定 ·· 174

一、房屋完损标准的划分和等级分类 ··· 174
二、房屋完好率、危险率的计算 ·· 175
三、房屋等级评定的部位 ·· 176
四、房屋等级评定的期间 ·· 176
五、评定房屋完损等级的步骤 ·· 176
【范本5-02】房屋分幢完损等级评定表 ··· 181
【范本5-03】房屋完损等级汇总表 ··· 181
【范本5-04】公司房屋完损等级汇总表 ··· 182

06

第六章　设施设备运维外包管理

第一节　设施设备运维外包概述 ·· 184

一、什么是设施设备运维外包 ·· 184
二、设施设备运维外包的好处 ·· 184

三、哪些项目容易获得外部资源 ··· 185
　　四、物业设施运作与维护外包形式 ··· 185

第二节　编写外包服务工程说明 ··· 186
　　一、工程说明书的形式 ··· 186
　　二、工程说明书编写的要求 ··· 186
　　三、工程说明的内容 ·· 186
　　四、与工程说明书有关的其他事项 ··· 187

第三节　承包商的选择 ·· 187
　　一、承包商能力的审查 ··· 187
　　二、承包商选择的方法 ··· 188
　　三、承包商能力的判断 ··· 188
　　　　【范本6-01】承包商初审记录 ·· 189

第四节　运维外包合同的签订 ·· 189
　　一、运维外包合同的类型 ·· 189
　　二、运维外包合同签订的要求 ·· 190
　　三、运维外包合同的内容 ·· 190
　　四、运维外包合同的签订 ·· 191
　　　　【范本6-02】电梯保养合同书 ·· 191
　　　　【范本6-03】公共机电设备维修保养合同 ································ 193
　　　　【范本6-04】楼宇对讲管理系统维保维护合同 ·························· 196

第五节　运维外包服务的监控 ·· 198
　　一、指定专人负责 ··· 198
　　二、监控运维外包服务情况 ··· 198
　　三、定期监管考评 ··· 199
　　　　【范本6-05】电（扶）梯维保外包监督管理制度 ······················· 200
　　　　【范本6-06】消防系统外包维保考核评分表 ····························· 202
　　　　【范本6-07】电梯外包月度考核表（管理处工程组） ················· 210
　　　　【范本6-08】消防系统外包月度考核表（管理处工程组） ··········· 211
　　　　【范本6-09】供配电系统外包月度考核表（管理处工程组） ······· 211
　　　　【范本6-10】外包维修保养季度考评表（工程部） ···················· 212
　　　　【范本6-11】承包商评价表 ·· 213
　　　　【范本6-12】设备故障问题转呈单 ·· 214

第七章 物业设施设备管理质量提升

第一节 质量目标与标准设定 ·· 216
一、物业设施设备管理质量目标 ·· 216
二、物业设施设备质量标准的制定 ··· 217

第二节 开展物业服务检查 ·· 222
一、检查的方式 ··· 222
二、检验的方法 ··· 223
三、检验的项目 ··· 223
四、缺陷的处理 ··· 223
五、巡检报告 ·· 224
六、缺陷原因的分析与措施 ·· 224

第三节 全面质量管理计划（运作和维护专用） ··· 224
一、全面质量管理计划的目的 ··· 225
二、全面质量管理的方法 ··· 225
三、全面质量管理的首要目标 ··· 225
【范本7-01】物业工程部服务品质提升方案 ·· 226
【范本7-02】物业工程服务质量检查标准 ··· 233
【范本7-03】工程部服务质量检验标准及评分细则 ··································· 241

第八章 智慧楼宇建筑设备管理系统

第一节 建筑设备管理系统概述 ·· 246
一、建筑设备管理系统的功能 ··· 246
二、建筑机电设备监控的要求 ··· 246
三、建筑设备管理系统的计算机控制技术 ·· 247

第二节 冷热源系统监控 ··· 248
一、冷源装置 ·· 248
二、热源装置 ·· 249

三、冷热水机组……250
四、冷热源系统的监控……250

第三节　空调系统监控……251
一、智能建筑中的空调及其自动控制系统的重要性……252
二、空调系统的组成部件……252
三、空气调节系统的分类……252
四、空调机组的监控……254

第四节　给水排水系统监控……256
一、给水监控系统……256
二、排水监控系统……257

第五节　供配电系统监控……258
一、供配电系统监控的功能……258
二、供配电系统的监控内容……258

第六节　照明系统监控……259
一、照明监控系统的任务……259
二、照明控制方式……259
三、照明系统的监控功能……260

第七节　电梯系统监控……261
一、对电梯监控系统的要求……261
二、电梯系统的监控功能……261

第八节　建筑设备管理系统设计……262
一、建筑设备管理系统的设计原则……262
二、建筑设备管理系统的设计流程……262
三、建筑设备管理系统的节能优化设计……264

第九节　建筑设备系统的操作与维护管理……265
一、建立建筑设备系统设施设备台账……265
二、配备建筑设备系统的运行维护人员……266
三、签订维护保养和维修合同……268

第一章

Chapter 01

物业设施设备管理概述

> 物业管理的责任和目标是为业主及使用者提供服务,而这种服务的本质意义在于,通过物业管理全过程,实现物业本身的保值和增值。其中,物业设施设备管理最为重要,同时也是难度最大、专业性最强的管理工作,其水平高低是决定物管公司综合实力的主要因素。

第一节 物业设施设备的构成

物业设施设备是指与房屋建筑相配套的机器、设施、装置、仪器、管线及机具等,且在使用过程中基本保持原有实物形态的物质资料的总称。它是物业固定资产的主要组成部分,是实现物业使用价值不可或缺的要素之一。由于设备管理是物业管理的重要内容,而设备分类又是设备管理的基础性工作,因此,为了使物业设备能够保持正常的使用功能和状态,首先需要了解物业设备的构成。

物业中的设备通常包括基础设备、生活设备、安全设备三大类。

一、基础设备类构成

基础设备是指为人们提供基本生活和工作的物质,为其他设备提供主要能源的各类设施设备。对居住物业来说,基础设备包括供配电设备和供水设备两类设备系统。

(一)供配电设备

供配电设备是指将电源与用电设备联系在一起的电气设备系统总称,它包括供电设备和配电设备两个子系统。

1. 供电设备

将高压6~10千伏或低压380伏/220伏的电能输入建(筑)物中的电气设备组合称为供电设备系统。供电设备系统一般有三种形式,即高压供电形式、低压供电形式、自备发电机组供电形式。

2. 配电设备

将输入建(筑)物中的电能经配电装置分配给各个用电设备的电气设备组合称为配电设备系统。配电设备系统一般包括进线柜、计量柜、分配柜、连接柜、母排等。

(二)供水设备

供水设备是指满足业主及使用人及其他设备系统对水量、水压、水质等要求的各类给水设施与设备。供水设备系统一般有两种形式,即市网供水形式、二次供水形式。按照整个供水环节可将它划分为总蓄水池、水泵、分蓄水池、水阀、水表及供水管网等几个方面。

二、生活设备类构成

生活设备是指与业主及使用人的生活密切相关,并且影响业主及使用人生活环境质量的各类设备的总和。

(一)电梯

电梯是指用电力拖动的特殊交通运输工具,包括轿厢式电梯和自动扶梯。

① 轿厢式电梯一般由曳引系统、轿厢与对重系统、门系统、安全保护系统和控制系统等部分组成。

② 自动扶梯主要用于相邻楼层的人流输送,可以用很小的空间运送大量人员。自动扶梯在构造上与轿厢式电梯有些相似,但在许多方面比轿厢式电梯简单,它一般由驱动装置、运动装置和支撑装置组成。

(二)排水设施设备

排水设施设备是指收集并排放人们生活废水和建筑物自然积水,使其到规定范围的排水设施设备。它包括排水管道、排污管道、通气管、清通设备、提升设备、室内排水管道、污水井、化粪池等,还包括物业附属的卫生设施设备,如浴缸、水盆、冲洗盆、抽水马桶等。

(三)停车设施设备

停车设施设备主要是指与停车场所引导、控制、显示、管理有关的设施设备。

(四)普通照明设施设备

普通照明系统是指用以满足共用居住环境要求的照明电气设施设备,包括各种控制开关、插座、照明设施。照明系统按作用功能不同,可分为视觉照明系统和景观照明系统。

(五)弱电设备

弱电设备是指为物业内部提供某种特定用途的弱电设备及装置。通常包括通信设备、广播设备、共用天线设备、闭路电视系统等。随着现代物业中技术含量的增加,尤其是智能建筑的产生和发展,弱电设备将变得越来越复杂。

(六)特殊用水设备

特殊用水设备是指提供或排放居住物业中特殊用水(如景观用水、绿化用水、游泳池用水、直饮水系统、中水等)的设备。

(七)通风设备

通风设备是指为实现排风或送风而采用的风机、风口、管道等通风换气的设备,包括供冷设备(如冷气机、深井泵、空调机、电扇、冷却塔、回水泵及输送冷水的管网等)和室内通风设备(如通风机、排气口、净化除尘设备等)。

（八）供暖设备

供暖设备主要有热水供暖设备和蒸汽供暖两类。供暖设备系统一般由三个部分组成：热源部分，包括锅炉、蒸汽喷射器等；输热部分，包括热水管道、热水表、循环管、冷水箱、疏水阀、自动温度调节器、减压阀等；散热部分，包括散热器、暖风机、辐射板等。另外，还有一些辅助设施，如鼓风机、水汀片、回水泵、膨胀水箱、去污器等。

（九）智能建筑系统

智能建筑系统是指综合集成与利用计算机、通信、自动控制等技术，并且由智能化的信息处理技术支撑的各类设备系统的总和。按系统功能的不同，通常分为建筑设备自动化系统、通信网络系统、办公自动化系统及住宅自动化系统等子系统。

三、安全设备类构成

安全设备是指与业主及使用人的人身安全、财产安全关系密切的各类设备系统的总和。

（一）消防系统

消防系统是指由火险探测、系统控制、救灾执行三大部分组成的防火灭火设备系统的总和。

目前许多建筑物采用的消防设备仍然以水力灭火为主。物业内用于消防的设施设备包括喷淋系统和消防系统，其他配套的消防设备有烟感器、温感器、消防报警系统、防火卷帘、防火门、排烟送风系统、防火阀、消防电梯、消防走道及事故照明、应急照明等。

一般住宅小区常配用的消防设备有供水箱、消防箱、灭火器、灭火瓶、消防龙头、消防泵等。

（二）安防系统

安防系统是安全防范系统的简称，是指防止偷盗等犯罪行为的发生而设立的各类设备系统的总和。按防范工作的重点来分，通常可分为出入口管理系统、防盗报警系统、闭路监视系统、电子巡更系统等几类。

（三）防雷系统

防雷系统是指防止带电云层对建筑物放电所引起自然灾害的系统，它是由接闪器、引下线和接地体三部分组成的设备系统的总和。一般来说，防雷系统按雷电的表现形式，可分为防直击雷系统、防感应雷系统、防雷电波侵入系统和消雷器系统四类。

（四）防险照明系统

防险照明系统是指为了避免意外和防止险情的照明设备的总和。按作用不同，可分为航空标高灯系统、应急照明系统、疏散导向系统等。

第二节　物业工程设施设备管理核心

物业行业的工程管理不同于制造业和建筑业的工程管理，物业行业的工程部主要负责通过对建筑物的设施设备进行精心维护、科学检修、经济运行，保障设备效能的有效发挥，在为客户提供高效优质服务的基础上，为客户创造安全、舒适、先进、优越的工作环境。其目的是使设备处于良好的工作状态，发挥其综合效益，降低能耗，减少费用。

一、物业工程设施设备管理的任务

物业工程设施设备管理的任务是保证为客户的经营活动提供能源，如电力、热能、燃气、各种用水等，并负责对这些设备进行及时、可靠的维护保养，同时不断发现设施设备的问题，进行必要的更新改造、新建、扩建工程等，使企业具有先进性和竞争能力。

二、物业工程设施设备管理的内容

物业工程设施设备管理的主要内容可依据实施物业管理不同阶段，实施不同形式内容的管理。在不同阶段管理的重点内容如下。

（一）前期介入和接管验收阶段

在这一阶段，主要从房地产开发企业在项目规划、设计、施工以及将共用设施设备向承接物业管理服务的企业进行移交的过程中，站在业主未来使用安全、可靠、舒适、便捷以及节能、环保的服务的角度上，同时考虑物业维修养护、运行质量、节约公共能耗等方面，提出参考性的建议和意见。

物业公司在工程施工设施设备安装过程中的工作如下。
① 参与设备到岸开箱验收。
② 配合设施设备的安装、调试、检测等环节。
③ 分步建立设施设备的技术档案。
④ 了解物业设施设备的技术状况。
⑤ 培养和锻炼物业公司技术队伍。

> **提醒您**
>
> 应站在业主的角度，从维护业主权益的目的出发开展承接验收工作，把好设施设备验收质量关，为进入管理服务期奠定良好基础；同时界定施工建设和管理之间的责任。

（二）前期物业管理服务期

这一阶段的主要工作内容如下。

① 重点关注新接物业项目设施设备运行磨合期的状态管理。配合开发建设单位和施工安装单位做好保质期的质量保修工作，建立良好、有效的信息沟通渠道，及时向承担维保的企业通报设施设备在初始运行阶段的状况，及时排除运行故障，确保业主（用户）的使用安全。

② 建立并完善物业设施设备在管理、维修、使用中的规章制度、操作运行规程；同时应制定重要设施设备故障应急处理预案。

③ 加强计划性和强制性维修养护相结合的设施设备的计划管理工作。建立计划维修资金保障机制，每年度财务部门都应按设施设备维修计划专项列支维修费用。

④ 做好物业设施设备的备品、配件的管理，依据设施设备相关技术文件的使用维护说明，建立必要的备品、配件储备和必要的供应商渠道，以保障设施设备在突发故障，必须进行维修时的配件供应。

⑤ 建立并逐步完善物业设施设备的档案资料的收集、整理、归档。在日常管理维修中的重要工作都应准确记录，经定期整理后按设施设备的类别，分类归档。

（三）常规期物业管理阶段

这一阶段是指物业管理区域业主大会成立，选聘物业公司，并授权业主委员会与选聘的物业公司签订物业服务合同，该合同生效时起的物业管理服务阶段。

从接管验收并交付物业到这一阶段开始，一般要经过两年，即物业设施设备维修"黄金期"已逐步过去，较频繁的维修保养次数和产生一定维修费用的时段已经来临。物业管理处除应做好前期物业管理服务期的物业设施设备管理维修工作外，还应加强以下工作。

① 有计划、有步骤地对相关设施设备进行运行状态检测，以便指导编订维修保养计划。

② 按照物业设施设备技术文件的要求更换需要更换的零部件，以保障设施设备以最佳状态运行。

③ 对物业内消防系统中的灭火器进行全面检查并补充灭火剂。

④ 进行设施设备运行能耗分析，从中发现可能出现的隐性故障。

⑤ 对设施设备外观进行防腐处理，以保证设施设备美观，减少自然腐蚀。

⑥ 对使用一定年限后因起始技术性能落后、性能降低、灵敏度降低、能耗加大或者磨损过度的物业设施设备，应该按照相关标准规范有计划地进行大修、更新工作，以保障物业设施设备的安全性、可靠性和经济性。

第三节　物业设施设备管理要点

一、物业公司早期介入

物业设施设备管理实施早期介入已被部分开发建设单位逐渐认可和采用。物业公司应运用成熟的物业管理服务经验、专业化的技术以及"以人为本"的理念参与到物业项目的规划、设计、施工过程中，完善物业配套使用功能，优化设计，控制工程质量，收集技术资料，熟悉和了解物业设施设备的技术性能，培养和提升物业维修管理人员的专业技能，为后期物业的使用和管理奠定良好的基础。

二、做好设备管理基础资料

基础资料是设备管理工作的根本依据。基础资料必须正确齐全，要利用现代手段，运用计算机进行管理，使基础资料电子化、网络化，活化其作用。设备的基础资料如下。

（一）设备的原始档案

设备的原始档案一般包括以下内容。
① 基本技术参数和设备价格。
② 质量合格证书。
③ 使用安装说明书。
④ 验收资料。
⑤ 安装调试及验收记录。
⑥ 出厂、安装、使用的日期。

（二）设备卡片及设备台账

设备卡片是将所有设备按系统或部门、场所编号的卡片。一台设备有一张设备卡片，设备卡片上登记设备的编号、名称、规格型号、基本技术参数、设备价格、制造厂商、使用部门、安装场所、使用日期等。

按编号将设备卡片汇总进行统一登记，形成一本企业的设备台账，从而反映全部设备的基本情况，为设备管理工作提供方便。

（三）设备技术登记簿

设备技术登记簿登录和记载了设备从起始到报废的全过程。设备的计算、设计、制造、采购、安装、调试、使用、维修、改造、报废，均应有比较详细的记载。

每台设备应建立一本设备技术登记簿，它是设备的档案材料。设备技术登记簿的内容一般包括以下内容。
① 设备概况，即设备台账上的资料。
② 设计参数和条件、技术标准及简图。
③ 设备运行状况。
④ 备品配件。
⑤ 设备维护保养和检修情况。
⑥ 设备大中修记录（包括时间、费用、人员）。
⑦ 润滑卡。
⑧ 设备事故记录。
⑨ 更新改造及移装记录。

⑩ 报废记录。

设备技术登记应及时、准确、齐全,应反映该台设备的真实情况,用于指导实际工作。

(四)设备系统资料

物业设备都是在组成系统后才发挥作用的。例如中央空调系统由冷水机组、冷却泵、冷冻泵、空调末端设备、冷却塔、管道、阀门、电控设备及监控调节装置等一系列设备组成,任何一种设备或传导设施发生故障,系统都不能正常制冷。

因此,除了设备单机资料的管理之外,对系统的资料管理也必须加以重视。系统的资料包括竣工图和系统图,其具体内容如下。

1. 竣工图

在施工时原则上应该按施工图施工,但在实际施工时往往会遇到许多具体问题需要变动,把变动的地方在施工图上及时标注或记录下来,尤其是管道及阀门安装的规格、位置、标高及走向等。如果在施工时没有把变动的地方标注或记录下来,就会造成管理上的困难。

施工结束后,把施工中变动的地方全部用图重新标示出来,且这样的图纸符合实际情况,这就是竣工图。竣工图应由资料室及设备管理部门保管。

2. 系统图

竣工图是整个物业或整个层面的布置图,在竣工图上,各类管线纵横交错,错综复杂,不熟悉的人员一时也很难查阅清楚,而系统图就是把各系统分割成若干子系统(也称分系统),子系统中可以用文字对系统的结构原理、运作过程及一些重要部件的具体位置等作比较详细的说明,表示方法灵活直观、图文并茂,使人一目了然,以便于查阅。系统图也是对员工培训教育的一种行之有效的参考教材。

三、加强物业设备运行管理

管理好物业设备直接关系到业主的切身利益和物业能否保值、增值。掌握物业设备的运行管理,首先应熟悉物业辖区的各类管线结构的分布情况,因为它是设备与终端业主之间的联系纽带,同时工作人员还需熟悉设备的结构原理、工作方式,对各类发电机组、变压器、水泵等设备性能要做到了如指掌。对新接管的物业,要加强设备接管验收,对设备运行情况进行跟踪、监测、记录,消除设备存在的隐患,日常管理要根据物业设备运行的负载变化,如夏季用水、用电高峰期和夏季天黑较晚的特点,工作人员可对路灯进行合理、适时调度,通过物业设备负载能力和调配特点,发掘设备潜能,做到物尽其用,充分发挥设备的使用价值。

物业公司应该关注的物业设备运行管理包括技术运行管理和运行成本管理两个部分。

(一)物业设备技术运行管理

物业设备技术运行管理就是要建立合理的、切合实际的运行制度、运行操作规定和安全操作规程等运行要求或标准,建立定期检查运行情况和规范服务的制度等。其主要作用是保证设备安全、正常的运行。物业设备技术运行管理应落实以下几个方面的工作。

① 针对设备的特点，制定科学、严密、切实可行的操作规程。
② 对操作人员要进行专业培训教育，国家规定需持证上岗的工种必须持证才能上岗。
③ 加强维护保养工作。
④ 定期校验设备中的仪表和安全附件，确保设备灵敏可靠。
⑤ 科学地监测、诊断故障，确保设施设备安全运行。
⑥ 对设备事故的处理要严格执行"四不放过"原则。

（二）物业设备运行成本管理

运行成本管理主要包括能源消耗经济核算、操作人员配置和维修费用管理等方面。

1. 能源消耗经济核算

设备在运行过程中，需要消耗水、电、压缩空气、燃油等各类能源，节约能源就是节约能耗费用。能源消耗的经济核算工作主要有以下三方面，如下表所示。

能源消耗的经济核算工作

序号	核算工作	控制要点
1	制订能源耗用量计划和做好计量工作	（1）每年要预先按月编制各类能源的消耗量及能源费用的计划，作出1～12月每个月的各类能源的耗用计划及能源费用支出计划 （2）各类能源的使用要有正确可靠的计量仪表，坚持做到每天定时抄表记录，并计算出日耗量，每周统计一次实际耗用量，每月统计一次实际耗用量及能源费用，并将每月的实际耗用量及能源费用同年度计划进行比较 （3）如能源耗用量出现异常情况，应立即查清原因并报告负责人
2	采用切实有效的节能技术措施	（1）积极采用节能产品和节能技术，降低能源消耗；充分利用余热能资源，减少一次能源的消耗 （2）在选用设备时，注意设备的技术参数要同工艺要求相匹配，优先采用先进的电子控制技术，实施自动调节。从而使设备在运行过程中始终处于最佳的运行状况 （3）在节约用水方面，要做到清浊分流、一水多用、废水利用 （4）在节约用电方面，优先选用节能型电气设备，在供配电设施上应有提高功率因数的措施；在照明用电方面，要尽量多利用自然光，选择合理的照明系统和照明灯具，照明灯具的控制应采用时间控制、光电控制或红外音频控制等节能控制方式 （5）在管网维护方面，要防止管道、阀门及管道附件的泄漏和损坏，发现问题要及时修理和调换。对使用热源和冷源的管道和设备应加强保温绝热工作，以减少散热损失
3	切实做好节能管理工作	（1）应选择具有节能专业知识、实践经验和有技术职称的人员任能源管理人员 （2）能源管理人员负责对本单位的能源应用状况进行监督、检查。按照合理用能的原则，推行节能的科学管理方法，组织实施节能技术措施，降低能耗 （3）制定本单位合理的能源消耗定额，建立节能工作责任制度并且严格考核 （4）开展节能教育，组织有关人员参加节能培训 （5）能源管理人员和在重点耗能设备岗位上工作的操作人员，应经节能行政主管部门指定的机构进行培训，考试合格后方可持证上岗

2. 操作人员配置

应积极采取合理的人力资源组织形式来安排操作人员，定岗定员，提倡一专多能的复合型人才持证上岗，如使用万能工。

3. 维修费用管理

一般应确定专人负责，做到计划使用和限额使用相结合。对维修费用的核算，必须要有故障修理记录作为维修费用开支的依据，同时也为今后的维修管理提供参考。

四、建立绩效考核机制

为了提高工作效率和服务质量，应建立设备管理考核、督查机制，制定设备管理考核标准，如每台设备有相应责任人，设备上要有设备管理卡、设备台账；水泵阀门开启要灵活，不得渗漏；设备房要保持清洁，不得堆放杂物等。要定期、不定期地对各小区（大楼）的设备进行现场检查、考核，做到优胜劣汰，对管理人员要赏罚分明，以调动员工的工作积极性，增强企业凝聚力和向心力。

【范本1-01】物业公司工程部员工绩效考评办法

1. 目的

规范员工绩效考评工作，确保公平、公正、公开考评员工的德、绩、能、勤。

2. 适用范围

适用于××物业公司管理处机电维修工的绩效考评工作。

3. 职责

① 机电维修组长负责依照本规程进行机电维修工的日检工作。

② 机电维修组长负责依照本规程进行机电维修工和班组长的周检工作。

③ 管理处经理负责依照本规程进行维修工和班组长的月检，主管的周检工作。

④ 公司品管部负责依照本规程进行机电维修组长的月检工作。

4. 程序要点

4.1 物业公司工程部员工的工作标准

4.1.1 机电维修组成员每日当值工作应符合《供配电设施设备操作标准作业规程》《供配电设施设备运行管理标准作业规程》《供配电设施设备维修保养标准作业规程》《值班管理标准作业规程》的要求。

4.1.2 机电维修工在进行中央空调日常管理、常压生活锅炉日常管理、柴油发电机日常管理、弱电系统、餐饮、娱乐设备、公共设施日常管理工作时，应当严格遵守《中央空调操作标准作业规程》《中央空调运行管理标准作业规程》《中央空调维修保养标准作业规程》《常压生活锅炉操作标准作业规程》《常压生活锅炉运行管理标准作业规程》《常压生活锅炉维修保养标准作业规程》《柴油发电机操作标准作业规程》《柴油发电机运行管理标准作业规程》《柴油发电机维修保养标准作业规程》《弱电系统维修保养标准作业规程》《公共设施安装、维修标准作业规程》的工作要求。

4.1.3 电梯工在进行电梯日常管理时,应当严格按照《电梯运行管理标准作业规程》《电梯维修保养标准作业规程》《电梯困人救援标准作业规程》《电梯故障维修标准作业规程》进行工作。

4.1.4 机电维修组成员在进行工作时应当严格按照《给排水设施设备操作标准作业规程》《给排水设施设备运行管理标准作业规程》《给排水设施设备维修保养标准作业规程》进行工作。

4.1.5 机电维修工在进行水池、水箱清洗工作时,应当完全符合《二次供水管理标准作业规程》的要求。

4.1.6 机电维修工在进入住户家庭进行安装、维修工作时,必须严格按照《住户家庭维修安装标准作业规程》进行工作。

4.1.7 物业公司工程部全体维修工当值工作时的仪容仪表、言谈举止应当符合《管理处员工服务标准作业规程》的要求。

4.1.8 机电维修组全体维修工在接受培训时,应当严格遵守《物业公司工程部员工培训管理标准作业规程》的要求。

4.1.9 机电维修工在使用机电维修工具时,应当遵守《物业公司工程部工具管理标准作业规程》的要求。

4.1.10 机电维修组组长应当严格执行上述各个标准作业规程,严格按照上述所有标准作业规程的要求进行工作,履行自己的职责。

4.1.11 机电维修组全体员工除应严格按照本部门的标准作业规程进行工作外,还应严格遵守公司其他相关标准作业规程的要求。

4.2 绩效考核评分结构

4.2.1 绩效考核中的日检、周检、月检、抽检均按百分制进行。各种检查考评的要求详见《绩效考核管理标准作业规程》。

4.2.2 机电维修工的考评分值构成如下。

① 执行"操作规程"质量(满分10分)。

② 执行"运行管理标准作业规程"质量(满分10分)。

③ 执行"维修保养标准作业规程"质量(满分10分)。

④ 服务质量(满分10分)。

⑤ 合理使用工具质量(满分10分)。

⑥ 培训质量(满分10分)。

⑦ 值班质量(满分10分)。

⑧ 进入住户家庭维修质量(满分10分)。

⑨ 执行公司相关标准作业规程质量(满分10分)。

⑩ 其他质量（满分10分）。

4.2.3 机电维修组长绩效考评的周检、月检、抽检分值构成如下。

① 岗位标准作业规程执行质量（满分10分）。

② 培训质量（满分10分）。

③ 自身工作技能（满分10分）。

④ 服务质量（满分10分）。

⑤ 工作效果（满分10分）。

⑥ 工作责任心（满分10分）。

⑦ 处事公正性（满分10分）。

⑧ 遵守公司其他相关作业规程质量（满分10分）。

⑨ 团结配合质量（满分10分）。

⑩ 道德水准（满分10分）。

4.3 绩效考评扣分细则

4.3.1 机电维修工扣分细则如下。

① 机电维修工当值工作时，违反各类《设备操作标准作业规程》进行操作，每次检查每发现一项轻微违规，扣减对应考评项目0.5～2分；严重违规扣3～10分；引起不良后果的，视情况按《行政奖罚标准作业规程》进行处罚。

② 机电维修工当值工作时违反各类《运行管理标准作业规程》监控设备，每次检查每发现一项轻微违规，扣减对应考评项目0.5～2分；严重违规扣减3～10分，引起不良后果的，视情况按《行政奖罚标准作业规程》进行处罚。

③ 机电维修工当值工作时违反各类《维修保养标准作业规程》进行设备维护的，每次检查每发现一项轻微违规，扣减对应考评项目0.5～2分；严重违规扣减3～10分；引起不良后果的，视情况依据《行政奖罚标准作业规程》进行处罚。

④ 机电维修工当值时的仪容仪表、言谈举止不符合《管理处员工服务标准作业规程》，每次检查每发现一次一般违规，扣减相应考评项目0.5～1分；严重违规扣减2～3分；引起不良后果的，视情况扣减4～10分，扣完为止。

⑤ 机电维修工当值工作使用工具时违反《物业公司工程部工具管理标准作业规程》，每次检查每发现一次一般违规，扣减对应考评项目0.5～2分；严重违规扣减4～10分；引起不良后果的，视情况依据《行政奖罚标准作业规程》给予处罚。

⑥ 机电维修工不按《物业公司工程部员工培训管理标准作业规程》参加培训或达不到培训要求，每次检查每发现一项一般违规，扣减对应考评项目0.5～1分；严重违规扣减2～3分；引起不良后果的，视情况扣减4～10分，扣完为止。

⑦ 机电维修工当值时不按《值班管理标准作业规程》值班、交接班，每次检查

每发现一项一般违规，扣减对应考评项目0.5～1分；严重违规扣减2～3分；引起不良后果的，视情况扣减4～10分，扣完为止。

⑧ 机电维修工进入住户家庭进行安装维修违反《住户家庭维修安装标准作业规程》，每次检查每发现一项一般违规，扣减对应考评项目1～3分；严重违规扣减4～10分；引起不良后果的，视情况按《行政处罚标准作业规程》进行处罚。

⑨ 机电维修工不遵守公司其他相关《标准作业规程》，每次检查每发现一项一般违规，扣减对应考评项目0.5～1分；严重违规扣减2～3分；引起不良后果的，视情况扣减4～10分，扣完为止。

⑩ 进行机电维修工考评时，如发现同时违反两个以上考评项目的违规行为，应在对应项目同时进行扣减。

4.3.2 机电维修组长绩效考评扣分细则如下。

① 严格按机电维修所有标准作业规程进行工作，每次检查每发现一项一般违规扣减对应考评项目1～2分；严重违规扣减对应项目3～4分；引起不良后果的，扣减5～10分，扣完为止。

② 机电维修组长当值时仪容仪表、言行举止达不到《管理处员工服务标准作业规程》要求，每次检查每发现一项一般违规，扣减对应考评项目1～2分；严重违规扣减3～4分；引起不良后果的，视情况扣减5～10分，扣完为止。

③ 机电维修主管/副主管、班组长安排、组织、检查不力，员工工作或本部门、本班组工作效果达不到相关标准作业规程要求的，每次检查每发现一项一般违规，扣减对应考评项目1～2分；严重违规扣减3～4分；引起不良后果的，视情况扣减5～10分。扣完为止。

④ 物业公司工程部组长不遵守公司其他相关标准作业规程，每次检查每发现一项一般违规，扣减对应考评项目1～2分；严重违规扣减3～4分；引起不良后果的，视情况扣减5～10分，扣完为止。

⑤ 上述各项考评，发现违规现象（行为）时，除应在上述对应考评项目内进行扣分外，还应同时分析造成违规的原因，如属因培训不够、不合格造成的，应同时在"培训"栏目内扣分（一般扣1～2分，严重扣3～10分）；如属自身工作技能低、素质差造成的，应同时在"工作技能"栏目内扣分（标准同上）；如属工作责任心不够造成的，应同时在"工作责任心"栏目内扣分（标准同上）；如属处事不公正造成的，应同时在"公正处事"栏目内扣分（标准同上）；如属团结配合不畅造成的，应同时在"团结配合"栏目内扣分（标准同上）；如属道德水准不高造成的，应同时在"道德水准"栏目内扣分（标准同上）。

⑥ 考评时如发现违规行为同时触犯两个以上的考评项目，则应在对应的考评项

目中同时扣分,直至扣完对应栏目分数为止。

4.3.3 一般违规、一般程度、一般情况是指偶发性的,因粗心大意引起的,或因记录签名不清、不符合要求或有一定的客观因素（需经确认）,引起的轻微不合格。严重违规、严重程度是指明知故犯引起的不合格;造成不良后果是指引起连锁反应,造成实际损害、恶劣影响或引起其他工作质量受到连带影响的结果。

4.3.4 "其他"栏目是为本公司相关作业规程所未包括,或超本规程4.3.1和4.3.2所列出的原因造成的不合格所设置,如果未发生或未出现,该栏目考评时应当给出满分10分。

4.3.5 检查、考评时,如出现《行政奖罚标准作业规程》中所列明的应受嘉奖事件,则应视情节在正常考评完毕后在总分中追加1～20分（但总分不应超过100分）,另依据《行政奖罚标准作业规程》对受考人进行奖励。

4.3.6 奖评时受考人的行为造成的不良后果已触犯《行政奖罚标准作业规程》所列出的必须加以惩处的情形,则除在考评检查表相应栏目内扣完相应的分值外,另依据《行政奖罚标准作业规程》对受考人追加处罚。

4.3.7 绩效考评扣分细则的解释权在公司品质部。

5. 记录
① "机电维修工工作日检、周检、月检、抽检考评表"。
② "机电维修组长周检、月检、抽检考评表"。

6. 相关支持文件
① 《绩效考评管理标准作业规程》。
② 《机电维修所有标准作业规程》。
③ 《公司所有相关标准作业规程》。
④ 《行政奖罚标准作业规程》。
⑤ 《员工工资、福利管理标准作业规程》。

五、设备定期维修保养

设备在于管理,好的设备若得不到及时维修保养,就会出现故障,缩短其使用年限。对设备进行维修保养是为了保证设备运行安全,最大限度地发挥设备的有效使用功能,因此,应对设备进行维修保养,做到以预防为主,坚持日常保养与科学计划维修相结合的原则。

（一）坚持做到"三好、四会、五定"

"三好"即对设备用好、修好、管理好;"四会"即对设备会使用、会保养、会检查、会排除故障;"五定"即对设备进行清洁、润滑、通风,检修时做到定人、定点、定时、定质和定责。对主要设备采取预防性维修,防止设备出现故障,对一般设备做好日常维修保养。

(二)注重安全管理

对设备进行维修保养时,要以人为本,做好安全管理工作,操作人员应严格按照操作规程和制度开展工作。如操作人员在检修电气设备时,应做好必要的防护;如使用个人防护工具,应在闸刀开关上挂"有人操作,禁止合闸"等标志牌,提高安全意识,防止意外事故发生,因为设备管理最基本和最重要的要求是保证设备运行安全、用户使用安全和操作人员的操作安全。

(三)结合实际,降耗节能

物业公司必须建立适合于自身特点的设备维修保养方案,遵循"安全、经济、合理、实用"的原则,有计划、有步骤地做好设备的预防性维修保养,将设备故障隐患消除在萌芽状态,同时在物业设备维修中提出节能改造可行性方案,尽可能采用节能设备、经济适用且品质优良的材料,修旧利废、合理更新,达到降耗节能、延长设备使用寿命的目的,从而降低设备运行维修费用,培养管理队伍的创新精神,维护业主的权益。

六、提升员工综合素质

一流的设备有赖于一流的管理人才,在智能化程度较高、硬件设施配备完善的物业中,高素质的专业人才在设备管理中的作用尤为突出,因此,以人为本,合理开发和利用人才,精心培育一支技术精湛、作风优良的管理队伍是做好设备管理的核心。培养一支高水平的管理队伍,应坚持做到以下两点。

(一)树立质量服务意识

物业管理是服务性行业,员工即使有一流的技术,但没有为业主服务的意识也是做不好物业设备管理的,因此要培养员工的服务意识和责任心,把为业主服务贯彻到具体工作中去,至真至诚地为业主服务,确保设备运行安全。

(二)提高员工业务技能

业务技能的高低直接反映出服务质量和工作效率,对各岗位专业操作人员做到岗前培训、持证上岗、在岗轮训,对员工做好传、帮、带,即根据设备性能特点由老员工搭配新员工,老员工带新员工,公司技术骨干人员将理论联系实际,对设备进行现场操作,指导相关人员,通过各种途径,切实提高相关人员的业务技能,使员工能满足各岗位要求。

总之,随着物业管理的内外环境的不断改善,各物业公司要在物业设备管理中结合自身设备运行状况,总结设备运行管理经验,创新发展,加强高新技术应用,降耗节能,提高设备的使用率和完好率,为业主创造一个良好的工作和生活环境,使其物业最终保值、增值。

第二章

Chapter 02

物业工程设施管理体系建立

> 安居才能乐业，为业主的"安居"提供保障，是物业公司责无旁贷的义务，而物业工程设施设备的安全正常运行，是"安居"的前提和保障，是物业服务的底线。为了确保物业工程设施设备的有序运行，必须要建立其管理体系。

第一节　物业公司工程部的组建

物业公司工程部的组建往往分两级来处理：公司总部设立工程部；各项目管理处设立工程组。

一、物业公司工程部管理范围

（一）总体

工程部负责项目如下。
① 对所有设备的日常运行进行管理。
② 对建筑物及所有机电设备进行维护保养。
③ 对楼宇未尽人意之处提出整改方案。
④ 对客户的装修工程方案进行审核，对施工进行监督管理。
⑤ 对客户进行有偿服务。
⑥ 为物业管理提供一切有关工程的询问。

（二）强电专业

① 负责整个楼宇变配电系统的日常运行、管理。
② 负责整个楼宇变配电系统的维修、保养。
③ 负责空调、冷水机组等动力电源、电动机、控制柜的维修保养。
④ 负责给排水专业所有动力电源、电动机、控制柜的维修保养。
⑤ 负责楼宇公共区域的照明维修。
⑥ 负责楼宇临时供电的安排和计划。
⑦ 负责提供节约电力的计划方案，并经批准后实施。
⑧ 对系统不完善的地方提出整改方案，并经批准后实施。
⑨ 负责电梯的维修、保养。
⑩ 负责卷帘门的维修、保养。
⑪ 为客户提供有偿服务。

（三）空调专业

① 负责楼宇整个空调、采暖、通风系统的日常运行、管理。
② 负责楼宇整个空调、采暖通风系统的维修、保养。
③ 负责空调、采暖、通风系统中电动机和控制柜的巡视工作，发现问题后及时报告电气维修班处理。
④ 改善空调、采暖、通风系统的设计，使楼宇有一个良好舒适环境，同时最大限度节约能源。
⑤ 为业主、客户提供有偿服务。

（四）给排水专业

① 负责楼宇的供水系统、排水系统、消防给水系统、喷洒系统、雨淋系统的运行、维修、保养和故障检修。
② 负责楼宇所有卫生洁具的维修、保养。
③ 负责楼宇内所有机械的维修，如手推车等。
④ 负责水箱、水池及污水井、雨水井、化粪池等清理。
⑤ 负责生活水水质处理。
⑥ 为业主、租户提供有偿服务。

（五）土建专业

① 负责楼宇内公共范围的天花板、玻璃窗、墙、门等所有项目的修理、维护。
② 负责建筑结构方面的问题，例如渗漏、裂缝等修、整改。
③ 负责公共范围内和物业公司的家具维修。
④ 负责安排一些小五金件的维修。
⑤ 负责一些临时性的任务。
⑥ 为业主、客户提供有偿服务。

（六）弱电系统

① 负责公共应急广播系统、保安监控系统、综合布线系统、电话系统、有线电视系统、楼宇自控系统、消防自动报警系统的正常运行和维修、保养。
② 负责向业主、客户提供有偿服务。

二、公司总部设立工程部

（一）工程部的职责

在大型物业公司，各部门设置比较齐全，工程部是与人力资源部、行政部、财务部、品质部、市场拓展部、顾问部、各管理处等平行的部门，如下图所示。

第二章 物业工程设施管理体系建立

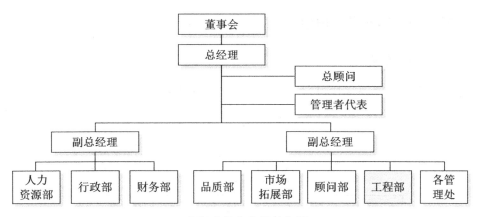

工程部在物业公司的位置

工程部的主要职责如下。

① 为公司各管理处提供技术支持，指导其做好小区的市政设施、园林绿化、房屋及其附属设施设备的运行管理工作。

② 对各管理处在小区市政设施、园林绿化、房屋及其附属设施设备的日常运作进行安全使用督导，对存在的安全隐患提出整改意见。

③ 负责组织对公司管辖小区内的房屋结构安全进行鉴定，对损坏房屋提出修缮方案或报房屋安全主管部门鉴定，并根据房屋安全主管部门的意见组织进行整改。

④ 制订公司管辖小区内房屋设施设备的年度保养计划，并对管理处的实施情况进行监督。

⑤ 负责对各小区设施设备的日常运行管理进行监督考核。

⑥ 负责公司的技术安全管理工作。

⑦ 负责公司业务拓展中的技术筹备、前期介入和新项目的验收接管工作。

⑧ 负责公司各技术专业对业务主管部门和其他有关单位的业务联系工作。

⑨ 对本部门环境因素的识别、评价及管理。

⑩ 对本部门（小区）所产生的固废分类收集、处理。

⑪ 完成公司下达的责任指标。

（二）工程部的职位结构与职责

不同公司的工程部职位结构可能不一样，其具体职位结构如下图所示。

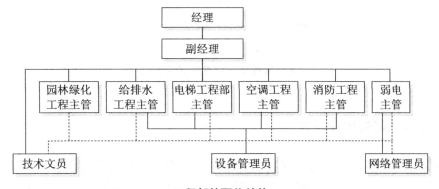

工程部的职位结构

三、各项目管理处设工程组

（一）工程组的职责

在各项目物业管理处往往设置一个工程组，如下图所示。

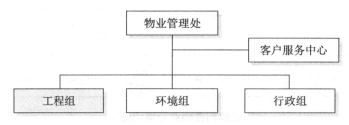

工程组在物业管理处的位置

工程组的主要职责如下。

① 负责编制本管理处年度物资装备计划、年度公共用水用电计划、年度工具配置计划、设备大中修计划、设备保养计划。
② 负责对小区设施设备进行科学合理的管理和保养。
③ 负责本管理处设施设备的日常维修工作。
④ 负责本管理处外委工程的申请及施工监理。
⑤ 提供有偿服务，满足业主及物业使用人多层次需求。
⑥ 持续不断地改进服务质量和提高业主对设施设备管理的满意度。
⑦ 协助公司工程部不断完善各项操作规程。
⑧ 对本项目组有关的环境、职业健康安全等方面因素进行评估，并制定相应的措施。

（二）工程组的职位结构与职责

工程组往往设置一名主管，下设维修班、运行班，各班设置一名班长，各班长之下再设置技工，如下图所示。

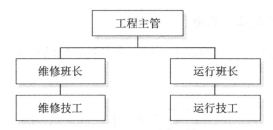

项目管理处工程组的职位结构

四、工程部各岗位职务说明

为确保物业工程管理任务与目标的达成，必须根据企业的规模配备相应的人员，而对具体岗位的要求，必须有明确的职责说明，以下为工程部常见职位的职务说明。

（一）公司工程部各岗位的职责

公司工程部各岗位的职责，如下表所示。

公司工程部各岗位的职责

序号	岗位名称	岗位职责
1	工程技术部经理	（1）全面主持工程部的部门工作：制订部门工作计划；领导、落实、指导、监督下属工作，对下属培训计划的制订和绩效进行评估；按质量管理体系要求开展部门工作 （2）重大工程施工、价格、合同的管理 （3）技术：管理处技术咨询、指导 （4）设施设备管理：外委维修、报废、更新及采购的审核；管理处设施设备保养计划、维修计划的审核 （5）负责组织分公司客户满意度测评 （6）培训：对本部门新入职员工进行入职引导，对本部门对口的业务负责组织编写教材并实施培训 （7）建立有效的工作团队 （8）例会：组织召开工程会议与部门例会，传达上级指示，部署工作任务，制订部门计划
2	工程技术部副经理	（1）协助经理做好部门的各项管理工作，对管理中存在的问题提出解决办法或建议 （2）协助经理检查、督促各项工作的落实 （3）协助经理做好本部门员工的劳动纪律管理以及其他行政事务的管理工作 （4）协助做好员工的业绩考评，并对奖罚提出意见 （5）兼任受聘的专业技术职责，负责本专业的技术决策 （6）协助经理做好本部门与其他部门之间的协调工作 （7）当经理不在岗时，全面负责本部门的工作
3	园林绿化工程主管	（1）负责新接楼盘（宇）本专业的前期介入、图纸会审、质量监督、验收接管的技术工作 （2）负责组织指导各管理处完善管理区域内园林绿化图纸资料及维修档案的归档 （3）负责园林设施正常使用和绿化养护的技术监督及指导 （4）制订园林设施、绿化大中修计划，经报批准后组织实施 （5）负责园林设施的小修、绿化补种的技术指导 （6）负责制定和完善公司内部与园林设施安全使用、工程管理、维修管理及技术资料归档有关的管理制度 （7）负责由工程部主管的本专业改造工程的组织施工、安全监督、验收及结算 （8）负责本专业相关项目的费用控制、审核和经济分析 （9）配合人力资源部组织本专业相关技能培训工作 （10）负责相关专业对外的业务联系，协调与相关主管部门的关系 （11）在必要时协助做好相近专业的工程管理及费用控制
4	给排水工程主管	（1）负责新接楼盘（宇）本专业的前期介入、图纸会审、质量监督、验收接管的技术工作 （2）负责组织指导各管理处完善房屋、市政给排水图纸资料及维修档案的归档 （3）负责给排水设施正常使用的技术监督和指导 （4）制订给排水设施大中修计划，报经批准后组织实施 （5）负责给排水设施维修保养的技术指导 （6）负责制定和完善公司内部与给排水设施安全使用、工程管理、维修管理及技术资料归档有关的管理制度 （7）负责由工程部主管的本专业改造工程的组织施工、安全监督、验收及结算 （8）负责指导供水计量、节约用水的技术管理，努力降低供水损耗 （9）负责本专业相关项目的费用控制、审核和经济分析 （10）配合人力资源部组织本专业相关技能培训工作

续表

序号	岗位名称	岗位职责
4	给排水工程主管	（11）兼管消防、资料完善工作 （12）负责相关专业对外的业务联系，协调与相关主管部门的关系 （13）在必要时协助做好相近专业的工程管理及费用控制
5	电气工程主管	（1）负责新接楼盘（宇）本专业的前期介入、图纸会审、质量监督、验收接管的技术工作 （2）负责组织指导各管理处完善公司所需要的电气图纸资料及维修档案的归档 （3）负责电气设施正常使用的技术监督与指导 （4）负责电气设施维修保养的技术指导 （5）制订电气设施大中修计划、方案及预算，报经批准后组织实施 （6）负责指导供电计量、节约用电的管理，努力降低供电损耗 （7）负责组织制定和完善公司内部与电气设施安全使用、工程管理、维修管理及技术资料归档有关的管理制度 （8）负责由工程部主管的本专业改造工程的组织施工、安全监督、验收及结算 （9）负责本专业相关项目的费用控制、审核和经济分析 （10）配合人力资源部组织本专业相关技能培训工作 （11）负责相关专业对外的业务联系，协调与相关主管部门的关系 （12）在必要时协助做好相近专业的工程管理及费用控制
6	电梯工程主管	（1）负责新接楼盘（宇）本专业的前期介入、图纸会审、质量监督、验收接管的技术工作 （2）负责组织指导各管理处完善管理区域内电梯图纸资料及维修档案的归档 （3）负责电梯正常使用的技术监督和指导 （4）制订电梯大中修计划，报经批准后施行 （5）负责电梯维修保养、年检的组织工作和技术指导监督 （6）负责指导电梯经济运行的技术管理，努力降低损耗，提高设备利用率 （7）负责制定和完善公司内部与电梯、消防设施安全使用、工程管理、维修管理及技术资料归档有关的管理制度 （8）负责由工程部主管的本专业改造工程的组织施工、安全监督、验收及结算 （9）负责本专业相关项目的费用控制、审核和经济分析 （10）配合人力资源部组织本专业相关技能培训工作 （11）负责相关专业对外的业务联系，协调与相关主管部门的关系 （12）在必要时协助做好相近专业的工程管理及费用控制
7	消防工程主管	（1）负责新接楼盘（宇）本专业的前期介入、图纸会审、质量监督、验收接管的技术工作 （2）负责组织指导各管理处完善管理区域内消防图纸资料及维修档案的归档 （3）负责消防系统设施设备正常运行的技术监督和指导 （4）负责消防设施设备的正确使用的指导和培训 （5）制订消防系统大中修计划，报经批准后施行 （6）负责消防系统维修保养的组织工作和技术监督 （7）负责指导消防设施经济运行的技术管理，努力降低损耗，提高设备利用率 （8）负责完善公司内部与消防设施安全使用、工程管理、维修管理及技术资料归档有关的管理制度 （9）负责由工程部主管的本专业改造工程的组织施工、安全监督、验收及结算 （10）负责本专业相关项目的费用控制、审核和经济分析 （11）配合人力资源部组织本专业相关技能培训工作 （12）负责相关专业对外的业务联系，协调与相关主管部门的关系 （13）在必要时协助做好相近专业的工程管理及费用控制
8	空调工程主管	（1）负责新接楼盘（宇）的本专业图纸会审、质量监督、验收接管的技术工作 （2）负责组织指导各管理处完善空调图纸资料及维修档案的归档 （3）负责空调设施正常使用的技术监督和指导 （4）制订空调设施大中修计划，经报批准后组织实施

续表

序号	岗位名称	岗位职责
8	空调工程主管	（5）负责空调设施维修保养的技术指导 （6）负责空调设施合理使用、经济运行的技术指导，节约用水用电，努力降低能耗 （7）负责完善公司内部与空调设施安全使用、工程管理、维修管理及技术资料归档有关的管理制度 （8）负责由工程部主管的本专业改造工程的组织施工、安全监督、验收及结算 （9）负责本专业相关项目的费用控制、审核和经济分析 （10）配合人力资源部组织本专业相关技能培训工作 （11）负责相关专业对外的业务联系，协调与相关主管部门的关系 （12）在必要时协助做好相近专业的工程管理及费用控制
9	弱电主管	（1）负责新接楼盘（宇）的本专业图纸会审、质量监督、验收接管的技术工作 （2）负责组织指导各管理处完善弱电系统图纸资料及维修档案的归档 （3）负责弱电系统设施设备正常使用的技术监督和指导 （4）制订弱电系统设施设备大中修计划，报经批准后组织实施 （5）负责各个管理区域内弱电系统（如对讲、监控及其他设备的弱电控制部分）的技术维护和管理，按质量要求制定管理办法和运行维护规范，监督、检查、指导各个管理区域内运行管理班组对弱电设备、线路的维护保养工作 （6）负责完善公司内部与弱电系统设施设备安全使用、工程管理、维修管理及技术资料归档有关的管理制度 （7）负责由工程部主管的本专业改造工程的组织施工、安全监督、验收及结算 （8）负责本专业相关项目的费用控制、审核和经济分析 （9）配合人力资源部组织本专业相关技能培训工作 （10）负责公司内计算机网络、设备及办公软件的技术维护和管理，保障计算机网络系统的正常、安全运行 （11）负责指导公司内职员对计算机设备的使用，及时指导解决计算机操作运行中出现的问题 （12）负责公司内计算机网络系统设备配置的统筹安排工作 （13）负责公司网站及社区宽带网络建设工作 （14）配合人力资源部组织本专业相关技能培训工作 （15）负责相关专业对外的业务联系，协调与相关主管部门的关系
10	网络管理员	（1）协助弱电主管做好公司内计算机网络、设备及办公软件的技术维护和管理工作，保障计算机网络系统的正常、安全运行 （2）负责公司内计算机网络中重要资料的备份保存工作，定期进行更新 （3）负责指导公司内职员对计算机设备的使用，及时指导解决计算机操作运行中出现的问题 （4）负责物业管理软件的管理工作和其他办公软件的安装工作 （5）协助弱电主管完成公司内计算机网络系统设备的配置工作 （6）协助弱电主管完成公司网站及社区宽带网络建设工作 （7）协助弱电主管完成本专业相关技能培训工作 （8）完成公司领导及部门经理交办的其他任务和弱电主管交办的本专业的其他任务
11	设备管理员	（1）对本公司管辖管理区域内电气、电梯、空调、消防、水泵等设备进行规范化管理的具体实施工作 （2）负责建立和完善设备资料档案，负责设备管理的日常事务 （3）跟踪国内外设备管理的先进水平，完善设备运行、维护、维修的先进管理模式和制度，达到管好、用好、养好设备的目的 （4）对提高设备利用率、降低设备能耗负有统筹、监控和提出改进方案的责任 （5）负责对新购或更新设备的先进性、合理性提出核定意见 （6）负责对新接楼宇主要设备的会审、质量监督、接管的技术工作 （7）协助相关专业主管对重要设备安装、改造、更新、维护、维修计划的制订和组织实施 （8）负责检验、测量、试验设备的管理工作

续表

序号	岗位名称	岗位职责
11	设备管理员	（9）对设备的正常、安全使用负有督导责任，勤查勤看设备现场，对设备班组的现场工作进行检查和指导 （10）负责计划用电、节约用电、安全用电以及节约用水的日常事务
12	电气工程管理员	（1）负责新接楼盘（宇）的电气图纸会审、质量监督、验收接管的技术工作 （2）负责完善电气图纸及维修档案的归档 （3）负责电气设施正常运行的技术管理 （4）负责电气设施小修的技术指导 （5）协助电气设施大中修计划的制订及组织实施 （6）负责供电计量、节约用电的技术管理，努力降低供电损耗 （7）负责管理区域内电气设施修缮过程的施工安全的指导 （8）负责完善公司内部与电气设施安全使用、工程管理、维修管理及技术资料归档有关的管理制度 （9）负责相关项目的费用控制、审核和经济分析
13	技术文员	（1）工程技术部文员受本部经理直接领导，负责部门内日常事务工作 （2）努力完成本部门经理交办的各项事务，对公司的通知、文件要做到及时上传下达 （3）负责有关资料、文件的收发和分类归档，准确无误地填制各种报表和表格 （4）热情接待来访人员 （5）传达经理有关工作安排，并将落实情况及时汇报 （6）参加会议，并做好会议记录、整理工作 （7）每月协助设备管理员把各系统的设备计划检修情况、中修以上维修项目有关内容填入本部门的设备档案

（二）管理处工程组各岗位职责

1. 工程主管

① 负责小区（大厦）内设施设备的维修保养、督导和管理工作。

② 负责突发性的设备故障处理与人员调度，并组织调查设备事故原因，制定预防措施。

③ 负责对设备保修单位维护保养工作的联系、协调、监管及质量评定。

④ 根据设备的特点制订或审核各类设备的年度、季度、月度、周预防性检修保养计划，并监督落实。

⑤ 检查交接班情况、巡查情况、回访维修情况，并对工作中存在的问题尽快提出处理意见，负责具体的技术性检查。

⑥ 配合其他部门开展工作，落实上级安排的临时性工作。

⑦ 定期对本部门员工进行有关设施设备的技术性培训及安全知识培训。

⑧ 负责有关工程技术标准、规格的审核，对工程的预算等。

⑨ 建立设备资料档案。

2. 运行班长

① 妥善安排好运行技工班的各项工作。

② 设备保养：每日对设备进行管理和保养；当设备发生的故障在自身维修责任范围内时则应尽快处理解决，超过自身维修责任范围时应尽快请修。

③ 运行监视：及时处理各种监视信息（或运行参数），并做好运行记录。
④ 沟通协调：处理好与管理处其他项目组、维修技工和小区业主的关系。

3.维修班长

① 妥善安排好维修技工班各项工作。
② 日常保养：协助工程主管每日对小区设施设备进行科学合理的管理和保养。
③ 外委工程：协助工程主管做好外委工程监理。
④ 处理客户服务中心反馈的业主投诉与请修；处理环境主管反馈的环境设施请修。
⑤ 沟通协调：处理好与管理处其他项目组、运行技工班和小区业主的关系。

4.运行技工

① 设备保养：每日对设备进行科学合理的管理和保养；当设备发生的故障在自身维修责任范围内时则应尽快处理解决，超过自身维修责任范围应尽快请修。
② 运行监视：及时处理各种监视信息（或运行参数），并做好运行记录。

5.维修技工

① 完成任务计划：圆满完成管理处工程主管和技工班长下达的工作计划与任务。
② 维修服务：接到业主请修的安排，上门进行服务；接到设施请修的安排，立即进行维修。
③ 设备管养：每日对小区设施设备进行科学合理地管理和保养。

第二节 物业工程管理制度建设

制度化管理是指公司管理中强调依法治企，法制规章健全，在管理中事事处处都有规章制度约束，因此要完善管理制度，并且注意管理的硬件，重视管理方法的科学化。对于物业工程和设施设备的管理，也要进行制度化管理。

一、认真制定管理制度

（一）工程部部门管理制度

工程部部门管理制度主要是明确部门职责、组织架构、员工行为及工作中要注意的事项，通常包括以下制度。

① 工程部的职责和管理范围。
② 工程部的组织架构。
③ 工程部各级人员岗位责任制。
④ 工程部总值班制度。
⑤ 设备定期校验制度。
⑥ 安全工作制度。
⑦ 工程维修物资管理制度（包括材料、配件储备定额的制定）。

⑧ 机具、仪器、工具管理制度（机具、仪器、工具配置计划）。

（二）设施设备管理制度

就各项设施设备制定具体的管理制度，具体如下。
① 检修管理制度。
② 变电所管理制度。
③ 电气运行和事故处理规程。
④ 低压电气维修管理制度。
⑤ 电梯（扶梯）管理制度。
⑥ 给排水管理制度。
⑦ 中央空调管理制度。
⑧ 柴油发电机管理制度。
⑨ 弱电系统管理制度。
⑩ 机械设备管理制度。

（三）根据物业设备情况制定运行方案

物业设备的运行应根据人流多少、气候条件、作息时间、市场淡旺、负荷状况等情况，本着安全、经济和服务至上的原则，制定合理的中央空调系统、电梯系统、给排水系统和供电系统运行方案，既要满足业主（用户）需要，又要节省能源。

（四）制定设备应急措施

设备应急措施通常包括以下内容。
① 物业防洪的应急措施。
② 预防地震的应急措施。
③ 玻璃幕墙损坏的应急措施。
④ 台风袭击的应急措施。
⑤ 应对火警的措施。
⑥ 电力中断的应急措施。
⑦ 饮用水中断的应急措施。
⑧ 电梯困人的应急措施。
⑨ 对突发事件的应急措施。

二、严格实施管理制度

（一）开展培训

各项管理制度经审核批准之后，应组织员工全面培训、学习，其任务有以下两个方面。
① 完全掌握适用于本岗位、本部门的制度，了解其要求。
② 培养员工规范化、制度化管理意识。通过培训使员工形成尊重制度，视制度为自

己工作指南的意识,具体来说,要形成两个方面的观念和意识:一是制度必须坚决贯彻执行;二是制度若有问题必须及时修改,每一位员工都有权利和义务提出修改制度的建议。

(二)检查相关工作记录

检查制度实施的有效方式是检查记录(如保养记录、维修保养记录)的填写是否规范。为此必须长期坚持对下列行为给予严格处分来加以推动和强化。

① 工作没有完成。
② 工作虽然完成了,但没有填写记录。
③ 记录虽然填写了,但填写的是虚假情况。
④ 虽然真实填写了记录,但记录中所表明的完成工作的方式与文件规定、要求不一致。
⑤ 记录所表明的工作方式虽然与制度规定一样,但填写不全面,表述不准确;记录虽然全面、准确,但没有按制度要求及时传递使用及归档。

三、定期进行监督检查

要经常把管理制度拿出来和已完成的工作进行对比。如发生某起投诉就要将被投诉人的行为与制度规定的要求比一比、量一量,符合文件要求的,就应该予以肯定、鼓励;不符合的就定为有效投诉,应该及时指出并给予批评。

那么,如何能够在制度实施的监督检查中做到"违法必究",从而监督有效,使规章制度贯彻实施呢?

(一)设立监督检查部门

物业公司可以按ISO 9001质量管理体系的要求来设立监督检查部门。
① ISO 9001质量管理体系运行维护的常设部门——品质管理部。
② 临时监督检查机构——内审小组。
③ 评审委员会——管理评审会议。

(二)确立工作原则

以制度为准绳,以记录为依据,辅以现场调查、当事人访问的原则。

(三)制定工作程序

可以按照ISO 9000质量管理体系的要求来制定一些监督方面的程序。

1. 服务监视和测量程序

主要指导品质管理工作人员工作,应当明确品质管理人员监视和测量服务质量的方式方法及工作环节,通过监视和测量发现一切违反文件要求的不合格项,并分析其产生的背景、原因以及相关人员的责任,与对方做充分的沟通后,进而提出纠正和预防措施,并跟进纠正和预防措施的落实效果。

2. 内审程序

主要指导内审小组的活动，其中回避原则尤应注意，即审核员不得审核与其职务有直接关系的部门。

3. 管理评审程序

主要指导管理评审工作，对工程服务管理质量的运行情况做出评价。

以上三个程序工作的共同原则：以制度为准绳；以记录为依据，循序渐进，层层深入；现场调查，访问当事人；力求还原事实真相，分清原因和责任，使每一起投诉、每一次事故、每一个不合格项都能得到及时、公正、公平的处理；进一步强化员工尊重制度，按制度办事的工作习惯，并最终使管理制度能得到全面、彻底的实施，真正实现物业公司的制度化管理。

【范本2-01】工程部行为准则

1. 目的

规范工程维修人员的服务行为，树立公司良好形象，为客户提供优质服务。

2. 适用范围

适用于物业公司工程维修人员。

3. 行为准则

① 关心公司，热爱本职工作，遵守公司各项规章制度和劳动纪律，维护公司利益和荣誉，爱护公司设施设备。

② 认真贯彻公司"开源节流"的方针，在工作中厉行节俭，不浪费公司资源。

③ 从全局出发，树立良好的合作意识，团结、真诚协作，达到顺畅、高效率的工作绩效，切实服从领导的工作安排和调度，如有异议，必须做到"先服从后投诉"。

④ 对工作中出现的问题不推诿，勇于承担责任，并从中吸取教训，不断提升工作水平。

⑤ 未经公司领导授权或批准，不得以公司名义对外开展业务或在外兼任其他工作。

⑥ 未获批准，不准将本公司的办公用品、公用工具、设备设施等擅自赠予、转租、出租、出借、抵押给其他公司、单位或个人。

⑦ 工作时间须佩戴工作证，着装整洁，注意形象、仪表。

⑧ 严禁向业主索取或收受任何礼品酬金。

⑨ 必须将服务意识、服务态度和服务技巧贯彻落实到言行中，语言文明礼貌，对业主提出的质疑要耐心、细致地回答或解释，不得推脱。

⑩ 对设备设施及业主报修项目应及时认真地处理，一般情况由当班员工处理完毕。

⑪ 上门服务时应注意业主家内卫生，必须穿鞋套，不得损坏业主物品，如移动物品，需经业主同意，收费时应公平、公正、公开、合理，并经业主签字生效，服务完毕，应将工作场所打扫干净。

【范本2-02】工程部培训制度 ▶▶▶

1. 培训目的

为了提高物业维修人员的专业技术水平和综合素质，保证服务质量不断满足业主的需求，特制定本制度。

2. 培训方法

面授、现场讲解、观看教学光碟、案例分析、参观、现场演示或聘请外单位有经验的人员理论讲解。

3. 培训方式

① 每周公司例会精神的传达。

② 本周存在的问题分析。

③ 各相关专业负责人的讲解。

④ 各相关专业负责人实地现场讲解。

⑤ 办公室组织资料下发班组，员工自学，定时考核。

4. 培训内容

4.1 大厦设施设备介绍（领班负责）

4.1.1 现场实地介绍

① 水泵房：介绍水泵房内各水箱容量、用途、给水方式、巡查维护注意事项；各泵的用途及控制原理、消防设施的运行情况介绍及巡查维护注意事项。

② 直燃机房：介绍直燃机的工作原理、制冷过程。直燃机的操作注意事项，以及应急处理事项措施等。

③ 配电室：介绍高压设备各配电柜功能。低压配电柜各分路负荷的分配，以及各回路所管辖负荷范围的名称。各低压开关的操作法及注意事项，以及停送电操作程序。

④ 气体灭火室：气体灭火室巡查中的注意事项、维修保养事项、出现火灾如何与消防中心配合。

⑤ 消防中心：介绍消防控制中心设备，如何与灭火系统等设备的联动。

⑥ 中控室：所有弱电设备在中控室的分布情况。电信、铁通、网通、联通、移动设备的介绍，网络设备在各楼层的分配情况。

⑦ 各层强电井：管网的名称及走向，管井内缆线的排列及名称。

⑧ 水箱间：各水箱的容量、供水方式、各水箱所辖楼层的范围。

4.1.2 系统讲解

① 强电系统：大厦的供电方式。

② 弱电系统：综合布线所包含的内容。

③ 给排水系统：大厦的供水方式。

④ 消防系统：消防水灭火、消防自动报警。发生火警时，工程部如何与其他部门配合。

4.2 部门综合培训（部门负责人）

4.2.1 管理文件学习

① 岗位职责：使每个人明白自己所做工作的内容。

② 工程部规章制度学习（记录、钥匙、报告、工具房、内部沟通培训）。

③ 上门维修工作程序及细节。

④ 质量记录的要求和控制；工作记录的填写要求；运行表格的填写要求及工作记录的保管。

⑤ 材料领用的流程及领料单的填写要求；工程部常用材料的分类，特殊材料的分类，特殊材料的用途，临时材料的申购过程。

⑥ 电话接听标准：工程部办公室接听电话标准，配电室接听电话标准。

4.2.2 工作内容的培训（由专业主管负责）

① 设施设备的管理维护，针对本大厦设备的维修保养的内容。

② 交接班管理，交接班的注意事项。

③ 值班的工作要求及注意事项：值班工作要求、交接班制度、注意事项。

④ 验房工作流程及内容：验房工作程序、验房工程部应做的事项、验房工作技巧、验房中必备的工具。

⑤ 工具的安全使用要求及注意事项：日常工具的使用、特殊工具的安全使用。

⑥ 技能的纠正提升。

4.3 应急处理（由专业主管负责）。

① 电梯救困工作程序、电梯救困的配合事宜及方法。

② 停电、停水应急处理工作程序。

③ 水管爆裂、漏气应急处理工作程序。

【范本2-03】工程部日常工作管理规定

1. 目的
规范工程部内部管理工作，确保内部管理高效有序，为客户提供高效优质的服务。

2. 适用范围
物业公司各管理处工程部全体员工。

3. 管理规定

3.1 工作规定

① 按时上下班，11:30和17:30前不能提前下班或吃饭，下午上班不能迟到。

② 上班时间内无具体工作时，原则上在办公室等候，需外出巡查设备情况时须告知主任，不得办私事。

③ 上班时须佩戴工作证，穿着整齐，不得穿拖鞋。

④ 及时处理维修申请单，不得积压。11:10和17:10以前的维修单，必须及时处理完毕，有些维修如情况紧急或业主有特殊要求的，不管加班与否，都必须在当天处理完毕。当天无法处理的都必须在"维修情况"栏内注明原因，每个维修单处理完毕后须业主与维修人员签名。

⑤ 上门维修时须带工具袋（箱），必备工具都放在里面，以节省时间，增加工作效率，少跑路，多干活。

⑥ 服从主管安排，每天上班后先在办公室报到，等候分配一些重点的、突出的或需多人合作的工作，如无特殊情况处理，各人分头工作。

⑦ 紧急情况时工程人员（接到通知）须立即赶到现场，等候分配工作或做应急处理，直到事故处理完毕才能离开。

⑧ 服务态度作为上门维修服务的一部分，每个工作人员必须提高自身素质，工作时认真负责，树立良好的敬业精神，不断提高业务水平。

⑨ 工作时必须注意人身安全和设备安全，多商量、不蛮干，配电房、水泵房或高空作业等须严格按照操作规程和相关注意事项工作。

⑩ 团结务实，努力工作，遵守本部门的制度。

⑪ 工程部主管每天至少巡查各设施设备1次，检查各班值班巡查情况，每星期不定时抽查不少于1次。

⑫ 主管综合考虑各种情况（含领导交代事项、机电设备是否已到检修时间等），将当天工作安排下去。

⑬ 各当班维修人员原则上（除值班人员外）无维修单时应在值班室等候待命。

⑭ 各当班维修人员出去维修（含有偿服务和公共维修），应注明时间，回来交单时应注明完成时间，并且尽量让业主写上其意见，以备查单考核。

⑮ 关于机电设备及水电系统等的更换，由主管安排填写维修单，其余工作参照第④项处理。

⑯ 土建人员的维修工作，主管应以抽查的办法，检查完成的工效。

⑰ 所有的维修，主管及维修人员都应根据事情的轻重缓急来随机处理。

3.2 工程部人员调配流程

① 日常情况下，按工程部的组织架构图，负责各自的职责范围，完成自身的班组工作。

② 当发生突发事件时，需要班组之间协助解决，由主管协商调配人力、工具，解决问题。

③ 经理有权根据工作情况，临时调配人力、工具。

④ 当发生危及人身安全、危及设备安全时，工程部的每一位员工都应根据自己的能力，首先处理问题，可不受工种、专业的限制。

【范本2-04】安全保卫制度 ▶▶▶

① 工程部全体员工必须把安全防范意识放在重要位置，执行有关规定，协同保安部认真做好安全保卫工作。

② 各岗位值班人员，必须严守岗位职责，必须对本岗值班范围内进行安全检查，如发现有安全隐患，须立即上报领班、主管或工程部经理。

③ 各班组领班须每日进行安全检查，随时消除不安全因素，遇有重大安全隐患，须立即上报主管或工程部经理。

④ 主管须每月组织所属员工对所辖系统及范围进行安全检查，消除隐患，并将检查处理结果书面报告工程部主管。

⑤ 未经工程部主管批准，任何外来人员（包括外部门、外单位领导）严禁进入所有设备房（包括电缆井、管道井、泵房、机房、配电室、仓库等）；已经批准者，在进出变配电室、消防中心、空调主机房、危险品仓库等重要部门时，必须办理登记手续，记录来宾姓名、证件号码、单位、进出日期及时间等。

⑥ 所有机房、设备间、仓库、工作间等在无人时必须将门窗锁好。灯光调至合适程度，清理好现场。

⑦ 各机房门、设备门（盖）、仓库门钥匙的配制，必须向工程部经理提出书面申请，经批准后方可配制。

⑧ 所有机房、设备间、工作间等均须在门外的适当位置设置警示标志。

⑨ 所有设置于公共区域内的设备、设施等必须锁好,并应设置围栏及警示标志。

⑩ 所有水池、水箱箱盖随时上锁,钥匙专人管理,无关人员不得借用,打开水池或水箱必须经主管批准,并进行登记。

⑪ 高空作业时,工作人员必须佩戴安全带,并进行其他有效保护措施,作业范围周边必须加设护网,防止意外坠物伤及人员或设施设备。

⑫ 所有运行、维修、保养、巡检工作及施工、安装、接电等均必须严格执行有关规程及规范,严禁违规操作,以保证人身及设备安全,凡违规操作者,一经发现,均扣除当月工资×××元人民币,因违规操作造成严重后果者,均立即除名。

⑬ 各类安全用具、脚手架、高梯等在使用前须检查其牢固可靠性,确认安全后方可使用。

⑭ 所有工具、仪器、仪表、材料、备件等均不得带出本物业范围以外,如因工作需要,须经主管书面批准,按规定办理放行手续,并做好记录方可带出。

⑮ 工程部须每半年配合保安部检查1次本物业的消防报警系统、联动系统、喷淋、消火栓系统等。

所有消防设施、设备的全面测试,必须保证其功能正常,无故障。

【范本2-05】工程验收制度

① 所有工程系统验收均须由开发商筹建处或开发商工程部负责及牵头。

② 所有系统必须在系统正常、调试完毕的情况下,连续试运行一段时间(需根据设备情况详定),尽量检查出存在的隐患后,方可进行验收。

③ 在验收过程中,须以将来运行及维修为重点,进行逐项检查,如发现问题,须尽快以书面形式通报给开发商,并做出详细记录及拍照。

④ 所有系统的验收,必须以获得政府有关部门签发的合格证书、使用许可证书等相关文件为标准,并须以此作为验收合格的必要条件。

⑤ 必须要求开发商提供所有合同副本、技术资料、使用说明书、维修保养手册、调试检测报告及竣工图纸、竣工资料等全部有关工程资料,并建立档案,以备查用。

⑥ 必须清楚了解所有工程系统和设备的保修期起止日期、保修内容、保修责任人及其联系方式,并制定承建商、供货商保修联系表备查。

⑦ 必须收齐所有由开发商、承建商、供货商等提供的备品、备件及专用工具等,清点入库,妥为保管并做出详细清单。

【范本2-06】设备维修制度

1. 预防性维护保养

① 所有设备必须根据维修保养手册和相关规程进行定期检修及保养，并制订相应年度、季度、月度保养计划及保养项目。

② 相关工程人员必须认真执行保养计划及保养检修项目，以便尽可能延长系统设备的正常使用寿命，并减少紧急维修次数和金额。

③ 保养检修记录及更换零配件记录必须完整、真实，并须由工程部建立设备维修档案，以便分析故障原因，确定责任。

④ 各系统维护保养计划及保养检修项目制订由主管负责，并提交工程部经理审阅；保养检修及更换零配件的记录由领班负责，并提交主管审阅。

⑤ 进行正常系统维修保养及检修时，如对客户使用产生影响，必须提前3天通知管理处客户服务部，由客户服务部发出通告，确定检修起止日期及时间（须尽可能减少对客户的影响范围），以便使受影响的客户做好充分准备。

2. 大中修管理制度

① 设备大修是工作量最大的一种有计划的预防性维修，对设备的全部或大部分解体检查，称为大修。

② 中修是根据设备的结构特点而定的，对技术状态已达不到使用要求的设备，按实际需要进行有针对性的修理，恢复设备的性能。

③ 对中修以上的设备进行修复前，必须要有书面报告交工程部经理，说明：设备安装日期、使用时间、损坏程度及修复费用等。

④ 对设备大修必须书面得到公司领导批准，专业性、技术性较强的设备或进口设备，应有专业公司出具的鉴定报告及预估的修复费用报告。

⑤ 对非正常情况下出现的设备大中修理工作，有关专业主管必须在修理工作实施前，出具详细的分析报告，必要时追究有关人员责任。

3. 紧急维修

① 必须进行紧急维修时，须立即通知经理，安排有关人员立即赴现场检查情况，并按实际情况进行处理。

② 如因紧急维修，必须对客户使用产生影响时，须立即通知管理处客户服务部，并由客户服务部向受影响的客户发出紧急通告，同时，需考虑尽量减少影响范围。

③ 如发生故障的设备在保修期内，应做出适当的应急处理，以尽量减少对客户的影响，并立即通知有关供应商的保修负责人。

④ 紧急维修结束后，须由领班填写维修记录及更换零配件记录，并以书面形式将事故障原因、处理方法、更换零配件名称、规格及数量、品牌、处理结果、事故

发生时间、恢复正常时间等向主管报告，并提交经理审阅。此报告由工程助理存入设备维修档案，备查。

4.故障处理制度

① 不需要停止运行进行修理的故障，称一般故障，由主管调查与分析原因，提出修理意见和责任故障原因，吸取教训，记录在案，并向工程部经理汇报。

② 被迫停止运行必须进行修理的故障，称重大故障，应及时向主管汇报，由主管组织调查分析，提出修理意见报经理批准后实施，并且对故障做到四不放过（即故障原因分析不清不放过，责任人没处理不放过，责任者没受到教育不放过，没有防范措施不放过）、记录在案，对责任者做出处理意见，同时以书面材料汇报物业经理。

【范本2-07】报告制度

1.基层人员的报告

1.1 各系统操作运行人员

各系统操作运行人员在下列情况下须在运行记录或交接班记录中书面报告专业领班。

① 所辖设备非正常操作的开停及开停时间。

② 所辖设备除正常操作外的调整。

③ 所辖设备发生故障或停机检修。

④ 零部件更新、代换或加工修理。

⑤ 运行人员短时间离岗，须报告离岗时间及去向。

⑥ 运行人员请假、换班、加班、倒休等。

1.2 各系统维修人员

各系统维修人员在下列情况下须以书面形式报告维修领班。

① 执行维修保养计划时，发现设备存在重大故障隐患。

② 重要零部件的更换、代替或加工修理。

③ 系统巡检时发现的隐患或故障，必须在巡检记录的备注栏中加以说明。

④ 维修人员请假、加班、倒休等。

2.各专业领班的报告事项

各专业领班在下列情况下必须书面报告部门主管。

① 重点设备除正常操作外的调整。

② 变更运行方式。
③ 主要设备发生故障或停机检修。
④ 系统故障或正常检修。
⑤ 零部件更新、改造或加工修理。
⑥ 领用工具、备件、材料、文具及劳保用品。
⑦ 加班、换班、倒休、病假、事假等。
⑧ 须与外班组或外部门、外单位联系。

3. 主管的报告事项

主管在下列情况下必须以书面形式报告经理。
① 重点设备发生故障或停机检修。
② 因正常检修必须停止系统而影响客户使用。
③ 应急抢修及正常检修后的维修总结。
④ 系统运行方式有较大改变。
⑤ 影响本物业运行（如停电、停水、停空调、停电话等）的任何施工及检修。
⑥ 重要设备主要零部件的更新、代换或加工维修。
⑦ 系统及设备的技术改造、移位安装、增改工程及外部施工。
⑧ 人员调度及班组重大组织结构调整。
⑨ 所属人员请假、换班、倒休、加班等。
⑩ 对外部门、外单位联系、协调。
⑪ 领用工具、备件、材料、文具及劳保用品等。
⑫ 维修保养计划及工作计划的变更或调整。
⑬ 月度工作总结报告。

除以上各项外，所有有关工作事项必须口头汇报上级人员。遇有紧急事件发生或发现重大故障及隐患，可以越级汇报。

【范本2-08】工具管理制度 ▶▶▶

① 本部工具分为公用工具、各专业自用工具及个人工具三部分，公用工具及专业自用工具由领班负责保管及使用，个人工具由个人自行保管及使用。
② 所有工具保管人必须认真负责并保持工具的完好及使用功能。工具保管人必须定期检修并保养所属工具，每月1次，以保证各类工具的正常使用。
③ 工具保管人必须认真建立工具台账，做到工具与台账相符。
④ 全体员工必须爱护工具，必须正确使用工具，凡不正确使用工具、不爱护工

具者，将被扣除当月奖金，凡因此造成工具损坏者，将按工具原价赔偿，并同时扣罚当月工资×××元人民币。

⑤ 公用工具的借用，必须执行公用工具的临时借用办法，工具借用最长时间为3天，如因工作原因，需再继续使用时，必须重新办理借用手续，工具用完后立即主动归还，不得拖延。

⑥ 专业自用工具必须由领班进行每日清点，并保存完好，特别是常用小型工具，不得遗失或损坏，如有遗失或损坏，须由使用人照价赔偿。

⑦ 借用公用工具归还时，须由领班和使用人共同进行检验，如有遗失或损坏，须由使用人负责照价赔偿，如借用工具时未按规定填写"工程部借还物品记录"，或无法确定使用人时，造成公用工具的遗失或损坏，由当班人员负责照价赔偿。

⑧ 所有工具一律不得外借，如因情况特殊，必须经主管批准后方可借出，员工擅自外借、带出，经查实要严肃处理，不得用工具干私活。

⑨ 对所有工具都要爱惜使用，工具按规定的使用年限到期时，无论公用工具还是个人领用工具，一律以旧换新。

【范本2-09】巡检制度 ▶▶▶

① 巡检工作是及时发现设备缺陷、掌握设备状况、确保安全运行的重要手段，各巡检人员必须按规定的时间、巡视路线、检查项目等认真执行，并认真记录。

② 在巡检过程中，如发现设备存在问题，应立即用对讲机通知领班，并在可能的情况下自行消除故障。如条件所限一时不能处理，则必须做好临时补救措施后，报告领班，并将详细情况记入巡检记录备注栏。

③ 巡检人员在巡视完毕机房、泵房、配电室、竖井等所有无人值守的设备间后，必须做到随手锁门。

④ 巡检人员在巡检完设备及其控制箱、动力柜、照明柜、高压柜、低压柜等所有供配电设施后，必须将门锁好。

⑤ 各运行、维修领班必须每天对所辖系统设备进行检查；各主管必须每周1次巡检本系统所有设备，发现问题，书面报告经理，并应立即组织处理。

【范本2-10】交接班制度 ▶▶▶

① 接班人员须提前10分钟到达岗位，更换工服，做好接班准备工作。
② 接班人员接班时必须检查以下工作。

a.查看上一班运行记录是否真实可靠,听取上一班值班人员对运行情况的介绍,交接设备运行记录表。

　　b.查看上一班巡检记录表,听取上一班值班人员巡检情况介绍,交接系统设备巡检记录表。

　　c.检查所辖设备运行情况是否良好,是否与运行记录、巡检记录相符,如有不符,应记入备注栏,并应要求上一班值班人员签字。

　　d.检查仪表及公用工具是否有缺损,是否清洁,并按原位整齐摆放,如有问题,应要求上一班值班人员进行整理;如有丢失,应记入交接班记录备注栏,并由上一班人员签字。

　　e.查看交接班记录中是否有上级领班及主管发布的特别任务或安排,并在交接班记录上签字。

　③ 交班人员在下列情况时不得交班离岗。

　　a.接班人员未到岗时,应通知上级领班或主管,须在上级安排的接班人员到岗后方可进行交接班。

　　b.接班人员有醉酒现象或其他原因造成精神状态不良时,应通知上级领班或主管,须在上级安排的接班人员到岗后方可进行交接班。

　　c.所辖设备有故障,影响系统正常运行时,交班人员须加班与接班人员共同排除故障后,方可进行交接班,此时,接班人员必须协助交班人员排除故障。

　　d.交接班人员对所辖值班范围的清洁卫生未做清理时,接班人员应要求交班人员做好清洁工作后,方可进行交接班。

【范本2-11】值班制度 ▶▶

　① 值班人员必须坚守岗位,不得擅自离岗、串岗。如有特殊情况,必须向主管或部门经理请假,经准许后方可离开。

　② 值班电话为工作电话,不得长时间占用电话聊天,不得打私人电话。

　③ 每班必须按规定时间及范围巡检所辖设备,做到腿勤、眼尖、耳灵、手快、脑活,并认真填写设备运行及巡检记录,及时发现并处理设备隐患。

　④ 须按计划及主管的安排做好设备日常保养和维修。如有较大故障,值班人员无力处理时,应立即报告上级领班或主管。

　⑤ 值班人员用餐时,必须轮换进行,必须保持值班室内24小时有人值班,当班人员严禁饮酒。

　⑥ 值班人员必须每班打扫值班范围内的卫生,每班2次,清洁地面、窗台、门

窗、设备表面等所有产生积尘之处，随时保持值班范围内的清洁卫生。

⑦ 非值班人员未经许可不准进入配电室，如有违者，值班人员必须立即制止，否则追究其责任。如有来访者，必须进行登记。

⑧ 任何易燃、易爆物品都不准暂放、存放于值班室，违者一切责任由值班人员负责。

【范本2-12】材料领取制度

① 所有工具、备件、材料必须经过领班或主管批准后方可领取。

② 领取工具、材料必须填写领料单。

③ 材料使用后要在工作单上填写清楚，并经领班或主管确认。

④ 多余材料必须退回库房。

【范本2-13】机房钥匙管理制度

① 凡24小时值班机房，除值班人员掌握一套外，其余钥匙交工程部统一保管。

② 任何人不得私自配钥匙。

③ 非24小时值班机房人员，值班完成后将钥匙交24小时值班机房保管，以备发生紧急情况后，能打开机房门。

④ 无关人员不得借用机房钥匙。

⑤ 遗失钥匙须立即报告。

⑥ 借用无人值班机房钥匙需登记。

【范本2-14】机电设备房出入管理制度

① 工程部机电设备房包括范围如下。

a.高压配电室。

b.空调机房。

c.物业自控机房。

d.水箱间。

e.各电梯机房。

② 以上机房均为工程部的机电设备运行用房，为了确保本大楼内各机电系统正

常运行，非工程部工作人员，未经许可不得进入以上机电设备房。

③ 本公司内有关上级部门因检查工作，必须要进入这些场所时，应由部门经理或其指定人员陪同，并通知当值领班开门后进入，同时在"设备房出入登记簿"上做好记录。

④ 凡外单位人员前来参观或有关上级业务部门前来检查工作，必须要进入这些场所时，应由部门经理或主管陪同，通知当值领班开门进入，同时在"设备房出入登记簿"上认真做好记录。

⑤ 本部门工作人员需要进入以上地点进行工作时，必须根据工作项目所规定的地点，到当值领班处办理完登记手续后，在当值人员带领下进入以上场所。工作结束后，应及时通知当值人员办理验收离场手续。

⑥ 外单位施工和检修人员因工作需要进入这些工作场所时，必须凭事先办理好的有关施工许可证、工作票和有效的临时工作证件，到当值领班处办理许可和登记手续后进入现场，在工作中不得随意操作和触动与自己工作无关的设备。工作结束后，及时通知当值人员办理验收离场手续。

⑦ 所有人员进入这些场所后，都应随手关门，并不得随意操作和触动与自己工作无关的设备。

⑧ 所有施工和检修人员进入现场后，不得进行与自己工作无关的活动。必须在工作中做到文明施工，并认真做到工完、料尽、场地清。

⑨ 所有人员均不得将任何无关杂物带入或储放于这些机电设备房。

【范本2-15】设备故障应急处理预案

一、供电突发性事故的应急措施

1. 外线故障

① 本大厦设计要求：主供电源停电、备供电源自动投入。当外线故障导致本大厦主供电源停电时，值班人员要检查真空开关的指示牌是否分闸，再检查电压和指示灯，当明确失压断电后，将主供电源进线柜真空开关退出，挂"有人工作，禁止合闸"指示牌。

② 备用电源处于非自动位置，故主供电源断电时不能自动合闸，检查备供电源进线柜之电表和指示灯、真空开关应处准备合闸位置，合上备供电源进线柜开关。

③ 检查变压器出线柜是否正常。

④ 检查低压受电柜并合上低压总开关。

⑤ 向供电局调度室报告并了解外线故障情况。

2. 内部故障

当高压柜真空开关、高压电缆或变压器出现故障时（短路或接地），非误操作引起，除该高压柜停电，甚至会引起主供电或备用电源的受电柜停电，此时值班人员应遵守下列程序。

① 将故障柜的真空开关退出（若引起火警，一人用手提式1211灭火器灭火，一人向消防中心报告）。

② 将故障柜的低压总开关退出，挂"有人工作，禁止合闸"指示牌。

③ 将低压母联合闸，保证大厦设施用电。

④ 向工程部主管和动力班报告故障经过和处理情况。

⑤ 召开事故分析会，邀请供电局、厂商及有关方面参加，分析事故发生原因和处理措施，并书面总结报告有关部门。

3. 市电全停

① 当主供电源、备用两路市电全停时启动发电机。

② 退出市电联络开关，合上发电机联络开关，向应急负荷供电，并每隔15分钟检查一次发电机运行状况，如燃油量、水温等。

③ 监视市电进线电压，尽快与供电局联系，一旦市电恢复正常，立即退出发电机电源，恢复市电供电。

④ 做好记录，及时向上级领导报告。

⑤ 市电失压，发电机正常情况下将在15秒自动启动。若有异常改用手动启动。

4. 通知用户

① 供电系统紧急故障发生后应马上由工程主管预计修复时间。

② 4小时内可修复的故障，应由物业办指挥中心通知受影响业主、用户。

③ 4小时以上才可修复的故障应由管理处或客户单位办通知受影响用户。

5. 自备发电机发电措施

① 将发电机打在"手动"挡上。

② 在有"市电供电"和"发电供电"的双回路供电中，断开"市电供电"回路，并挂牌。

③ 断开主变的低压进线开关，并退出母线，使开关与母线有明显的断开点。

④ 在退出母线后的低压进线开关上挂牌。

⑤ 启动发电机，并多巡视，确保发电机的正常运行和可靠的供电质量。

二、中央空调系统应急处理方案

1. 冷水机组

① 巡查技工发现运行中的冷水机组故障，应马上停止该机，并开启备用机组。

②发现故障的技工将情况报告工程部主管并联系设备保养商维修。

③设备保养商接通知后，办公时间4小时内到场维修，非办公时间12小时内到场维修，并在事后写出维修报告。

2.水泵

①巡查人员发现运行中的水泵异常，应马上停止该泵并开启备用水泵。

②发现故障的技工马上进行检查维修，可当场解决的问题马上修复并记录在当值日记上。

③水泵故障较严重，应马上报告工程部主管，由其安排组织人员维修，并在事后写出维修报告。

3.冷却水塔

（1）水塔电动机故障

①巡查人员发现运行中的水塔电动机故障，应马上停止该机，转开备用电动机。

②发现故障的技工马上进行检修，可当场解决的问题马上修复，并记录在当值日记上。

③属于较严重的故障应马上报告工程部主管，由其组织人员维修，并在事后作维修报告。

（2）水塔穿底漏水

①巡查技工发现水塔穿底漏水，应马上开启备用水塔，并将漏水水塔进水阀平衡管阀关闭。

②发现故障人员马上将情况报告工程部主管，由其组织人员修补水塔，并在事后作维修报告。

（3）水塔溢漏

①巡查人员发现水塔溢漏应马上检查相应的浮球开关，可当场解决的马上修复。

②若浮球开关损坏则马上停止该塔，关闭对应的进水阀，并开启备用水塔。

③发现故障的人员将情况报告工程部主管，由其组织人员维修并在事后写出维修报告。

4.管网系统

（1）主竖管道

①工程人员发现或接报主管道漏水应马上关闭冷水机组和水泵，关闭该段水阀。

②现场用沙包拦住电缆引穿口、走廊口，以防水浸入二楼电房、用户单元，并将水引入地漏，如地漏排水量不够则将漫出的水导入走火梯。

③用薄铁皮将裂口围住并用绳索或铁丝捆紧以防水到处乱射。

④将空调机房内管道底部排水口打开排水，但要留意水泵房污水泵抽水情况，

一旦发现集水坑水位过高，则需关闭排水口。

⑤马上报告工程部主管，由其安排人员抢修并在事后写出维修报告。

（2）水平管网

①工程人员发现或接报空调水平管网漏水，应马上将事故楼层风机房内的空调水平管阀门关闭。

②现场用沙包拦住用户单元门口和走廊口以防水漫入用户单元，将水导入地漏。

③用薄铁皮围住裂口并用铁丝或绳索捆紧以防水到处乱射。

④马上报告工程部主管，由其安排人员抢修并在事后写出维修报告。

（3）空调机房内的伸缩节

①工程人员发现或接报机房内伸缩节破裂，应按急停掣停止冷水机组，并按急停掣停止水泵。

②将破裂伸缩节上的闸阀关闭，漏水停止后开启备用泵和冷水机组。

③报告工程部主管，由其组织维修，并在事后写出维修报告。

注：如闸阀关闭不严，则马上将破裂的伸缩节拆除，将特制铁板用螺栓封闭闸阀出口，停止漏水后再开启机组和备用泵。

（4）空调机房内的管道

①工程人员发现或接报空调机房内管道漏水，应马上停止机组水泵并将电房内的机组系统供电总开关拉断，以防电气短路。

②用铁皮将裂口包住并用绳索或铁丝捆紧，以防水到处乱射。

③用沙包拦住机房门口以防水浸入。

④开启机房内对应管道底的排水口排水。

⑤报告工程部主管，由其组织人员抢修。

5.通知受影响用户

事件发生后，工程部主管认为4小时内可修复的应马上用电话或微信通知受影响用户，超过4小时才能修复的应由管理处书面通知受影响用户。

三、发生水浸事故的处理预案

1.发生水浸事故处理流程

①员工在工作中接到水浸投诉或发现水浸现象，应立即将有关情况报告秩序维护部、工程部当班负责人。

②秩序维护员应迅速到达现场查看情况，积极组织人力，采用就近区域的防水设备（消防沙带）保护受浸楼层各电梯槽口，防止电梯受损。

③物业公司组织各部门员工采取有效的措施，拦截和疏泄积水，防止水浸蔓延，尽可能减少水浸所致损失。

④发生跑水事故处理具体方法。

a.工程部视跑水情况将电梯停在顶层并锁闭。

b.关闭水浸区域的电闸,以防人员触电。

c.在水浸区域摆放沙袋,防止水浸蔓延到其他部位。

d.使用一切措施塞住水浸漏洞。

e.疏通排水地漏和排水渠。

f.开启排水泵。

g.用吸水机吸水。

h.其他一切有效的措施。

⑤设法查明浸水的来源并采取有效的措施加以截断。

a.如水浸是因为楼内机房设施的损坏和故障,应当关闭控制有关故障部位的水擎或供水泵及相关阀门。

b.如水浸来自楼外,应在楼低于水位出入口处安装拦水闸板。

c.如水浸来自市政地下水反溢,应当暂时将有反溢的地下水通往楼宇的入口封闭,并用排水泵将楼内积水排到楼外。

⑥水浸中断后应立即通知清洁人员吸清积水,清理现场环境,通知工程部修复受损的设施,尽快恢复公寓的整洁和正常使用。

⑦事件处理过程中应维持好楼内秩序,做好客户的安抚工作,尽力为客户克服因水浸所带来的实际困难,注意维护物业公司形象,对不清楚的情况不要乱讲。

⑧如有办公室受浸,应尽快通知相关人员返回处理办公室内的财物。

⑨任何公共设施的正常使用受到影响时,都应在各主要出口设置告示牌告知客户,如有任何区域存在危险,应在该处范围外设置警示标志牌。

⑩记录一切详细情况,秩序维护部撰写特别事件报告,呈送物业管理处经理。

2.发生漏水事故处理程序

当物业项目发生漏水的情况时,需按照以下程序处理。

①如能找到漏水的源头,应马上关闭相应的水源阀门。

②立即通知客户,告知漏水的情况、位置等,同时迅速通知工程人员和秩序维护员到场进行抢修。

③在工程人员到达之前,做到以下几点。

a.用管子或其他办法将水引至不重要的区域(后楼梯等),切忌将水引至电梯井或有电缆铺设的区域。

b.使用吸水机吸水或用废毛巾沾干等方法。

c.用指示牌或围栏将水淹区域围起来,防止其他人员通过,以免发生危险。

d.用蜗牛风机吹干受影响的区域,以便恢复其正常的使用功能。

④ 当保洁人员在清理现场时,秩序维护员应负责疏导经过的客人,尽量不让无关人员进入该区域。

⑤ 秩序维护员应准备手电筒,以防因漏水造成的停电情况。对于漏水情况严重的区域,应通知工程人员把电源切断,避免因漏水导致停电、火灾,从而引起人员伤亡和财产损失。

⑥ 协助物业管理处的管理人员对现场进行拍照,以便准备上交"意外事件"报告,并交送保险公司备案。

四、电梯故障应急处理方案

1.电梯困人

如发生电梯困人事故,电梯维修员应按如下方法处理。

① 把电梯主电源断开,防止电梯意外启动,但必须保留轿厢照明。

② 确定电梯轿厢位置。

③ 当电梯停在距某平层位置约±60厘米范围时,维修人员可以在该平层的厅门外使用专用的厅门机械钥匙打开厅门,并用手拉开轿厢门,然后协助乘客安全撤离轿厢。

④ 当电梯未停在上述位置时,则必须用机械方法移动轿厢后救人,步骤如下。

a.轿厢门应保持关闭,如轿厢门已被拉开,则要让乘客把轿厢门手动关上。利用电梯内对讲电话,通知乘客轿厢将会移动,要求乘客静待轿厢内,不要乱动。

b.在曳引电动机轴尾装上盘车装置。

c.两人把持盘车装置,防止电梯在机械松抱闸时发生意外或过快移动,然后另一人采用机械方法一松一紧抱闸,当抱闸松开时,另外两人用力绞动盘平装置,使轿厢向正确的方向移动。

d.按正确方向使轿厢断续地缓慢移动到平层±15厘米位置上。

e.使抱闸恢复正常,然后在厅门对应轿厢门外机械打开轿厢,并协助乘客撤出轿厢。

⑤ 当按上述方法和步骤操作发现异常情况时,应立即停止救援并及时通知大厦电梯维修保养承包商进行处理。

⑥ 事后书面报告物管部经理。

2.水浸事故

① 电梯维修员发现或接报发生水浸事故将会危及电梯运行时应立刻通知物管部,当值保安员通过轿厢对讲机通知客人从最近的楼层离开受影响的电梯。

② 电梯维修员将受影响的电梯轿厢升至最高处,并关闭该电梯。

③ 拦住水浸楼层的电梯口，以防水浸入电梯井。

④ 即刻将情况报告主管管理员和电梯承包商。

3. 巡查中发现电梯异常

① 电梯维修员巡查中发现电梯运行异常，如钢缆有毛刺、断股，控制柜有异声、异味，轿厢升降异常等将危及电梯安全运行的现象发生，应立刻通知监控中心。

② 监控中心当值人员通过轿厢对讲机通知客人从最近的楼层离开故障电梯。

③ 电梯维修员将故障电梯关闭。

④ 即刻将情况报告物管部经理和电梯承包商。

第三章

Chapter 03

前期物业工程管理

> 工程、设备是物业管理中的"心脏",现代建筑物具有规划、设计、施工中都存在复杂性,技术含量过高,建筑周期长和安装施工难度较大的特点。为了保证物业正常使用和发挥价值,对物业实施有效管理,这样物业公司必定需要前期介入。

第一节 项目前期介入工程管理

物业项目的前期介入,物业工程部必须为后期业主利益考虑,为小区的建设质量每一个环节,每一道工序,结构安全状况、人性化使用方便等把关。按有关规范严格巡查每一栋楼,每一项设施设备。重点考虑减少今后物业管理中产生的问题和矛盾,便于维护与管理,降低成本管理费用。

一、工程部前期介入的目的

物业公司工程部前期介入物业项目的开发,其目的如下。
① 完善物业的使用功能。
② 改进、改善物业的具体设计。
③ 能更好地监理施工质量。
④ 为竣工验收和接管验收打下基础。
⑤ 便于日后对物业的管理。
⑥ 解决项目建设中的一些工程质量问题。在项目建设中存在的一些工程质量问题涉及土建、消防、供配电、给排水、空调、电梯、景观等,致使工程存在许多通病和瑕疵。有些是显露的,如墙面、地面不平整、裂缝、起皮、脱落等;有些是隐蔽的,如保温砂浆工艺或做法不到位,面层空鼓、屋顶、外墙、卫生间漏水,烟道串味等。后者更为危险,一旦有了这些隐患,则会为后期的物业管理带来很多困难和诸多不便。
⑦ 全面熟悉小区总体规划,施工全过程,对结构以及管线走向、设备安装做到心中有数,并对工程质量巡查监督,对可能出现的种种隐患了解清晰,便于在后期管理各项设施维修养护工作,减少物业设施的返修工作量。记录、拍照保存相应的证据,在未来隐患发生时,对分清物业管理与建设、施工、安装单位的责任非常有利;也可确保日后提升物业管理质量;更可减轻日后的管理难度,并为顺利移交拿出依据。

二、工程部介入的工作流程

各工程部技术人员要做好质量跟进;工作深入现场,掌握第一手资料,尤其是各种给排水、电、中央空调、消防报警电话、有线电视等管线的走向,重要闸阀和检查口的位置,以及相应的施工更改记录。具体的工作流程如下图所示。

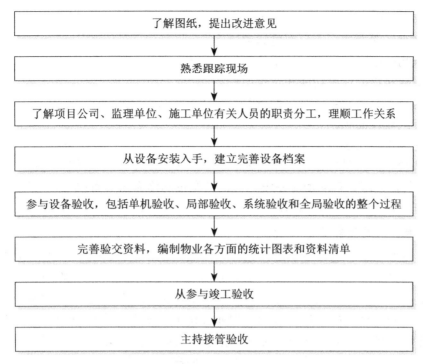

项目前期介入的工作流程

三、物业工程前期介入的事项

物业工程前期介入可以分为五个阶段：规划设计期、施工期、设备安装调试期、公共设施营建期、竣工验收期，不同时期其管理的内容有所不同。

（一）规划设计期

1.配套设施的完善

对于一个较大型的居住小区而言，开发商应根据周边区域环境着重考虑幼儿园、学校、生活服务功能（如商业、饮食、邮政、银行、娱乐健身等）、锅炉房、垃圾站等配套设施，而作为物业公司工程部应关注以下几点。

① 这些配套设施在小区内的布局是否合理、是否方便、是否有利于将来在小区内形成一个中心服务区。

② 这些配套设施对住户是否会造成某些干扰或影响（如噪声、气味、环境卫生等）。

③ 这些配套设施是否便于物业公司对它们进行管理（如环境管理、交通和治安管理、垃圾清运等）。

2.物业基本状况

物业基本状况是筹建物业管理机构、配备管理服务人员、测算物业管理成本、制定物业收费标准等的基本依据，只有了解了这些基本状况，物业公司才能够有效参与前期管理。

物业基本情况包括以下几个方面。
① 未来小区的档次、人口密度和数量。
② 建筑物的密度、层高、地下建筑状况。
③ 附属建筑物的使用功能和建筑面积。
④ 区内环境及周边环境，包括景观及绿化面积、公共设施。
⑤ 公建区域及面积。
⑥ 小区出入口及区内道路。
⑦ 公共设备，如供电系统、给排水系统、供热系统、中水系统、电梯、通风及空调系统、安全防范系统、自动消防系统、通信及宽带网络系统、有线电视系统。
⑧ 停车场（库）等的基本状况。

3. 水、电、气供应容量

物业公司参与水、电、气供应容量规划的原因在于：设计人员一般只依据国家标准进行设计，但是国家标准只是一个带有普遍意义的基本规定，而实际情况则多有不同；物业公司根据多年的管理经验，对小区的实际能源需求量及潜在的能源增长需求量，较之设计人员有着更全面的了解。因此，物业公司工程部在对小区物业基本状况了解的基础上，应详细测算水、电、气的真实供应容量，以避免将来遭遇"瓶颈"问题。

此外，临时供电也是物业公司所应关注的问题。一项物业的建成、交付使用，在业主（用户）入住后相当长的一段时期内，可能会由于开发商的原因（如投资经费不足），小区的正式供电系统迟迟不能投入使用，致使小区的供电在较长时期内必须依靠建设施工时的临时供电系统，而这个时期少则1～2年，多则4～5年，甚至更长。所以，在测算电的供应容量时，不仅要测算正式供电的设计容量，还要测算施工用电的实际容量能否满足物业交付使用后较长"临时供电"期的实际需求，以保证在较长"临时供电"期内能够安全供电并能满足潜在的增长需求。这些都要在前期规划中以正式文件报告开发商，使开发商在与地方供电管理部门签订供电协议时留有余地。

公共用水、用电不能安装过多的计量表，以免造成资金浪费，而且也不便于管理。所以，公共用水、用电设计时应尽量集中，较大型社区可采用分区集中的方式，以减少水表、电表的安装数量。

4. 物业管理用房的规划

物业管理用房是开发商委托设计单位进行规划设计的，物业公司应根据将来物业管理的规模和实际需求对设计进行审核，避免以后给物业管理工作带来困难。物业管理用房的规划一般应从下表所示的几个方面进行审核。

物业管理用房的规划

序号	审核方面	要求
1	提供良好的办公环境	（1）以方便业主为目的，物业公司办公地点距各住宅楼的距离应大体相当 （2）以方便业主为目的设计物业办公的流程模式，并在此基础上对物业的办公用房布局进行审核，看其是否符合办公流程的要求 （3）办公用房间数量和面积是否够用 （4）库房及工作间的面积是否够用，并且尽可能将库房和工作间安排在相邻处，这对日后的工作和管理十分有利

续表

序号	审核方面	要求
1	提供良好的办公环境	（5）认真审核建筑平面图，对哪些地方需要改变门的位置、哪些地方需要打隔断并重新开门、哪些房间便于使用功能的组合等都要仔细研究和规划，否则等施工完毕则无法进行改造 （6）如有需要应考虑外聘方办公用房、工作用房、库房的需求。外聘方是指电梯维修保养公司、保安公司、保洁公司和绿化公司等 （7）由于物业办公用房多被安排在地下，所以要尽可能争取良好的采光和通风条件
2	提供良好的休息环境	（1）员工的生活环境与办公环境一样，都是物业公司对环境管理的重要组成部分。物业公司对办公环境提出要求，是为了给员工提供良好的工作条件；对生活环境提出要求，是为了给员工提供良好的休息条件。两者的目的都是提高员工的身心健康，提高工作效率 （2）员工住宿条件应能满足以下要求：住宿房间数量和面积够用；员工食堂、文化娱乐、卫生间、洗浴室列入规划且规划合理。这里不仅要满足物业公司自身员工的住宿需求，还要满足外聘方员工的住宿需求 （3）由于开发商将员工住宿和活动用房设计在地下建筑内，所以应争取尽可能好的采光、通风条件（有时开发商为了节省投资，不设计天井），以保证员工的身心健康 （4）较高档次的住宅小区多为低层建筑，地下一层是业主的私房，且不建地下二层，这意味着物业公司可以利用的地下房间的数量有限，因此，物业公司更应该对物业管理用房、员工住宿、生活用房的数量和使用功能进行详细审核，以避免将来物业用房的数量不足和功能不完善

5.建筑材料的选用

优质材料是建造优质物业的基础，如何选用建筑材料从表面上看是开发商和设计单位的责任，与物业公司无关，其实不然。

① 物业公司在长期的管理和使用实践中，对各类建筑材料、各类设施设备、通用器材和材料质量的了解比较全面。

② 对相同的材料、设施设备和通用器材，哪个厂家或哪个品牌的质量好、售后服务优良，物业公司能掌握到第一手资料，这一优势是开发商和设计单位都不具备的。

为了打造一个优质的物业基础，为了全体业主的切身利益，为了将来使物业公司与业主之间建立良好的关系，为了降低物业管理成本，物业公司有责任将优质的建筑材料、设施设备和通用器材以书面形式推荐给开发商，供开发商和设计单位选用。

（二）施工期

物业在施工期介入主要侧重于项目土建工程的尾声，即在设备、门窗安装阶段，时间上大致在竣工验收前5个月。

1.施工期介入的工作方式

成立介入小组，一般1～3人，专业组人员专业搭配合理，具有水、电、气专业知识和良好的沟通能力。

工程技术人员进场，熟悉建筑施工图和水电、设备安装图样、隐蔽工程记录，了解新材料、新技术的运用情况，收集整理各专业施工技术资料，对施工进行跟踪、监督、检查，发现影响今后使用功能的工程问题，及时提出建议整改。

> **提醒您**
>
> 物业公司介入小组应主动与房地产公司项目部、监理方指定的专人进行沟通。介入小组按照施工安装进度进行现场跟进，发现问题及时通过与房地产公司、施工方等进行沟通解决。要建立对日常各项工作的监督和记录制度，通常可通过建立一套"内部工作联络单"报项目部、监理方，追踪其及时回复意见。在施工现场发现的问题要以书面形式呈报给房地产公司相关部门，介入小组应做好发文登记，留好文件回执，并跟进所呈报问题和解决情况。同时，要按时参加房地产公司组织的历次项目现场工作协调会，及时沟通相关问题和进度。

2. 施工期介入需要注意避免的问题

在施工期介入要重点注意以避免下问题发生。

① 高压开关柜的产品质量得不到保证。
② 采用非阻燃型的电缆，使供电系统存在严重隐患。
③ 中央空调机组电缆铺设质量差，限制机组负荷容量。
④ 排水系统施工未充分考虑防洪措施。
⑤ 地下室隔水层施工质量差，使电梯底坑渗水。
⑥ 对自动喷淋系统的试验不认真，往往在天花板施工后进行，试验时漏水，造成天花板损坏。
⑦ 中央空调系统的冷却系统保温质量差，特别是接口处未做保温处理，造成滴水事故。
⑧ 对于计算机群控电梯的机房，没有认真进行防尘通风处理。
⑨ 柴油发电机带负荷试验、满负荷试验和甩负荷试验被忽视。
⑩ 整个建筑防雷系统施工质量不符合要求，留下隐患。

3. 施工期介入的工作要求

① 掌握设计思路，便于今后管理和分析突发问题。
② 掌握各专业施工方法，便于今后维修和复原。
③ 提出整改的合理化建议，便于今后使用和管理。
④ 制定切实可行的管理方案，做到今后的节能降耗。

（三）设备安装调试期

设备安装调试期是指从物业设备安装工程开始到安装调试验收全过程的管理。

1. 介入的工作方式

由工程人员参与调试工作，现场学习、做好笔记及注意事项。

2. 设备安装调试期介入需要注意的问题

① 物业功能组合不合理。
② 由于物业功能定位不准，导致产生供电负荷严重不足的现象。
③ 由于设计单位对物业管理的特点不够了解，造成公共照明的电力浪费。

④ 由于对用户的二次装修的需求缺乏了解，在各楼供电负荷分配上没有留有余地。

⑤ 中央空调机组电缆选项不当，没有采用封闭母线而使用多条电缆并联供电，使机组负荷容量受到限制。

⑥ 供电系统的配置容量、主接线系统、负荷分配计量不满足安全和用户需求。

⑦ 给排水系统没有充分考虑给排水量的需求。

⑧ 设计部门没有考虑空调负荷日夜相差大的实际情况，选用同一制冷量的机组，造成"大马拉小车"的电力浪费现象，同时该情况也要运用到其他设备。

⑨ 中央空调系统的回风量往往被忽视，回风口布置要合理，否则会大大降低制冷效率。

⑩ 消防系统没有合理布局，自动报警不能满足二次装修的扩容需要。

⑪ 消防系统没有充分考虑二次装修要增加的烟感探头数量，查看消防自动报警主机是否留有足够的备用回路。

⑫ 电梯、扶梯的选型不够先进和不够满足物业功能的需要。

3.设备安装调试期的工作介入要求

① 结合现场实际，通过详细研读各专业设计图样，对照建筑物空间尺寸和设备外形尺寸，熟悉建筑物的全部配套设施设备系统的设计布置情况。

② 通过详细查看专业设备系统的设计技术和参数，结合设备随机技术文件，掌握专业的技术性能参数、安装基础、标高、位置、方向以及维修拆卸空间尺寸、动力电缆连接等技术问题。

③ 在详细研读设计图样和现场检查建筑物空间位置及外形尺寸的基础上，从设备运行维护的角度认真考虑设备及系统的可操作性、可维修性、是否满足管理的要求等。在符合设计规范、设计技术要求的前提下，应使设备及系统的巡视操作便利，易于维修保养，设备系统容易调节搭配，系统管线布置和流程控制更合理，各系统的功能、功能流量输出应便于计量管理、便于经济核算，并就这些问题提出改进意见或建议。

④ 参见设备安装工程的分部、分项工程验收，隐蔽工程的验收和设备安装工程的综合验收。熟悉物业各设备系统安全经济运行状态参数，掌握设备系统的调节控制方法、紧急情况的处理措施，提出设备系统运行管理方面的整改意见和建议。

⑤ 建立比较完整的设备前期技术资料档案，要求收集整理的文件资料主要有以下类别。

a.设备选型报告及技术经济论证。

b.设备购置合同。

c.设备安装合同。

d.设备随机文件（说明书、合格证、装箱单等）。

e.进口设备商检证明文件。

f.设备安装调试记录。

g.设备安装现场更改单和设计更改单。

h.设备性能检测和验收移交书。

i.文件资料连同设备安装工程竣工验收图样资料一起归入设备前期技术资料档案。

(四)公共设施营建期

1. 室外绿化及园林的前期介入

① 了解室外绿化面积和布局,绿化设计思路,树木、花草的种类和数量。
② 了解花草树木的名称、种植季节、生长特性、培植管理方法等知识和技术。
③ 监督绿化施工,要求将建筑垃圾清理干净,换成栽培营养土。
④ 注意花木的种植,一定要去除营养袋,草地平整后才能植草。
⑤ 及时跟踪了解绿化施工中的喷灌喷头布置、水管走向、绿化排水工程情况,并了解绿化知识,编写管理方案。

2. 地下停车场与道路的前期介入

地下停车场的前期管理工作要求如下。
① 了解与掌握地下停车场的设计规划、建筑结构、停车位置及数量、车辆行驶进出口及上下坡道的安全要求、安全措施及消防安全设施设备。
② 着重跟踪地下停车场、地面排水沟(井)的污水排放设施设备的施工安装,发现有影响日后管理和影响行车安全的情况,及时向开发商有关部门汇报并提出整改建议,要求施工方进行整改,针对地下停车场的车辆行驶及车辆管理制定有关制度和措施,为日后停车场的管理提供依据。

(五)竣工验收期

物业部工程技术人员应定期视察施工现场,参与工程例会,及时提出维护房地产公司利益和保证施工质量的专业意见及建议,协助房地产公司做好使用功能的验收,对各种设备、管线逐一检查。
① 参与房地产公司的房屋、设备、设施的竣工验收,并建立验收档案。
② 发现可能存在的施工隐患,并列出遗漏工程。
③ 参与重大设备的调试和验收。
④ 制定物业验收流程。
⑤ 指出工程缺陷,就改良方案的可能性及费用提出建议。

四、图纸审核与巡查工作

(一)准备工作

对于规划设计图纸的审核、评估一定要做足准备。
① 收集规划设计图纸评估需要获得的资料如下。
报批报建文件:《可行性研究报告》及批复、项目选址意见书、《勘测定界报告》、配套条件明细资料等。
企划文件:市场调研、产品定位、目标客户定位、目标客户资料。
设计文件:总说明、规划图、建筑设计说明书、设计图纸(平面图、立面图、透视图)、结构设计说明书、给水排水设计说明书、电气设计说明书、弱电设计说明书、采暖通风空调设计说明书、动力设计说明书、交通分析、绿化分析、经济指标等。

② 房地产公司所属项目、设计、工程以及营销、物业等相关部门共同召开项目说明会，专题介绍项目情况并解答疑问。

③ 物业公司组织对项目用地状况、类似典型楼盘、周边配套状况进行实地考察。

(二) 审核、巡查重点

前期介入图纸审核、巡查重点如下表所示。

前期介入图纸审核、巡查重点

序号	项目	注意重点
1	物管用房方面	要求配置物管用房、商业用房、功能用房和设备用房及其他用房的预留，包括管理处办公室、员工宿舍食堂、娱乐活动室、保安岗亭、垃圾收集站、物料仓库、电工值班室、清洁工工具房等
2	电气方面	（1）注意各设备房的通风、降温、排水、应急照明、消防器材配备等问题 （2）对各个电气设备的分布、数量、性能等方面进行熟悉、统计，对各供电线路的走向、线径、具体预埋点进行了解 （3）对照明线路设计审核是否超负荷，路灯尽量采用公路用灯具、节能灯泡，可耐锈蚀、牢固、防日晒雨淋、不怕台风、减少跳闸、亮度适中，保障可靠供电等（方便日常维修、减少开支、节约能源）。单元楼道灯最好采用光控红外线开关（以方便业主使用，减少公共照明浪费电量，更方便后期的维修、保养和管理）
3	消防方面	（1）对水系统中的消火栓、喷淋管网的走向、阀门的分布、水泵结合器的位置进行了解 （2）对电路系统中的风机、风阀的分布、工作原理进行掌握 （3）掌握消防主机、各种联动配套的工作原理，回路的分布，卷帘门的分布、报警器安装部位等
4	给排水方面	（1）了解供水的系统情况，各楼层供水水箱、水池的位置、容量，市政供水的位置 （2）检查业主（用户）的供水方式、水压是否达标，各个阀门的位置及水管是否有分片关闭阀门，不至于关总阀影响其他业主（用户）用水。商业用水和居民用水的收费标准不同，建议居民用水和铺用水的管路分开并各配计量表，以避免产生计费错误 （3）在排水方面，雨水、污水、冷凝水（空调水）的走向，检查口的位置，化粪池的位置等 （4）小区的地下排污管道要铺设合理，坡度要适宜，没有压扁堵塞现象 （5）井口间距要合适，一般不要超过管路疏通时竹片长度或机械疏通机可达长度，路面低洼处排水要专用下水井等 （6）排污管、雨水管在穿楼板时要考虑采用套管，以方便管体爆裂时更换
5	监控方面	（1）智能防盗设备要完善，小区的外围尽量考虑封闭式管理的需要，铁围栏的设计要防攀防钻，周边防翻越 （2）各种监控镜头的设置足够合理，对住户与商场的门进行控制，能有效隔离商场人员进入住户空间，对出入口的设置合理，停车场的智能化无安全隐患 （3）各单元门、停车位、外围巡视死角、平台等应加装监控镜头以确保安全
6	清洁方面	（1）可以关注各垃圾桶的设置是否合理，楼层清洁用水是否方便，电梯厅内吸尘用电是否方便 （2）天台是否设置照明及水龙头、垃圾收集点、洗拖把水龙头，以方便清洁用 （3）地漏与清洁有关的问题是否设计到位
7	绿化、泳池方面	（1）绿化设计的品种应适宜以后的物业管理，以长期保持相应的花期，各种自动浇水系统完善，花池的排水恰当 （2）游泳池的设备设计合理，补水、溢水、排水完善 （3）绿化带植物的品种，不要设计得太名贵、太繁多，除充分考虑到错落有致、四季有花香外，配制原则应大方得体，合理选择背阴喜阳、易于养护的植物

续表

序号	项目	注意重点
8	空调机方面	(1) 预留空调安装位置及空调滴水管。在预留分体空调机位的同时,是否考虑新产品如空气源、太阳能热水器等。随着生活水平提高也可预留中央空调机位,既可安装分体空调,又可安装中央空调机,还方便以后维护、加制冷剂时的拆装等。商铺前后也预留空调位及排水位,凡有空调机滴水管的沿墙周围都应做绿化带(既利用上空调水,又美化环境,避免空调滴水面造成地面长青苔的现象) (2) 所有空调穿墙孔洞是否预留,管口外斜下是否有防水措施
9	集中抄表方面	(1) 水、电、气表的设置要考虑到抄表到户的需要,尽量集中放在首层,有安全防护的水、电表箱柜等 (2) 公共用电(电梯、公共照明、景观、水泵、消防、风机设备等),安装独立电表计费,用于以后一、二级合理分摊计算给业主,减小猜疑 (3) 楼道内电表箱(柜)等应采用专用锁,楼道开关总闸更应内藏而不外露(以防小孩和他人捣乱拨弄)
10	信报箱方面	信报箱设置要考虑邮政投递需要放在首层显眼位置,信报箱的规格和锁要符合要求,方便业主收取
11	小区车位方面	(1) 配置要考虑到户均车辆及临时车位停放尽量充足 (2) 有清晰的路线指示标志,地下室有安全的限高龙门架,出入有先进的自动刷卡系统,规范停车的管理规定等
12	公共设施方面	(1) 小区内的水池(含游泳池)、小桥、沙池、秋千、转盘、高低杠杆等娱乐设施和健身器械,危险场所、设备房门等要有安全防护设施,并挂上警示牌等 (2) 电梯轿厢内、绿化草地有温馨提示宣传画等
13	公共屋面方面	建筑物的可上人平台可以设计成花坛、绿化带。多层屋顶不可上人天台设计成易于养护的绿化带,既可以隔热又可以弥补地面绿化面积的不足,还要有专用维修通道等。屋面不要出现死角,如不可上人的平台等(以减少卫生死角和高空作业)
14	弱电方面	现代家庭的可视对讲、门铃、电话、宽带、电视、音响、监控、煤气报警系统等,所有布线设计都应考虑周全,各房间都应配置预留电话插座、宽带插口、电视插座等
15	公共楼道方面	通道墙面应考虑铺设一定高度的瓷片(防涂鸦、防污渍),有利于清洁美观等
16	垃圾方面	垃圾收集站最好设计在小区后门出口附近处,且垃圾房门朝外便于垃圾清运车在外面作业,不影响小区安宁,不影响环境
17	首层公共设施方面	(1) 建筑物的临街、下有行人路面或停车位的外窗可考虑装纱窗(以减少高空抛物现象),并且有防盗措施 (2) 所有单元进户门都应设计遮雨棚(防雨水和淋花水漏进梯厅及电梯井等),更可防止业主撑倒产生危险 (3) 商铺预留排烟道、电视、电话、宽带接口等方便业主使用
18	其他方面	(1) 重要管路和线路要预留备用管线或活口(以免发生局部损坏时更换整条管线,劳民伤财)。特别是供水管路要走明管,有利于及时发现漏点,更减少维修费用 (2) 小区配套公共设施规划设计要一步到位,煤气管道应智能综合布线,考虑将来发展用,不至于产生开挖、明敷等影响美观 (3) 阳台设计成全封闭或半封闭形式,避免业主后期自行封闭,不统一、不规范 (4) 很多业主会在阳台放花盆,所以阳台底部应向里倾斜,做好防水层,以防淋花水往下滴给下面业主带来不便

(三)工作程序

① 房地产公司提前1个月向物业公司提出书面通知,物业公司参与某项具体项目规划设计的评估,并提供评估报告。

② 物业公司接到书面通知后，于3日内回复，由综合管理部牵头组成评估小组，并向房地产公司提交评估所需的开发资料目录。

③ 房地产公司接到资料后3日内向物业公司提供具体资料，对不能提供的资料，书面通知物业公司，并于1周内组织所属项目、设计、工程、营销等部门召开项目说明会，介绍项目情况并解答疑问。

④ 物业公司接到开发资料后1周内，组织评估小组研究，完成项目及类似典型项目的实地考察。

⑤ 评估小组根据开发资料中针对项目评估细则所列内容及项目说明会、实地考察情况，于1周内详细编写完成《项目规划设计前期介入评估报告》，并提交至物业公司综合管理部。

⑥ 物业公司综合管理部在评估小组提交报告3日内，组织公司内部人员对《项目规划设计前期介入评估报告》进行内部评审。

⑦ 评估小组根据物业公司评审会议的意见，于3日内完成对《项目规划设计前期介入评估报告》的修改。

⑧ 经修改的《项目规划设计前期介入评估报告》由物业公司相关部门组织相关评审组成员会签后，提交给物业公司分管领导审核签发。

⑨ 物业公司分管领导签发后，评估报告提交至房地产公司，评估小组此后将随时参加房地产公司的图纸变更会议，并随时调整报告。

五、工程部现场详细巡查

（一）详细巡查的内容

物业项目在施工及设施设备安装期间，要进行详细的巡查，巡查的重点如下表所示。

工程部现场详细巡查的内容

序号	巡查重点	标准
1	主体	房屋结构无裂缝、沉降符合有关规范，外墙瓷砖缝隙水平、垂直，不得渗水。可参见《建筑工程施工及验收规范》，各种避雷装置的所有连接点必须牢固可靠，接地电阻值必须符合要求
2	屋面	（1）各类屋面排水畅通，无积水，不渗漏 （2）平屋面应有隔热保温措施，三层以上房屋在公用部位应设置屋面检修通道。排水口、出水口、檐沟、落水管应安装牢固、接口平密、不渗漏 （3）防水卷材接口密实、不脱落，排水管畅通
3	墙、地面	（1）找平层与基层、墙体必须粘接牢固，不空鼓 （2）整体墙地面层平整，不允许有裂缝、脱皮和起砂等缺陷，梁底天花板表面平正、接缝均匀顺直，阴阳角线脚顺直、无缺棱掉角
4	卫生间	（1）阳台、卫生间地面与相邻地面的相对标高应符合要求，不应有积水，不允许倒泛水和渗漏，与客厅地面低2厘米左右，穿楼排污管加套管方便维修 （2）防水层应做24小时闭水试验。靠客厅、卧室墙面防水要做1.8米高度，防止入住后洗澡产生漏水
5	门窗	（1）铝合金门窗应安装平正牢固，无翘曲变形、摇晃，零配件装配齐全，位置准确，缝隙严密，木门窗缝隙适度

续表

序号	巡查重点	标准
5	门窗	（2）进户门、防盗门垂直，门框内应灌满水泥砂浆，门锁应安装牢固，门、窗、锁开启灵活自如，无晃动和裂缝，玻璃安装牢固，胶封密实平直，不应有空鼓、裂缝和起泡渗水，无明显刮花痕迹，无损伤，油漆均匀完整
6	景观	（1）木装饰工程应表面光洁，线条顺直，对缝严密，不露钉帽，与基层必须钉牢、无爆裂木材料 （2）水景山石安装牢固，排水畅通。园林、喷泉、瀑布、人工湖要设置给排水功能，花基、花槽要有排水设施，园林要有合理的给水点和电源备用点，分区、按栋或片的独立控制、独立电表计量 （3）游乐设施安装牢固，面漆完好均匀，无脱皮、无锈迹、无裂纹、无折损，配置使用安全警示指示牌
7	电气	（1）电气线路安装应平整、牢固、顺直，过墙应有导管 （2）导线连接必须紧密，必须采用管子配线，连接点必须紧密、可靠，使管路在结构上和电气上均连成整体并有可靠的接地。每回路导线间和对地绝缘电阻值不得小于兆欧/千伏 （3）漏电开关、照明开关开启灵活，应符合《低压电气装置规程》的有关要求 （4）路灯、景观灯安装牢固，完好无损，工作正常。灯柱、配电箱安装牢固垂直，油漆完好。路灯、小区各种灯光按区、按栋或片、按盏进行控制 （5）园林艺术灯光要安装牢固、合理分控、标志清楚，尽量少安装埋地灯 （6）推广节能灯，减少室外灯漏电跳闸，保障可靠照明，配置定时开关及独立的电表计量
8	电梯	（1）电梯机房地面刷绿色地板漆，机房地面、墙表面光洁平整、明亮，墙面、天花板刷乳胶漆 （2）配置电梯机房牌、警示牌、消防器材、温度计、工具箱、记录箱、防潮灯、应急灯、防鼠板和防鼠设施，电梯机房有完好的通风降温设施 （3）电梯管井底要有集水井，安装自动潜水泵装置，安装有独立的计量电表 （4）电梯应能准确启动运行、选层、平层、停层，曳引机的噪声和震动声不得超过规定值。制动器、限速器、按钮等其他安全设备应动作灵敏可靠 （5）安装的隐蔽工程、试运转记录、性能检测记录及完整的图纸资料均应符合要求
9	供水、排水、排污、消防	（1）管道应安装牢固，各种仪器、仪表应齐全精确，安全装置必须灵敏、可靠，控制阀门应启闭灵活，闭合严密，无滴漏 （2）水压试验及保温、防腐措施必须符合要求 （3）主管与支管应安装水表单独计费。消防水箱进水管阀门检查设置应便于检修 （4）卫生间、厨房内的排污管应分设，地漏、排污管接口、检查口不得渗漏，坡度适中，管道排水必须流畅 （5）卫生器具质量良好，接口不得有跑、冒、滴、漏现象，安装应平正、牢固、部件齐全、制动灵活 （6）消防管道设施必须符合要求，并且有消防部门检验合格证。管道的管径、坡度及检查井必须符合要求，管沟大小及管道排列应便于维修，管架、支架、吊架应牢固。管道防腐措施必须符合规定 （7）室外排水系统的标高、窨井（检查井）设置、管道坡度、管径均必须符合要求 （8）管道通过公路时应做钢筋水泥保护，井盖应搁置稳妥并设置井圈 （9）化粪池应按排污量合理设置，池内无垃圾和杂物，进出水口高差不得小于5厘米。立管与粪池间的连接管道应有足够坡度，并不应流过两个弯 （10）明沟、散水、落水沟头不得有断裂、积水现象
10	道路	（1）房屋入口处道路与主干道相通 （2）路基稳固、路面不积水，铺砌砖、沥青不空鼓。路面排水畅通，路面砖采用防滑材料

续表

序号	巡查重点	标准
10	道路	（3）路面平整，无水泥块，无起砂、断裂，路牙石砌筑整齐，灰缝饱满，无缺角损伤，并均匀地刷涂黑色和黄色相间的反光漆；块料面层拼砌整齐，平整牢固，无明显裂缝、缺棱掉角 （4）交通标志线、路牌清楚完好
11	水泵房、墙面、天花板	（1）扇灰、刷乳胶漆，机房地面、墙表面光洁平整、明亮 （2）各设备标志牌、警示牌、系统运行指示牌、消防器材、温度计、工具箱、防潮灯、应急灯、防鼠板、抽风机等配置齐全 （3）生活水泵、消火栓泵、喷淋泵等泵基座的四周砌筑一条3厘米宽、2厘米深的水沟与集水井相通，排污水管用PVC管直接接至排水沟或集水井，集水井中安装自动潜水泵 （4）各种阀门有明显标志、名称、功用（或控制范围）的挂牌；生活水泵、生活用水管道刷绿色地板漆并用红色箭头标明水流流动方向；消防泵、消防管道和设施刷红色漆并用其他颜色箭头标明水流流动方向 （5）进水管安装独立计量的总水表，各机房安装独立计量的电表、水表
12	高低压配电房	（1）开闭门、墙面、天花板刷乳胶漆，机房地面刷绿色地板漆，机房地面、墙表面光洁平整、明亮 （2）设备房配置高低压配电房牌、供配电系统图示牌、警示牌、消防器材、温度计、工具箱、记录箱、防潮灯、应急灯、防鼠板或防鼠设施（如电子猫王） （3）电柜前地面铺宽度1米的绝缘胶垫（高压配电房铺高压绝缘垫），并用黄色油漆在绝缘胶垫的外侧地面标示安全线，其他地面刷绿色地板漆；接地线需用黄绿相间的油漆明显标示 （4）变压器室有完好的通风降温设施和隔热隔音设施，通风、采光良好 （5）高压配电房配置高压操作杆、高压验电器、高压胶鞋、高压手套、高压接地线（或接地刀）、高压开关检修车，每个高压断路器有明显标志牌标明控制范围 （6）低压配电房的每个低压断路器有明显标志牌标明控制范围 （7）安装有各路独立计量的电表
13	消防控制室和监控中心	（1）地面铺地砖，墙面、天花板刷乳胶漆，机房地面、墙表面光洁平整、明亮 （2）配置消防控制室和监控中心牌、警示牌、消防器材、温度计、记录箱、应急灯、防鼠板和其他防鼠设施，室内要有良好的采光、通风降温设施或安装空调 （3）安装有独立计量的电表
14	室外消火栓	消防箱标志清楚，玻璃完好，消防设施配件齐全，消防管安装牢固，标志明显，阀门完好，油漆完好，无渗漏水，水压充足
15	门牌	栋号、层号、房号清楚，首层大堂信报箱、告示栏、对讲系统齐全

（二）现场巡查的注意事项

为方便以后的物业管理，工程技术人员在现场巡查的时候，要特别对以下项目进行关注，并向相关单位提出一些合理性的建议。

① 对小区的重要大型设施设备的供应商，应尽量选择供货、安装、调试、售后技术服务良好、有中文使用说明书及联系电话、信誉良好的公司。

② 小区基建工程采用批量较大的各种建材；水电器材常规材料和配件等尽量选用市面上普通规格的标准件和通用件，尽量采用国内容易购买的配件材料及型号与规格，方便后期维修。

③ 涉及小区物业的结构、防水层、隐蔽工程、钢筋以及管线材料一定要考虑耐久性

和耐腐蚀、抗挤压能力,且与监理公司共同把好相关过程控制和验收控制的监督检查质量关。绿化带土质的厚度要符合要求。

④ 要与所有参与土建工程、设施设备安装工程、绿化工程和相关的市政工程施工单位、供货商、安装单位,就保质内容、保质期限、责任、费用(维修保证金)、违约处理等达成书面协议,并要求对方提供有效的合法经营及资质证明、产品的产地、合格证明、设备订购合同、材料供货表、采购供应地址及单位联系电话。

⑤ 要检查重要的大型配套设备(包括电梯、中央空调、配电设施、闭路监控系统、消防报警系统、电话交换系统等)的供应单位是否提供了清晰明了的操作使用说明书、联系电话等,并要求对方对物业工程部相关技术操作人员提供正规的培训。

⑥ 物业项目所选用的设备和仪表均应得到有关部门的校验许可证明(如电表、水表须经过水电部门校验合格后才允许使用,有线电视监控系统、消防报警须经过公安部门的安全技防测试合格后才准许使用,还有消防报警系统、灭火器、电梯变配电系统、停车场、交通管理系统等),要求调试正常运行后才能交付。

⑦ 对大型、重要的公共配套设备设独立电表(便于情况分析和成本控制),商品房与办公楼的电源应与各系统用电线路及计量分开,尽量做到分表到层、分表到户,表的位置最好能统一、集中(便于抄表),电话分线分层分户应做好识别标记,合理分配。

⑧ 了解哪些为整体混凝土施工,哪些为空心砖砌成,在以后住户装修中哪些墙不能砸,墙体、天花板、地面在哪些位置有管线,在打孔和装修时注意提示。

⑨ 在设备性能方面,比如智能化等,不要因追求卖点而一味追求高科技和功能齐备,因为在后期使用会华而不实,智而不能,甚至闲置报废,将造成业主投诉和高昂的维护成本。所以,在厂家选择、设备选型、配件选用方面要求要合理,简单而实用,设备安装调试要求安全合格。

> **提醒您**
>
> 物业建设工程基本结束,工程开始竣工验收、移交验收、准备入伙及筹备开业时,工程部人员对正式接手管理做好准备。巡查要求更为严格,工作更为细致、周密。全面复查,及时提出未整改项目,以便交接时提出。

第二节　验收接管期工程管理

接管验收指物业公司接管开发企业、建设单位或个人委托的新建房屋或原有房屋时,以物业主体结构安全和满足使用功能为主要内容的再检验。

一、物业接管验收的作用

《物业管理条例》第三章"前期物业管理"中第二十七条规定,物业公司承接物业时,应当对物业共享部位、共享设施设备进行查验。

① 明确交接双方的责、权、利关系。
② 确保物业具备正常的使用功能，充分维护自身和业主的利益。
③ 为后期管理创造条件。

二、物业接管验收的对象

验收的对象是物业主体结构及附属的设施设备，目的是满足日后管理时的使用功能的再验收。

三、物业接管验收的条件

（一）物业验收条件

物业要验收移交，必须满足下图所示的条件。

条件一	提供被验收物业的竣工图（若尚未完成竣工图，必须提供最终的施工图，并附详细的设计修改说明）
条件二	提供被验收的设备、系统的操作说明、保养手册及其他有关资料
条件三	提供与承包商（或供应商）签署承包（供应）合同中有关的技术条款
条件四	出示政府有关职能部门的验收证明
条件五	提供承包商、厂商及供应商的地址、联系电话及联系人资料
条件六	提供必要的专业技术介绍和培训
条件七	提供所有测试、检验和分析报告
条件八	清洁被验收的场地、设备和机房

物业验收条件

（二）拒绝验收的情形

对下图所示下情况，物业公司有权拒绝验收接管物业。

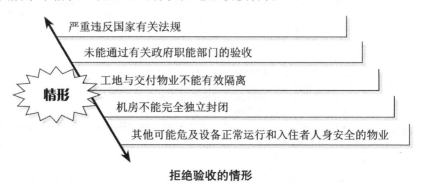

拒绝验收的情形

四、接管验收的资料要求

(一)技术数据

在物业验收接管前,开发商/业主须提供有关物业的各种技术资料和竣工图,分类立卷,在验收时交物业公司归档保存,若验收时尚未完成竣工图,必须提供最终的施工图,并附详细的设计修改说明,竣工图最迟必须在免费保修期开始后的6个星期内呈交。

物业公司将参考这些技术数据对物业的设施进行验收管理、运行、维护和保养,一般需要递交技术数据,如下表所示。

开发商/业主须提交的技术数据

序号	类别	资料明细
1	土建、装修类	(1) 建筑、装修和绿化等设计说明 (2) 总平面图、建筑和结构图 (3) 装修图(包括所有天花板、地面、墙面、门窗及幕墙等材料表) (4) 质监站、规划局、消防局、环卫局及园林管理所等政府职能部门的验收报告 (5) 土建、装修、建材和五金等供货商及厂商数据 (6) 房屋面积测量报告 (7) 物业沉降测试报告 (8) 防水工程的盛水试验报告 (9) 隐蔽工程验收鉴定
2	弱电系统	(1) 各弱电系统的操作和维护保养手册(包括屋宇自动控制系统、消防自动报警系统、防盗监控系统、卫星电视系统、电话和综合布线系统、背景音响系统、车库自动化管理系统等) (2) 各弱电系统图、平面图 (3) 弱电系统设备明细表、承包商数据及产品合格证 (4) 消防局、技防办、音像管理处、有线电视台、国家安全局、电话发展总公司等政府职能部门的验收合格证明 (5) 设备原理图、计算机软件程序和说明等
3	电气系统	(1) 高压、低压和变配电设备操作及维护保养手册 (2) 所有电气系统图、平面图、隐蔽工程验收数据及说明 (3) 电气设备明细表、承包商数据及产品合格证 (4) 供电局验收报告 (5) 各种用电设备调试、测试报告 (6) 避雷装置系统图、平面图、测试报告、防雷办验收报告
4	给排水系统	(1) 喷淋、消火栓水系统操作和维护保养手册 (2) 消防水、给水、排水系统图、平面图及电气控制图 (3) 消防喷淋、消火栓、给排水系统设备明细表、承包商数据及产品合格证 (4) 消防局验收批文,卫生防疫站、自来水、城市排水检测站和质检站等政府职能部门验收报告 (5) 消防水系统试压、调试及检测报告 (6) 污水处理系统竣工图纸,卫生防疫站验收批文 (7) 蓄水池、水箱和开水器水质检测报告
5	空调系统	(1) 空调系统、送排风系统操作和维护保养手册 (2) 空调、送排风系统图、平面图及电气控制图 (3) 空调机组(热泵机组)、新风机组、热交换器及风机盘管等设备明细表、承包商数据及产品合格证 (4) 消防局验收批文 (5) 空调系统/设备试压、调试报

续表

序号	类别	资料明细
6	动力设备	（1）锅炉、应急发电机和电梯等设备操作及维护保养手册 （2）锅炉房、应急发电机房平面图，煤气调压站平面图和煤气系统图、平面图 （3）劳动局、质检站及煤气公司有关验收证明 （4）锅炉、应急发电机及电梯等设备的调试报告、产品合格证书 （5）煤气管道的试压报告
7	电梯	电梯正式验收移交前，施工单位需递交以下数据，以便使物业公司技术人员尽快掌握电梯的操作及紧急事故处理（以下为电梯移交时必须提供的资料，但不限于此） （1）市建委质监站批发的"电梯运行证" （2）市技术监督局批发的"电梯安全使用证" （3）电梯技术规格说明书 （4）电梯出厂合格证及产地来源证 （5）电梯装箱清单 （6）电梯管理与使用手册 （7）电梯一般安装标准 （8）电梯操作说明书 （9）电梯维修保养手册 （10）电梯安装图纸 （11）电梯机械及电气控制图纸 （12）电梯备品备件清单 （13）电梯操作培训手册 （14）电梯承包商竣工调试及自查记录 （15）电梯应急维修电话 （16）电梯供货商和安装单位联系人、电话、传真等数据
8	其他	开发商、承包商认为需要提供的其他资料

（二）验收应提供的操作和维修保养手册

承包单位在物业移交前，须递交设备/系统的操作和维修保养手册（以下简称"手册"），以确保物业公司操作人员能尽快掌握验收设备/系统的操作和管理，一般有以下要求。

① 承包单位须在设备/系统验收前1个月递交手册，以便物业公司的操作人员有时间了解该验收设备/系统的基本情况。

② 手册内所有内容应以中文编印，文字、插图和表格等效果清晰显示。

③ 每一系统应独立成册，以减少每册的厚度，不同内容或章节应以塑料索引标签分隔，并附有清楚的目录指示，以便操作人员翻查参考。

④ 为使手册便于使用，手册应采用优质的A4标准纸张编印，配上坚硬的封面和书背，并以胶质塑料或其他耐磨损的材料作保护。

⑤ 手册须同时附有本项目的"竣工图"目录，按所属系统分列于有关系统的章节内。如某一图纸同时适用于多个系统时，则需在每个有关系统章节内同时列出。若递交手册时尚未完成竣工图，必须提供最终的施工图，并附详细的设计修改说明，竣工图最迟必须在免费保修期开始后的6个星期内呈交。

⑥ 要提供系统操作、设备操作、维修保养及安全方面的技术数据，如下表所示。

应提供的技术数据

序号	类别	资料明细
1	系统操作需提供的技术数据	（1）系统正常运作程序和在不正常情况时的应变程序 （2）详尽介绍每个独立系统如何调节、控制、监察和调校说明 （3）系统内所有的管道和接线图，并说明主要设备和部件的规格及功能 （4）提出每个系统的可调节部件和保护装置的最初调校参数，并预留一定的空位以便加插最后调定的参数 （5）系统中有关供电、配电屏和控制屏的详细说明
2	设备操作需提供的技术数据	（1）设备正常启闭程序和出现异常情况时停机程序 （2）详尽介绍每台独立设备如何调节、控制、监察和调校说明 （3）所有设备的原厂所发的随机文件、图纸数据，包括每块电路板的电路图，以及所有电子组件的布置图。如有需要，还需提供部件分解图，以显示各部件的位置 （4）列出所有设备的生产制造厂商、型号、系列编号、经调试运行后所设定的参数 （5）所有设备的产品说明书、合格证书、生产厂测试报告以及性能指针图表等数据
3	设备/系统维修保养需提供的技术数据	（1）所有设备/系统检查手册 （2）设备更换部件的程序和要求 （3）从整个系统到设备的维修保养说明、调校的操作程序和寻找故障的方法 （4）执行运作和维修保养程序时应特别注意的事项 （5）常见故障处理和解决方法 （6）提出设备/系统保养制度，列明主要设备每天、每周、每月、每季、每年及5年需记录和维护保养内容及方法
4	安全保险需提供的技术数据	（1）各类设备的保护操作程序 （2）对各项系统操作时可能发生的事故危险应做的预防、应变和保护措施说明 ① 电气事故保护 ② 机械事故保护 ③ 火灾和爆炸事故保护 ④ 化学事故保护 ⑤ 处理燃料和化学物品时出现的事故保护 ⑥ 急救和事故报告
5	在任何设备或控制系统所采用的计算机专用软件，需提供的技术数据	（1）软件内容目录表打印本 （2）流程图、数据表和程序说明 （3）特殊的软件和工具的使用说明 （4）程序设计和系统使用手册 （5）应用的基本软件、专用工具和通用软件数据，便于业主进一步修改和发展软件

五、房屋接管验收的标准

（一）原有房屋接管验收标准

原有房屋接管验收标准如下表所示。

原有房屋接管验收标准

检验项目	接管验收标准
质量与使用功能的检验	（1）以危险房屋鉴定标准和国家有关规定作为检验依据 （2）从外观检查建筑物整体变异状态 （3）检查房屋结构、装修和设备的完损程度 （4）检查房屋使用情况（包括建筑年代、用途变迁、拆改增建、装修和设备状况）
危险与损坏问题的处理	（1）属于有危险的房屋，应由移交人负责排险解危后，方能接管 （2）属于损坏的房屋，由移交人和接管物业公司协商解决。既可约定期限由移交人负责维修，也可采用其他补偿形式 （3）属法院判决没收并通知接管的房屋，按法院判决处理

（二）新建房屋接管验收标准

新建房屋接管验收标准如下表所示。

新建房屋接管验收标准

部位	标准
主体结构	（1）地基基础的沉降不得超过建筑地基基础设计规范的规定范围；不得引起上部结构的开裂或相邻房屋的损坏 （2）钢筋混凝土构件产生变形、裂缝，不得超过钢筋混凝土结构设计规范的规定值 （3）木结构应结点牢固，支撑系统可靠，无蚁害，其构件的选材必须符合结构工程施工及验收规范规定 （4）砖石结构必须有足够的强度和刚度，不允许有明显裂缝 （5）凡应抗震设防的房屋，必须符合建筑抗震设计规范的有关规定
外墙	不得渗水
屋面	（1）各类屋面必须符合屋面工程及验收规范和规定，排水畅通、无积水、不渗漏 （2）平屋面应有隔热保温措施，3层以上房屋在共用部位设置屋面检修孔 （3）阳台和3层以上房屋的屋面应有排水口、出水口、檐沟，落水管应安装牢固、接口严密、不渗漏
楼地面	（1）面层与基层必须粘接牢固、不空鼓。整体面层平整，不允许有裂缝、脱皮和起砂等缺陷；块料面层应表面平整，接缝均匀顺直，无缺棱掉角 （2）卫生间、阳台、盥洗间地面及相邻地面的相对标高应符合设计要求，不应有积水，不允许倒泛水和渗漏 （3）木楼地面应平整牢固、接缝密合
装修	（1）钢木门窗安装平正牢固、无翘曲变形、开关灵活、零配件装配齐全、位置准确。钢门窗缝隙严密，木门窗缝隙适度 （2）进户门不得使用胶合板制作，门锁应安装牢固；底层外窗、楼层公共走道窗等，均应装设铁栅栏 （3）木装修工程应表面光洁、线条顺直、对缝严密、不露钉帽、与基层必须钉牢。门窗玻璃应安装平正、油灰饱满、粘贴牢固 （4）抹灰应表面平整，不应有空鼓、裂缝和起泡等缺陷 （5）饰面砖应表面洁净、粘贴牢固、阴阳角与线角顺直、无缺棱掉角 （6）油漆、刷浆应色泽一致，表面不应有脱皮、漏刷现象
电气	（1）电气线路安装应平整、牢固、顺直，过墙应有导管。导线连接必须紧密，铅导线连接不得采用绞接或绑接。采用管子配线时，连接点必须紧密、可靠，使管路在结构上和电气上均连成整体并有可靠的接地。每回路导线间和对地绝缘电阻值不得小于1兆欧/千伏 （2）应按套安装电表或预留表位，并有电器接地装置 （3）照明器具等低压电器安装支架必须牢固、部件齐全、接触良好、位置正确

续表

部位	标准
电气	(4) 各种避雷装置的所有连接点必须牢固可靠，接地阻值必须符合电气装置工程施工及验收规范的要求 (5) 电梯应能准确地启动运行、选层、平层、停层，曳引机的噪声和震动声不得超过电器装置安装工程及验收规范的规定值。制动器、限速器及其他安全设备应动作灵敏可靠。安装的隐蔽工程、试运转记录、性能检测记录及完整的图纸资料均应符合要求 (6) 对电视信号有屏蔽影响的住宅，电视信号弱或被高层建筑遮挡及反射波复杂的地区的住宅，应设置电视共用天线 (7) 除上述要求外，同时应符合地区性"低压电气装置规程"的有关要求
水卫消防	(1) 管道应安装牢固，控制部件启闭灵活、无滴漏。水压试验及保温、防腐措施必须符合采暖与卫生工程施工及验收规范的要求，应按套安装水表或预留表位 (2) 高位水箱进水管与水箱检验口的设置应便于检修 (3) 卫生间、厨房内的排污管应分设，出户管长不宜超过8厘米，且不应使用陶瓷管、塑料管。地漏、排污管接口、检查口不得渗漏，管道排水必须流畅 (4) 卫生器具质量良好；接口不得渗漏；安装应平正、牢固；部件齐全；制动灵活 (5) 水泵安装应平稳，运行时无较大震动 (6) 消防设施必须符合建筑设计防火规范、高层民用建筑设计防火规范要求，并且有消防部门检验合格证
采暖	(1) 采暖工程的验收时间，必须在采暖期前2个月进行 (2) 锅炉、箱罐等压力容器应安装平正、配件齐全，不得有变形、裂纹、磨损、腐蚀等缺陷。安装完毕后，必须有专业部门的检验合格证 (3) 炉排必须进行12小时以上试运转，炉排之间、炉排与壁毯之间不得互相摩擦，且无杂音、不跑偏、不凸起、不受卡、运转自如 (4) 各种仪器、仪表应齐全精确，安全装置必须灵敏、可靠，控制阀门应开关灵活 (5) 炉门、灰门、煤斗闸板、烟挡板、风挡板安装平正、启闭灵活、闭合严密，风室隔墙不得透风漏气 (6) 管道的管径、坡度及检查井必须符合采暖与卫生工程及验收规范的要求；管沟大小及排列应便于维修；管架、支架、吊架应牢固 (7) 设备、管道不应有"跑、冒、滴、漏"现象；保温、防腐措施必须符合采暖与卫生工程施工及验收规范的规定 (8) 锅炉辅机应运转正常、无杂音；消烟除尘、消音减震设备应齐全；水质、烟尘排放浓度应符合环保要求 (9) 经过48小时连续试运行，锅炉和附属设备的热工、力学性能及采暖区室温必须符合设计要求
附属工程及其他	(1) 室外排水系统的标高、窨井（检查井）设置、管道坡度、管径均必须符合室外排水设计规范的要求。管道应顺直且排水通畅，井盖应搁置稳妥并设置井圈 (2) 化粪池应按排污量合理设置、池内无垃圾及杂物、进出水口高差不得小于5厘米。立管与化粪池间的连接管道应有足够坡度，并不应超过2个弯 (3) 明沟、散水、落水沟内不得有断裂、积水现象 (4) 房屋入口处必须做室外道路，并与主干道相通。路面不应有积水、空鼓和断裂现象 (5) 房屋应按单元设置信报箱，其规格、位置应符合有关规定 (6) 挂物钩、晒衣架应安装牢固。烟道、通风道、垃圾道应畅通，无阻塞物 (7) 单项工程必须做到工完、料净、场地清，临时设施及过渡用房拆除清理完毕。室外地面平整，室内外高差符合设计要求 (8) 群体建筑应检验相应的市政、公建配套工程和服务设施，达到应有的质量和使用功能要求
质量与使用功能的检验	(1) 以危险房屋鉴定标准和国家有关规定作检验依据 (2) 从外观检查建筑整体的变异状态 (3) 检查房屋结构、装修和设备的完好与损坏程度 (4) 检查房屋使用情况（包括建筑年代、用途变迁、拆改添建、装修和设备情况）。评估房屋现有价值、建立资料档案

续表

部位	标准
危险和损坏问题的处理	（1）属于有危险的房屋，应由移交人负责排险解危后，方能接管 （2）属于有损坏的房屋，由移交人和接管单位协商解决。既可约定期限由移交人负责，也可采取其他补偿形式 （3）属法院判决没收并通知接管的房屋，按法院判决处理

六、接管验收的操作步骤

（一）验收前的准备工作

1.人员准备

① 组建接管验收小组。由物业公司管理部牵头，组织办公室、工程部、公司策划部有关人员参加，各部门应选派既精通业务又有责任心的技术人员参加，并且一般要有不同专业特长的工程技术人员参加，其规模一般为5～8人。

② 指定负责人，最好是由本项目的负责人担任，如下表所示。

项目验收小组分工表

验收小组负责人			验收小组成员	
项目名称				
序号	项目接管验收阶段、内容	责任人	计划完成日期	备注

审批：　　　　　　　　　　拟制：　　　　　　　　　　归档：
日期：　　　　　　　　　　日期：　　　　　　　　　　日期：

2.接管验收资料准备

① 验收接管的国家有关技术标准及规范，如下表所示。

验收接管的国家有关技术标准及规范

序号	规范名称	规范代码
1	建筑地基基础结构设计规范	GB 50007—2011
2	混凝土结构设计规范	GB 50010—2010
3	建筑抗震设计规范	GB 50011—2011

续表

序号	规范名称	规范代码
4	室外排水设计规范	GB 50014—2006
5	建筑设计防火规范	GB 50016—2014
6	高层民用建筑设计防火规范	GB 50045—95
7	火灾自动报警系统施工及验收规范	GB 50166—2007
8	自动喷水灭火系统施工及验收规范	GB 50261—2017
9	建筑内部装修设计防火规范	GB 50222—2017
10	气体灭火系统施工及验收规范	GB 50263—2007
11	民用闭路监视电视系统工程技术规范	GB 50198—2011
12	木结构工程施工及验收规范	GB 50206—2012
13	屋面工程质量验收规范	GB 50207—2012
14	电气装置安装工程接地装置施工及验收规范	GB 50169—2016
15	建筑给排水及采暖工程施工质量验收规范	GB 50242—2016
16	通风与空调工程施工质量验收规范	GB 50243—2016
17	制冷设备、空气分离设备安装工程施工及验收规范	GB 20274—2010
18	给排水水管道工程施工及验收规范	GB 50268—2008
19	玻璃幕墙工程技术规范	JGJ 102—2003
20	建筑装饰装修工程施工质量验收标准	GB 50210—2018
21	建筑地面工程施工质量验收规范	GB 50209—2010
22	有线电视网络工程设计标准	GB 50200—2018
23	电梯安装验收规范	GB/T 10060—2011
24	汽车库、修车库、停车场设计防火规范	GB 50067—2014
25	建筑灭火器配置设计规范	GB 50140—2005
26	水喷雾灭火系统技术规范	GB 50219—2014
27	供配电系统设计规范	GB 50052—2009
28	建筑节能工程施工验收规范	GB 50411—2007

注：以国家最新出台的标准为准。

② 图纸：该物业的设计图和施工图纸，特别是隐蔽工程的图纸及施工现场记录。

③ 针对该物业验收的内容事先设计一些验收记录的表格，诸如房屋接管验收表、公共配套设施接管验收表、机电设备接管验收表、室内接管验收遗留问题统计表、机电设备接管验收遗留问题统计表、接管验收问题整改表等。

3.进行现场初步勘察

根据设计图和施工图，派接管验收小组的工程技术人员进入现场为接管验收工作的开展打下基础。

(二)验收的实施

① 验收小组在预验收过程中，按专业分工及标准、计划、设备清单进行预验收；主要负责验收设备和主材料的规格、型号、制造厂，并清点数量、安装位置等。

② 在预验收过程中，检验出未达到验收标准的设备及与设计要求不符的设备，提出书面《整改报告》返回开发商，由开发商督促施工单位进行整改。

(三)验收后的处理工作

① 验收小组专业人员根据分工写出单项的验收报告，验收小组负责人根据全部单项验收报告，写出物业的综合性验收报告的评定及意见书，呈交公司项目工程负责人。对不合格的设施、设备，写出书面报告，上呈开发商及监理公司。

② 物业公司与物业的交接单位进行正式移交，并办理有关手续。验收小组要填写物业竣工资料验收记录，填写物业的交接记录。

③ 管理处办理正式物业验收移交手续，会同开发商、施工单位签字生效，将全部档案资料移交物业管理处存档。

(四)验收后不合格的处理工作

对在预验收中未达到要求的设备，整改落实实施后，验收小组进行检查验证，并在《整改报告》中记录结果，整改合格后进行正式的验收。对监理公司移交的竣工图，在"交接记录"中记录。

七、验收后入伙前的设施成品保护

在物业接管验收后业主入伙前，要对设施设备进行有针对性的保护。

(一)总的要求

① 建立巡察制度，对已经验收的区域、机房和单元要做好巡查记录。
② 建立应急预案（包括火警、停电、管道爆裂等），及时处理突发事故。
③ 对已经接收的区域机房和单元要尽可能封闭，钥匙由专人保管。
④ 建立专门的清洁制度，专人负责已接收区域的清洁工作，发现问题及时报告。
⑤ 严禁在已经验收区域和机房内吸烟。
⑥ 严禁擅自动用已经验收的卫生洁具（特许使用的除外）。
⑦ 不得在验收后的区域内用餐。
⑧ 准备必要的运输工具（四边有橡胶保护的塑胶轮小车、塑料搬运箱等）及保护用品（阻水沙袋、旧地毯、塑料保护膜、垃圾袋、鞋套等）。
⑨ 建立消防安全制度，遇有动火整改维修必须办理相关手续，按要求规范配置灭火器具。

(二)具体项目的保护要点

不同项目的保护重点和要点也不一样，如下表所示。

具体项目的保护要点

序号	项目	保护要点
1	石料地坪	(1) 在清洁结束后的石料地坪表面打上封底蜡及多层致密的保护蜡 (2) 禁止在地坪上拖曳杂物，防止表面受损 (3) 经常保持表面清洁以减少磨损 (4) 在必经的通道上铺上木板加强保护
2	木地板	(1) 进入地板区域建议穿上鞋套 (2) 保持木地板区域的良好通风且避免阳光直射 (3) 遇有整改维修工作时不得将工具随意放置在地板上 (4) 严防水管破裂和下水道堵塞导致地板浸水
3	墙面、墙角及天花板	(1) 搬运大件物品时必须有专人看护行进路线 (2) 开启检修孔时操作人员必须戴上清洁手套 (3) 在经常有搬运物品进出的墙用木板做直角保护 (4) 在墙边进行整改维修时，必须在墙上贴有保护胶纸
4	地毯	(1) 进入地毯现场必须穿鞋套 (2) 在地毯区域内有整改维修时，必须铺设保护胶纸 (3) 发现有抽丝、起壳、起皱现象，必须及时修补
5	管道	(1) 所有装修必须按照要求进行，不得擅自更改管线走向 (2) 所有打洞敲钉安装必须确保不能损坏暗埋的管线 (3) 管道的保温层不得损坏 (4) 做好地漏的巡查保护，防止堵塞 (5) 消防水喉必须有专人管理巡查，严禁挪作他用
6	电梯	(1) 不得随意撕去轿厢内饰的保护贴膜 (2) 在桥厢内避设置保护板 (3) 禁止装运散装的建筑材料及湿货 (4) 准备阻水沙袋，严防电梯井道进水

【范本3-01】房屋及公共设施移交清单

工程名称		所在位置	
开发单位		结构类型	
建设单位		建筑面积	
物管单位		接待时间	
移交内容		备注：	
电梯			
发电机			
生活水泵			
消防水泵		交通道闸系统	
高低压配电柜		消防系统	
		闭路系统	
		对讲报警系统	

续表

变压器		公共天线系统	
配电柜			
水泵			
新风装置			
消火栓			
采暖循环泵（设备间）高层			
消防带及枪头			

移交单位盖章：　　　　　　　　　　　　接收单位盖章：
代表签字：　　　　　　　　　　　　　　代表签字：
移交时间：　　　　　　　　　　　　　　接收时间：

【范本3-02】楼宇建筑接管验收记录

楼宇名称：　　　　　　　验收组人员：　　　　　　　日期：

单元	对讲机	电源箱	电表	灯	开关	插座	排气扇	门铃	

楼层座	详情记录：	复查人：
		复查结果：

单元	对讲机	电源箱	电表	灯	开关	插座	排气扇	门铃

楼层座	详情记录：	复查人：
		复查结果：

单元	对讲机	电源箱	电表	灯	开关	插座	排气扇	门铃

楼层座	详情记录：	复查人：
		复查结果：

注：1.本验收主要是设施点收及设施表面缺陷检查，最终检验以业主收楼检查为准。
2.本项配件齐全或无缺陷做"√"记号，若有缺陷请在本项或详情记录栏内写明位置及缺陷情况，便于承建商整改和管理处复查。

白色：承建商　　　　　　　蓝色：管理处　　　　　　　绿色：开发商

【范本3-03】公共机电设备验收单

楼宇名称：	验收组人员：	日期：
设备名称：	数量	安装位置：

型号及主要技术参数：

现场实测技术性能及数据：

随机专用附件、工具名称、数量：

保修期终止时间：_____年____月____日
验收结论：
验收人签名：

移交单位：	接收单位：
移交人：_____年____月____日	接收人：_____年____月____日

注：1. 大型设备可做更详细补充记录。
2. 本记录经双方盖章签字后可作为验收凭证。

【范本3-04】公用建筑/小型设施验收单

楼宇名称：	验收组人员：	日期：

设施名称	数量	安装位置	备注

保修期终止时间	
验收结论：	

续表

移交单位：		接收单位：	
移交人：	____年___月___日	移交人：	____年___月___日

注：1. 本记录经双方盖章签字后可作为接管凭证。
2. 项目名称为楼宇中某一项设施，如门、窗、锁、灯具、开关插座、顶板（吊顶）、墙面、卫生洁具、烘手器、消防设施（如喷洒、烟感、风机盘管、管道、喇叭）、楼层标志、楼梯踏步、水阀门、控制箱、电表箱等。

【范本3-05】室外给排水验收单

楼宇名称：　　　　　　验收组人员：　　　　　　日期：

序号	项目	缺陷详情	备注
1	化粪池		
2	污（雨）水井		
3	管道		
4	水表井		
5	管道竣工平面图		
……			

移交单位：		接收单位：	
移交人：	____年___月___日	接收人：	____年___月___日

注：1. 污水井盖应逐个揭盖检查验收。
2. 隐蔽管道的验收需下井检查。

【范本3-06】房屋公共部位及设施移交清单

工程名称		所在位置	
开发单位		结构类型	
建设单位		建筑面积	
物管单位		交接时间	
移交内容		备注	
住户钥匙的接收		____户、每户____套	
业主（用户）家中水、电、建筑的接管验收		____户	
公共部位的验收（走道、天台、管道井等）			
裙楼的验收			

续表

移交内容	备注
地下室的验收	
绿化的验收	
室外管网（井）的验收	
公用设备清单	____份____张
公用设施清单	____份____张
公共场地清单	____份____张
……	
移交单位（盖章）：　　日期：	接收单位（盖章）：　　日期：

【范本3-07】工程资料移交清单

物业名称：　　　　　　　　　　　　物业位置：

序号	资料名称	数量	备注

移交单位：	接收单位：
移交人：　　____年____月____日	接收人：　　____年____月____日

【范本3-08】房屋附属设施设备移交清单

工程名称		所在位置	
开发单位		结构类型	
建设单位		建筑面积	
物管单位		交接时间	
移交内容		数量	备注
电梯			
发电机			
中央空调			
生活水泵			
消防水泵			

续表

移交内容	数量	备注
高、低压配电柜		
干式变压器		
交通道闸系统		
消防系统		
闭路监控系统		
对讲报警系统		
公共天线系统		
其他		
移交单位（盖章）： 代表：日期：	接收单位（盖章）： 代表：日期：	

【范本3-09】物业工程移交项目汇总表

项目		评价	存在问题	整改建议
电气系统	高、低压配电室			
	主要机电配电箱			
	楼宇及公共区域照明、开关、插座及配电箱			
	防电接地系统			
	其他			
空调系统	中央空调机组			
	冷冻机组			
	水泵、换热器等设备			
	地热系统			
	暖通管路系统			
	公共区域暖通用管井			
	燃气设施管井			
	公共区域燃气设施管井			
	楼宇排气设施			
	其他			
给排水系统	公共区域生活用水管井			
	蓄水箱（池）、管路			
	草坪等浇灌设施			
	卫生洁具等设施			
	排水管路等设施			

续表

项目		评价	存在问题	整改建议
给排水系统	公共区域排水管井			
	化粪池及排污设施			
	公共区域排污管井及管路			
	其他			
电梯系统	电梯轿厢及设备			
	井道与底坑附属设备			
	曳引及其他设备			
	井道照明等			
	井道门等			
	电气控制设备系统			
	其他			
消防系统	车库各种指示标志灯			
	喷淋头/烟、温感探头			
	消火栓管路及设备			
	灭火器等设备			
	消防水池（箱）			
	消防电气控制设备			
	监控中心设备			
	其他			
通信网络系统	电话系统设备			
	楼宇电话插座等			
	有线电视设备			
	楼宇有线电视插座等			
	公共广播/应急广播设备			
	音响设备			
楼宇监控系统	楼宇监控设备系统			
	楼宇监控用的各种传感器等			
办公自动化系统	办公自动化系统设备			
	物业管理营运信息系统			
	办公和服务系统			
	信息服务系统			
	智能卡管理体制系统工程			
	计算机网络管理系统			
安全防范系统	入侵报警系统			
	电视监控系统			
	出入口控制系统			
	电子巡更系统			
	车库管理系统			

续表

项目		评价	存在问题	整改建议
综合布线系统	建筑群主干线			
	建筑物主干线			
	水平布线			
	屋宇工作区布线			
楼宇土建工程	主体结构外墙 / 地基			
	钢筋混凝土结构			
	砖石结构			
	抗震性能			
	防水			
	墙及墙面			
	保温隔热性能			
	防水性能			
	排水设施			
	面层			
	楼宇地面			
	公共楼梯			
	门窗玻璃			
	卫生间防水			
	其他			

【范本3-10】接管验收遗留问题统计表

统计日期：_____年____月____日

工程/设备名称	存在问题简述	备注

统计人/签署：

【范本3-11】工程质量问题处理通知单

_____公司：

　　由贵公司开发的工程项目，经检查，发现存在以下质量问题，严重影响使用功能及安全，请贵公司责成有关单位整改为盼。

接收人：

序号	存在的质量问题及位置	检查人	整改结果	复查人

××××物业管理有限公司
____年____月____日

第一联：开发商　　　　第二联：管理处　　　　第三联：工程部

第三节　入伙阶段工程管理

一、办理入住手续时期的工程管理

① 提醒业主认真填写办理入住各项表单并仔细阅读表单中的各项内容。

② 同业主共同验房时一定要仔细、认真检查室内已存在的设施以及完好程度并记录好业主提出的需整改的各项问题。

③ 给业主发放钥匙时要交代好室内每扇门的钥匙数量及开启方式，并让业主亲自试开。

④ 验房过程中详细解答业主提出的各项问题，对房屋存在的细小瑕疵在装修过程中能处理的尽量给业主做出解释，尽量避免不必要的麻烦。

二、业主装修过程的工程管理

（一）装修管理的意义

随着业主的相继进驻，物业公司的日常管理重点将转移到装修管理中来，如果说业主办理进驻手续是与物业公司第一次打交道，那么装修管理将使业主逐步认识到物业公司的管理模式、管理理念、管理人员素质等具体信息，从而认识、了解、认可物业公司的管理与服务。同时也是物业管理人员了解业主的家庭、收入、工作、兴趣爱好、性格等第一手资料的最佳时机。

在业主装修的过程中，将会产生一系列的问题，如违规装修、环境卫生、施工人员管理、施工噪声、相邻业主关系的处理等。如何让这些问题少发生或者不发生，则是考验物业管理人员工作能力的时候。

为了做好装修管理，要求物业管理人员除了拥有饱满的热情和充沛的精力外，还需要足够的专业知识，如房屋建筑知识、水电知识、建材知识、弱电知识、装修常识等。丰富的知识带给业主的将不只是对物业管理人员的敬佩，更多的是对物业公司的认可。

（二）装修管理的流程

业主在整个装修过程中按照时间先后大致可分为三个阶段：装修手续办理、装修施工过程、装修验收。下面就每个装修阶段的不同特点加以分析。

1.装修手续办理

每个物业公司的装修手续办理可能都有所不同，一般的装修手续办理需要以下手续：填写"装修申请表"、签订《装修管理协议》、签订《施工单位保证书》、审核装修图纸、送达《装修管理规定》、交纳装修保证金、交纳装修垃圾清运费、办理施工人员出入证件、办理施工许可证明等手续。

在业主办理装修手续和审核装修图纸的时候，要充分了解业主的真实装修意图，解答业主的相关问题，如在承重墙上开门打洞、拆除室内承重梁柱、改动室内门窗位置、移动水电线路、移动弱电线路（可视对讲、有线电视、网络、电话等）、改变烟道开口位置、改变下水管道、改变暖气管道线路、改变阳台用途、改变窗户玻璃颜色、改变进户门颜色和式样、随意安装防盗网、在顶层搭建构筑物、改变室内楼梯位置和样式、改变空调安装位置等。解答了业主的这些疑问，就等于告知业主，哪些是可以改变的，哪些是绝对不可改变的，同时夸大改动后可能给业主带来的后果与麻烦，让业主无形中产生如果这样做将造成巨大损失的意识。

2.装修施工过程

业主办理好装修手续后就要开始进场装修，根据装修工程的工种大致可分为水电施工、地板地砖铺设、木工、油漆、粉墙、清洁扫尾等。不同的业主和施工单位的不同要求，各工序可能先后进行，也可能交叉进行，物业管理人员可根据现场情况灵活掌握。

业主的装修过程将是物业公司装修管理中的重中之重，要求物业管理人员发扬不怕苦、不怕累的精神，勤跑、勤问、勤看，发现问题及时处理，不能处理的及时上报，并记录在巡查记录上，做到有据可查，有字（业主签字）可认。同时尽可能详细记录业主的装修进程，包括业主的水电改动情况。当业主入住后，如果装修工程发生问题，而物业公司能够从档案中找出问题所在，将会给我们的工作带来极大的便利，同时也会让业主感受到我们的细心、周到的服务，贯彻了公司的服务宗旨。

3.装修验收

当施工单位施工完毕，业主提出装修验收需求时，物业管理人员应当和业主、施工单位负责人一起对业主已经装修完成的房屋进行验收。验收的主要任务是记录和确认装修过程中的违规行为，划分相应责任。装修验收过程中如果发现存在相关问题，一定要让业主、施工负责人签字认可，尽量减少物业公司在以后的工作中所承担的责任和维修工作量。

通过对业主装修工程的验收，可以替业主挑装修施工单位的毛病，让业主真实感受到我们在为他着想，进一步增进感情，同时可以从侧面了解相关施工单位的整体施工水平，为以后对施工单位管理和施工人员管理提供经验。

（三）装修施工过程的管理

一般情况下业主的装修流程为，装修施工单位测量尺寸→绘制施工图纸→办理装修手续→材料、工人进场→水、电线路改造→结构改动→铺设地板、地砖→木工制作→墙壁施工→油漆→打扫卫生→入住。当然这个流程并不是一成不变的，有时相关工作可能同时交叉进行。在大多数业主的装修过程中，上下水管线的改造最快，也就是2～3天的时间，长一点的大约为7天，铺设地板和地砖的工期大约为5天，木工根据业主的需要有很大的变数，但一般来讲，木工占总工期的时间最长，强、弱电线路的改造往往根据木工的进程而定，墙壁处理一般在10天左右。

分解业主的装修流程和大致时间，目的就是找出容易发生违规装修的阶段和时间段，以便物业工程部在相应的阶段和时间段加大巡查力度，及时发现和处理违规装修。

（四）装修过程中的巡检

1. 装修前的准备工作

当业主办理好装修手续以后，管理处应建议业主和上下左右邻居沟通一下："打扰了，从今天起我家开始装修，影响了您的生活，请您谅解！"。好话说到前面，一旦将来有些噪声影响，卫生影响，相邻业主也不好意思投诉，这一点尤其是大多数业主已经入住的小区更加需要注意。可能有的业主不愿意做，我们可以告诉业主，如果有业主投诉他家产生装修噪声、卫生污染，我们将严加管理，相信他会做的。

2. 材料、工人进场时的管理

在业主材料、工人进场时，需要安全部门岗的密切配合，如果发现有异常的装修材料进场，一定要问清楚具体房号、材料用途，及时和业主沟通，了解材料的真实用途，对于违规装修用材料，应将其阻挡在小区门岗之外。所谓异常的装修材料包括大量水泥、砂子、砖块，大型型钢材料，大量钢筋，脚手架等。往往这些材料的进场预示着业主将大兴土木，在房间内砌墙、在顶层复式露台上搭建构筑物。因为房间的地板的承受重量是经过严格计算后设定的，随意增加地板的荷重，将会给整个房屋带来极不安全的因素。而顶层楼台搭建任何构筑物都是违反《物业管理条例》和小区《业主公约》的行为，这些行为都要严加制止。

3. 水、电线路的施工管理

水、电线路的施工也是业主装修工程的正式开始，同时也是我们装修巡检工作的重点。绝大多数业主为了居住美观，都将冷热水管暗埋在墙壁和地板之下，外表好看了，但隐患增大了。大多数的水管材质是PPR（无规共聚聚丙烯）热熔管，相对来讲，容易漏水的地方是接头部位。物业工程部可以建议业主要求施工单位用加压泵打压，然后封闭4个小时以上，观察压力表的读数变化情况，压力表在±0.2个压力下变动为正常，否则要检查管道渗漏情况。压力表和打压泵是正规装修公司的必备工具。

业主在卫生间施工上水管道时，建议业主将所有冷热水管铺设在离地面30厘米以上的墙壁上，避免破坏地面上的防水层。一旦施工人员破坏了防水层，必须及时开具"整改通知单"，提醒业主防水层已经破坏，房地产公司将不再负责维修其防水层，改由施工单位保修，同时建议多做几次防水层。业主的热水管线从厨房到卫生间的铺设，我们建议不要铺在地面下，因为长时间的踩压会造成水管的破损而引起漏水，检修起来将是非常麻烦的事情。卫生间的墙壁要做防水处理，目的是防止相隔房间受潮发霉。

强电线路的改动，要注意电线的质量和型号，对有大功率电器的线路一定要有相匹配的电线，线路改动时最好走垂直线路，接头和转弯的地方要设置接线盒，以便将来检修。房顶的混凝土层较薄，切槽深度不得超过1.5厘米。所有线路暗埋必须串管［PVC（聚氯乙烯）管］，穿线管内不准有接头。

弱电线路的改动一定要注意，只有专业人士才能完成。小区的可视对讲、安全防范系统必须经过物业公司指定的专业人员才能移动，而且是收费服务，一旦私自移位造成单元系统损失的，要照价赔偿。

4. 结构的改造

小区的房屋户型是经过专业的设计师精心设计的，业主在购买房产时已经认可该户型，因此没有必要进行改建，而且也不准改建，任何改建都将会影响到整座楼的安全。

如果业主改动结构，将会产生很大的响声，要求安全部的密切配合，一旦发现有可疑情况，应及时查看，可以要求施工人员停工，等业主到现场后说明情况再行处理。

5. 地砖的铺设

业主在铺设房间的地砖时，建议干铺，不能铺设太厚的混凝土层，以防楼板荷重太大。不能大面积灌水泡地砖，因为除了卫生间，其他房间都没有设置防水层，不能让楼下"下雨"。

卫生间的地砖一定要做好坡度，可以相对大一些，以利于及时排水。地漏一定要用防臭的，地漏、阴阳角、管道等地方要多做一次防水，安装马桶时不能用水泥，要用硅胶。

6. 下水管道、烟道的施工管理

厨房和卫生间的下水管道施工时，建议业主用塑料扣板封闭，不主张用水泥板、瓷片封闭，否则将来维修时将增加难度和恢复成本，尤其是底层业主更应该注意。厨房的烟道开口位置是根据国家规范设计的，不能做任何改动，否则极易产生串烟现象。如果业主执意要改，应该告诉他物业公司不会再接受他的报修。如果业主已经改动，当发生串烟时，可以购买止逆阀安装上。厨房的燃气管道不能有改动，否则燃气公司将不会通气，同时也会存在安全隐患。连接软管的长度不得超过2.5米，连接软管不得封闭在墙内，一旦发生泄漏，后果将十分严重。

7. 木工施工的管理

相对来讲，对于业主的木工施工管理比较轻松，只需要查看业主的装修进度，注意防范施工人员的用电安全、消防安全、在公共区域施工问题、环境卫生的保持等方面的问题。需要提醒业主的是，在吊顶和家具内安装的电线一定要穿线管，减少火灾隐患，尽量少安装大功率的照明设备。

8.油漆施工的管理

墙壁和家具的油漆施工，也是相对比较轻松的管理环节，需要提醒施工人员的是注意环境卫生，不能影响到相邻业主的正常生活，施工时一定要关闭进户门，提醒业主注意在恶劣天气情况下门窗要及时关闭，以防损坏已经完成的装修工程。

9.装修工程的收尾及验收

所谓装修验收，就是将业主在装修过程中所发生的违规情况汇总，查看整改情况，对于没有处理的记录在档案中，由业主、施工负责人签字认可，分清责任。然后可以恭喜业主乔迁新居，如果知道业主的详细搬家之日，到时上门恭喜，将会达到意想不到的效果。经过2个月左右的紧张施工，业主可以松一口气了，装修施工基本结束，剩下收尾工程，我们的工作也即将告一段落。此时需要提醒业主的是，注意剩余材料的处理、装修公司的质保金问题、室内有害气体检测、室内通风除异味问题等。一般建议业主空置房屋3个月以后再入住。可以告知业主一些常用的消除室内异味的方法。活性炭对苯、甲苯、二甲苯、乙醇、乙醚、煤油、汽油、苯乙烯、氯乙烯等物质都有吸附功能，常用的有木炭、竹炭等。吊兰、芦荟、虎尾兰能大量吸收室内甲醛等污染物质，消除并防止室内空气污染；茉莉、丁香、金银花、牵牛花等花卉分泌出来的杀菌素能够杀死空气中的某些细菌，抑制结核、痢疾病原体和伤寒病菌的生长，使室内空气清洁卫生。但要注意有些人会对花粉过敏，需要小心。

（五）装修巡检的重点

了解了业主装修过程中的重点，也就明白了我们日常巡检的重点。在业主材料进场和水电路改造阶段，最少每天巡查一次，有违规意图的业主，一天要巡检2次，否则，前一天晚上他就可能破坏防水层，第二天封闭了，让你无法查看，留下隐患。对于后面的木工和墙壁施工，一般一天或两天1次巡检即可。重点巡查事项如下。

① 私自拆改燃气管道及燃气表，壁挂炉排烟管是否移位。
② 是否拆除厨房排烟道、卫生间排气道，移动排烟口、排气口。
③ 是否窗外加装防护栏/网。
④ 是否拆除房屋原有的防护栏杆。
⑤ 户门外移，即楼道加装防盗门。
⑥ 阳台、露台封装，颜色、材料、尺寸的检查。
⑦ 拆、改、排水管道，封堵排水管道检查口。
⑧ 拆改承重结构。
⑨ 卫生间改成衣帽间，对管道、地漏的封堵是否合理。

三、违规装修的工程管理

虽然物业管理人员掌握了业主装修的流程，加强了日常装修巡检，但难以避免违规装修的出现，同时还有些业主为了自己的需求，明知装修违规却一意孤行，这就需要物业管理人员努力沟通，尽量减少重大违规装修的出现。

违规装修的工程管理

违规类别	违规表现	应对策略
结构改动	（1）在承重墙上开门、开孔、做壁橱 （2）改变室内楼梯位置 （3）在室内砌砖墙 （4）在天花板上安装很重的物品 （5）在室内安装阁楼 （6）拆除卧室窗下墙体 （7）在外墙上随意打孔、开门开窗等	这一类违规装修是最严重的违规，应该坚决制止这一类违规装修，必要时可以采取一些非常手段，同时上报相关管理部门共同处理
改变房屋用途	（1）扩大卫生间的门窗尺寸 （2）更改卫生间干湿隔墙的位置 （3）将卧室改为卫生间 （4）将阳台改为洗衣间 （5）将主卧卫生间改为书房或衣柜 （6）改变空调的安装位置 （7）改变燃气、暖气管道等	应尽量阻止其改动，告知业主这样改动应该承担的责任，可能会对其以后的入住生活带来的麻烦等后果。将改动情况详细记录在档案中，并让业主签字认可
线路改动以及房屋外观改变	（1）上水管道暗铺在地板内 （2）用水泥板和瓷片封闭卫生间和厨房的下水管道且没有预留检修孔 （3）改动上下水管道 （4）改变烟道的开孔位置 （5）将污水管连接到雨水管中 （6）可视对讲移位 （7）改变进户门样式颜色 （8）改变窗户玻璃颜色 （9）随意安装防盗网等	应尽量阻止其改动，告知业主这样改动应该承担的责任，相应的房地产公司保修期将取消。将改动情况详细记录在档案中，并让业主签字认可
破坏环境卫生	（1）装修垃圾没有按照规定运放 （2）污染损坏公用设施设备 （3）噪声污染 （4）高空抛物 （5）空气污染 （6）将装修垃圾倒入下水管道等	这一类违规一般情况下是施工人员造成的，需要安全部和保洁部的密切配合，发现一起，严肃处理一起，必要时可以要求相关人员离开小区，但一定要及时联系施工负责人和业主讲明原因，避免不必要的误会

综上所述，物业公司虽然尽力阻止违规装修的出现，但其不是执法机构，没有执法权，相信随着《物权法》的颁布执行，每个业主都有维护自己财产的权利，我们可以借助相邻业主的力量，共同维护物业的完好。

【范本3-12】工程质量问题处理通知单

申请人	业主姓名		房号		联系电话	
	紧急联系人		电话		填表时间	
申请装修内容	1.					
	2.					
	3.					
	4.					
	5.					
	6.					

续表

备注：1.发放装修审批必须由主任签字 2.由保安员将签到巡逻表粘贴到业主门上 3.主次卧室窗户内置防盗网，客厅内置拉闸门 4.装修申请在2个工作日之内审批并电话通知业主（拆墙在3个以上工作日）			
业主（代理人）确认：　　　　年　　月　　日			
装修日期	年　　月　　日至　　年　　月　　日		共　　天

施工人员情况	施工队负责人	姓名		身份证号	
		住址		联系电话	
	主要施工人员	姓名		身份证号	
		1			
		2			
		3			
		4			
		5			

提供资料情况	业主与装修公司签订装修协议情况	
	装修公司提供装修图纸情况	
	装修公司将有效证件留置情况	

物业管理单位审批意见	同意以上　　　　点装修申请内容，要求严格按照《房屋装饰装修管理服务协议》执行，墙体严禁做任何形式的拆改，铝合金拉闸门和玻璃窗防盗网应统一装于玻璃内侧，注意装修时间的安排。装修垃圾必须袋装化，卫生间及厨房必须做好防水测试工作，需配合物业管理员巡查 经办人：　　　　　　　　　　负责人签名： 　　　年　　月　　日
装修跟踪管理情况	
装修完工检查情况	签名： 　　　年　　月　　日

【范本3-13】装修施工承诺书

××物业服务有限责任公司：

　　本人是　　　　园　　　　楼　　　　单元　　　　号房业主，现就该房屋进行装修的有关事宜作出承诺如下。

　　一、履行《大厦装饰装修管理规定》各项条款，并监督装修施工单位遵守小区各项管理规定。

　　二、严格按照经物业公司审批的"装修申请表"中申报的方案进行施工，不擅自改变装修方案，按照经审批批准的装修项目及材料进行施工。若装修方案中有与

《装饰装修管理规定》相违背的内容，承诺人按该规定无条件整改。

三、因装修施工不当给毗邻房屋设施或其他公共财产造成损坏时，承诺人与装修公司承担连带责任（如由于装修施工造成下水道堵等）。

四、因装修遗留的工程质量问题，其修缮项目所需的全部费用由承诺人承担。

五、承诺人保证配合装修检查人的监管并在相关手续上签字。若拒绝签字，承诺人同意检查人员勒令装修停工，损失自负。

六、严格按照物业公司制定的位置打空调孔，安装空调室外机，安装燃气热水器、强排管道的打孔，按有关规定进行作业和施工。

七、保证不在楼顶、小花园内擅自搭建、安装任何设施设备。

八、保证在阳台哑口处安装封闭门，否则，在供暖期内造成室温低于政府规定标准，后果自负。

九、保证不对承重墙体、露面进行拆除、剔、凿。

十、不在公共区域堆放任何物品，并保持公共区域内的卫生。

十一、若本人在装修施工期内违反本承诺，本人自愿承担由此引起的一切责任。

承诺人：
联系电话：
联系地址：　　　　　　　　　　　　　　　　　　　　　　　　　　年　　月　　日

【范本3-14】装修现场巡查签到表

装修单元：　　　　　　　　　　　　装修期限：
装修内容简述：

物业部					保安部						工程部					
巡查日期及时间	巡查人签名	门口卫生、杂物乱弃现象	有无占用公共区域的违规行为	是否会影响到邻居单元	巡查日期及时间	巡查人签名	施工人员证件	是否有消防隐患、动火证	装修时间管理	噪声管理	巡查日期及时间	巡查人签名	施工人员证件	装修内容是否与审批一致	用电安全	是否有影响结构的施工

注：装修施工现场的巡查，各个部门每天1次；该巡查表作为装修管理资料存档；发现问题须在前台工作记录里登记，必要时填写《违章整改通知书》。

物业主任签名：　　　　保安队长签名：　　　　工程主任签名：　　　　楼盘负责人签名：

【范本3-15】装修验收单

房间号：_____　　业主姓名：_____　　联系电话：_____
装修单位：_____　　负责人：_____　　联系电话：_____
竣工日期：_____　　验收日期：_____
施工单项验收合格签字：

项目	内容	验收结果	装修	业主	工程
装修前水管系统验收	热水系统				
	自来水系统				
	中水系统				
	地暖管				
给水系统	给水管有无改动				
	水管及末端嘴阀门有无滴漏				
	厨房卫生间是否正常				
排水系统	厨、卫地漏、排水口、马桶排水是否通畅				
	是否封包厨、卫间检查口				
	卫生间防水是否渗漏				
电气线路	是否存在短路、断电现象				
	是否改动配电箱及电气线路				
	负荷是否合理				
弱电系统	对讲是否改动，是否正常				
	有线电视、电话及网络是否通畅正常				

业主签字：	验收人签字：	装修负责人签字：
日期：	日期：	日期：

备注：

第四章

Chapter 04

物业设施设备常规管理

> "保养重于维修",任何故障都有一个从小到大积累的过程,许多重大事故都是由细小问题引起的,如电源线压紧螺栓松动导致局部过热引发停电、失火或者烧毁设备等。设施设备的保养重在系统化、常态化,要加强计划管理,尤其要抓好三个环节:一是设备台账的建立与维护;二是保养计划的制订。三是原始保养记录的建立与保存。上述三个环节相互联系,构成一个可以互相印证的整体。

第一节　设施设备运行管理

在物业管理中,设施设备运行管理是管理过程中的重要一环,它关系到物业使用价值的体现,是支撑物业管理活动的基础。设备运行不好,不但会直接影响业主的生活质量和生活秩序,而且会严重影响物业公司的社会声誉。

一、制订合理的运行计划

根据设施设备和物业的实际情况所制订的合理使用计划,应包括开关机时间、维护保养时间、使用的条件和要求等方面的内容,如电梯的运行时间、数量和停靠楼层,中央空调机组的开关机时间和制冷量、供应范围和温度,路灯或喷泉的开关时间等。这些内容会根据具体物业的实际情况和季节、环境等因素的变化而有所区别,以满足安全、使用、维护和经济运行方面的需要。

二、配备合格的运行管理人员

物业公司应根据设施设备的技术要求和复杂程度,配备相应工种的操作者,并根据设备性能、使用范围和工作条件安排相应的工作量,确保设施设备的正常运行和操作人员的安全。

物业公司必须采取多种形式,对职工进行多层次的培训,培训内容包括技术教育、安全教育和管理业务教育等,目的是帮助职工熟悉设施设备的构造和性能。操作人员经培训考核合格后,才能独立上岗操作相关工作的专业设备。供配电、电梯、锅炉运行等特殊工种还须经政府主管部门组织考核发证后凭证上岗,如下表所示。

运行人员责任分工表

序号	岗位/职务/姓名	责任区	工作责任划分	备注

审批:　　　　　　　　　　拟制:　　　　　　　　　　归档:
日期:　　　　　　　　　　日期:　　　　　　　　　　日期:

三、提供良好的运行环境

工作运行环境不但与设施设备的正常运转、减少故障、延长使用寿命有关，而且对操作者的情绪也有重大影响。为此，应安装必要的防腐蚀、防潮、防尘、防震装置，配备必要的测量、保险、安全用仪器装置，还应有良好的照明和通风设备等。

各类不同专业设备的运行环境的具体要求如下。

（一）供配电系统设备房环境要求

1. 高低压配电房

高低压配电房运行环境要求如下表所示。

高低压配电房运行环境要求

序号	项目	环境要求
1	门	（1）外开，门洞有防鼠、防小动物装置，门扇有通风百叶，门内侧装有防火自动垂帘（或其他防火隔断措施） （2）防火门及金属门应保持完好，防腐油漆定期翻新 （3）门外应有明显的标志："高低压配电室"或"非值班工作人员严禁入内"
2	墙身	刷白，无施工遗留痕迹。无明显的凹凸不平及挂尘的现象。墙身只允许挂"系统图"及"规章制度"
3	天花板	刷白，无漏水痕迹、无蜘蛛网
4	地板	可根据实际情况选以下一种处理方法 （1）水泥地板全部刷灰色地板漆 （2）铺防潮、防滑地砖 （3）用阻燃夹板作地板 上述三种方式都要在距离配电柜50厘米处用黄色油漆画上10~15厘米宽的警戒线。在操作范围内铺上对应电压等级的绝缘胶垫

2. 楼层配电室及其他专用配电室（含配电专用管井）

墙身、地板、天花板的要求与高低压配电室同。对穿过楼板的母线槽、电缆桥架必须做好防水浸的拦水基。要求具有对整个配电室阻水的防水门槛。

3. 备用发电机组机房

地面应做好防尘处理；发电机台架应高于地面，在距离台架20厘米处应有黄色的警戒线；发电机组的槽钢底座不应有锈蚀现象；对于水冷发电机组的台架四周应有完整的排水沟，其宽度不宜超过15厘米；发电机组的日用油箱应设在有门的独立房间，门外侧应有明显的"严禁烟火"警示牌；发电机组的启动电池应放置在专用的台架上；发电机房的照明、通风、冷却、泵油设备的用电应接入保护回路，以保证发电机组送电后，能确保这些设备的运行用电。

（二）中央空调系统设备间

中央空调系统设备间运行环境要求如下表所示。

中央空调系统设备间运行环境要求

序号	设备间类别	环境要求
1	中央空调系统主机房	（1）天花板、墙身刷白 （2）在对外部可能形成噪声影响的机房，应在门、墙及天花板处做好吸声隔噪措施 （3）地面宜做防尘的油漆处理，并应做好疏水、防水处理 （4）冷却系统、冷冻水系统的管道上应喷上明显的字样，并用不同的颜色标示出其介质流向，如"冷却上水管""冷却回水管""冷冻上水管""冷冻回水管"等字样 （5）所有阀门都应挂上用比较耐用的材料做成的标志牌。标志牌内应有对应设备的有关技术数据和在系统内的功能、正常状态下的规定状态等内容 （6）主机台架应高于地面，在Y形过滤器及放水阀门位置的地面应有良好的排水明沟 （7）属于冷冻水系统的设备、管道（含冷冻水泵的泵体），其保温应该是良好的；冷冻水泵及冷却水泵的泵轴的轴向漏水应有专门的排水通道；泵基础、泵台架应保持清洁、干燥
2	新风机房及空气处理机（风柜）房	（1）设备房门应外开，门槛应为不低于10厘米高的防水地槛；基座四周应设置排水明沟、地漏完好；新风进口、回风百叶应洁净无尘 （2）设备房内的维修照明完好，应设置有维修用的专用插座
3	二次冷冻泵及热交换器机房	要求同中央空调系统主机房
4	排风机房	（1）机身应喷涂防锈漆（对于非镀锌机件） （2）风机机座和风管支撑件均要做防潮防腐处理，用水泥制作的机座墩，应用专用的地板漆进行覆盖 （3）应悬挂排风机的标志牌（包括技术数据、功能、状态等内容） （4）设备和设备附件以及房间的墙身、天花板顶保应保持清洁、干燥
5	露天的加压送风机及排烟风机	（1）露天的加压送风机及排烟风机在有条件的情况下，应加装防雨棚架 （2）机身应喷涂防锈漆和外层保护漆（建议银灰色）。对风机机座和风管支撑件均要做防水防腐处理 （3）在适当的位置上应悬挂标志牌（包括技术数据、功能、状态等内容） （4）设备和设备附件应保持清洁、干燥 （5）带电、旋转部件及进（出）风口应有安全警示标志

（三）给排水系统设备间

给排水系统设备间运行环境要求如下表所示。

给排水系统设备间运行环境要求

序号	设备间类别	环境要求
1	生活水泵房	（1）生活水泵房的天花板、墙身刷白（如泵房噪声对外有干扰的情况下，应采用吸声设施） （2）房内不准放置杂物；正常照明良好，并有应急灯装置 （3）门扇为外开防火门；地面做好防滑、防水处理 （4）水泵基座应高于地面，基座周围应有通至地漏或集水井的排水明沟 （5）泵房内管道应喷上防腐油漆，并用箭头标明水流方向。阀门应挂上耐用材料做成的标志牌，标志牌应标明该阀门正常工作时的应处状态 （6）水泵的泵体、电动机外壳支架和水泵的电源箱（柜）或控制柜的保护油漆面应保持良好，不应有锈蚀，但对电动机的表面油漆不宜加厚，避免造成散热不良

续表

序号	设备间类别	环境要求
2	减压阀房	（1）减压阀房的天花板、墙身刷白；房内不准放置杂物，且照明良好；门扇为外开门，应设置不低于10厘米的防水门槛；地面做好防滑、防水处理，地面应有通至地漏的排水明沟 （2）减压阀阀体油漆应保持良好，不得有锈蚀，并挂有用耐用材料做成的标志牌。标志牌上要标明阀前压力和阀后压力等重要技术指标；在阀前或阀后压力表上应在设定值的位置用红油漆画上明显的警戒红线 （3）减压阀房内管道应喷上防腐油漆，并标注明水流方向
3	水表房	（1）水表房的天花板、墙身刷白；不准放置任何杂物，且照明良好；门扇完好，门前不应放置障碍物 （2）水表房内所有阀门无漏水现象；水表油漆良好，无锈蚀；在干管管道上应喷有水流流向的箭头 （3）水表面板无积尘土；表内数字清晰易读
4	楼层管井房	（1）管井照明灯具完好；管井门为外开防火门，无破损，门板油漆保持良好；门栓、门锁完好；水管井应设置不低于10厘米的防水门槛 （2）地面整洁，无杂物；管道支架上没有施工时期遗留的施工垃圾；做好防腐油漆；管道卡码完好；金属管道的防腐油漆覆盖完好并有正确的分色 （3）各类阀门完好，无漏水、锈斑；压力表计显示清晰、正确
5	排污泵房	（1）排污泵房的集水井应有可站人的铁栅上盖。铁栅应保持油漆覆盖，不应有锈蚀 （2）集水井内应无废胶袋、木块等杂物 （3）控制电箱整洁无尘，并能正常工作 （4）液位控制器上不附着杂物 （5）阀门上应挂状态标志牌

（四）消防系统设备间

消防系统设备间运行环境要求如下表所示。

消防系统设备间运行环境要求

序号	设备间类别	环境要求
1	消防中心	（1）门：外开，金属门应保持完好，防腐油漆定期翻新；门外应有明显的"消防中心""非值班工作人员严禁入内"标志牌 （2）墙身：洁白，无施工遗留的痕迹、无明显凹凸不平及挂尘的现象；墙身只允许悬挂"规章制度""操作规程""紧急事故处理程序"标志牌 （3）地板：无垃圾、积尘 （4）高台板及地沟：线路敷设整齐；地板下或地沟内无施工遗留痕迹，无施工垃圾、杂物、尘土；地板盖平整完好 （5）天花板：洁白，无漏水痕迹、蜘蛛网 （6）消防中心严禁堆放杂物，以保证在紧急情况下有足够的指挥人员的活动空间 （7）报警主机后面的维修通道应保持畅通 （8）所有设备的柜顶、柜内无积浮尘，不得在机柜内放置一切与运行设备无关的杂物 （9）各分类末端设备的电源插座应安装为永久的、容量足够的固定插座。不宜采用电源拖板代替，更不得一个电源拖板带三个以上的末端设备；电池组表面应保持清洁，箱体完好，无生锈 （10）照明：电源应接入确保回路，应急灯齐备完好，室内照明应保持足够光照度

续表

序号	设备间类别	环境要求
2	气体灭火设备间	（1）气瓶间严禁堆放杂物 （2）门：门铰无松动、门锁完好、门外应有明显标志（"BTM气瓶间"） （3）墙身：洁白，无挂尘现象；只允许悬挂"操作规程"标志牌 （4）地板：应无施工期间留下的垃圾、积尘，并应保持清洁无尘 （5）天花板：洁白，无蜘蛛网 （6）气瓶组：瓶体支架无积尘、无生锈；压力表清晰，抄读方便；管网上不得挂其他不相关物件；管道及其支架油漆无剥落、生锈；对应的瓶体上的适当位置应悬挂该气体瓶"保护范围"的标志牌 （7）照明：电源应接入确保回路，应急灯齐备完好；室内照明无故障 （8）附属设备：报警主机、联动屏、紧急广播控制屏、供电设备电源箱、箱顶、箱内无积尘；箱体完好，无生锈；箱内走线有序、不凌乱
3	消防水泵房	（1）加压水泵、气压罐、湿式报警阀底座无松动、无泄漏；泵体、气压罐身、地脚螺栓无生锈、无脱漆；悬挂标有技术参数的标志牌 （2）闸阀：明杆加黄油，无渗漏、无生锈；闸阀悬挂标有"功能、状态、技术参数、上级阀门位置"等内容的标志牌 （3）管道：油漆无剥落；标有工作介质流向指示 （4）控制箱：无积尘，外表无缺陷、无生锈；功能标示清楚，指示灯、电流表、压力表无故障；表面清晰，便于抄读；箱内走线有序，不凌乱
4	室外消火栓等设备	（1）水泵接合器房：门无破损；门铰无松动；门锁完好；门外有"消防水泵接合器"的标志牌 （2）水泵接合器：无渗漏、配件齐全；防腐油漆无剥落；接合器悬挂供水楼层范围标志牌；设备房内严禁堆放杂物 （3）室外栓：防腐油漆无剥落；配件齐全；四周3米范围内不应有阻挡物和障碍物

（五）电梯设备间

1. 电梯机房

① 电梯机房的天花板、墙身刷白，无漏水、渗水现象；地面刷专用地板漆（灰色）或铺防潮、防滑地砖；控制柜、主机周围画黄色警戒线。

② 门外开，并有锁紧装置；门上应有明显的"电梯机房""机房重地，闲人免进"标志牌。

③ 机房内不应存放无关的设备、杂物和易燃性液体，并应设置手提灭火装置。

④ 机房内应有良好通风，保证室内最高温度不超过40摄氏度。当使用排风扇通风时，如安装高度较低时，应设防护网。曳引绳、限速器钢丝绳、选层器钢带穿过楼板孔四周应筑有不低于10厘米的永久性防水围栏。

⑤ 主机上方的承重吊钩不应有锈蚀现象，涂黄色油漆，并在吊钩所在的承重梁上用永久的方式标明最大允许载荷。

⑥ 盘车工具齐全，并应挂在对应主机附近的墙上，便于取用。在盘车的手轮或电动机的后端盖易于看到的位置，用明显的箭头标出盘车轮的转动方向与轿厢运动方向一致的标志。

⑦ 电梯机房内应设有详细说明，指出当电梯发生故障时应遵循的拯救操作规程，包括电梯困人的解救步骤。

⑧ 当同一机房内设置有数台曳引机时,各主开关与照明开关均应设置标明各开关所对应的电梯编号及对应控制设备名称的标志牌。

2.轿厢

① 轿厢照明正常,天花板及地板清洁、无破损。风扇运行可靠且无噪声和异常振动;操作面板、电话、对讲机、监视器、应急灯、警铃、超载报警等均使用良好。

② 轿厢应挂标有本梯限载的标志牌、安全使用电梯规则,并有质量技术监督部门颁发的有效的年检合格证。

③ 厅门和轿门地槛的导槽应保持清洁,无杂物、无沙砾。

(六)通信设备机房

1.通信总机房

通信总机房运行环境要求如下表所示。

通信总机房运行环境要求

序号	设备间类别	环境要求
1	通信交换机机房	(1) 机房内应该设有两扇对外出入的门。如其中一扇门在正常情况下关闭,不经常使用;另一扇门上方应有明显的"通信交换机房""机房重地,闲人免进""非值班工作人员严禁入内"等标志牌;交换机房内应悬挂"室内禁止吸烟"及"交换机房管理规定"等标志牌 (2) 进入机房应换穿机房配备的专用拖鞋 (3) 地板应为专用的防静电地板;防静电地板下,应无施工遗留的痕迹,并保持干燥;地板下敷设的管线应整洁有序 (4) 应安装专用空调,确保室内全天候在一定的温度及湿度范围之内,并保持良好的通风状态 (5) 室内的墙身及天花板上,无渗漏水痕迹、无蜘蛛网 (6) 机房在地下室内的墙身及地板上,应无渗水现象 (7) 机房内的照明要求接入确保回路,并保持良好状态 (8) 机房内不应堆放无关的杂物,但应按要求配备灭火器
2	通信机房内的电源室	(1) 门外应有"通信机房电源室"的标志牌 (2) 室内要保持干燥,并在规定的温度和湿度范围之内 (3) 墙身及地面、天花板无渗漏水现象 (4) 电池组应放置在专用的电源架上,并保持清洁 (5) 室内禁止堆放任何杂物 (6) 按要求配备手提消防灭火器
3	话务员室	(1) 门外应有"话务员室""非工作人员严禁入内"等标志牌;门应使用向外开的防火门 (2) 室内应安装专用空调,确保室内保持一定的温度及湿度,并保持良好的通风状态 (3) 地面、墙身、天花板应无渗水漏水的痕迹和无蜘蛛网 (4) 墙身应挂上"话务员职责"等规章制度 (5) 室内应按要求配备消防灭火器

2.通信管井房

① 门洞应有不低于15厘米的防水门槛;门向外开,使用防火门;门外应标"通信管井房"。

② 地板应用水泥砂浆铺平并涂上专用的防尘地板漆；墙身应用白色涂料刷白；通过楼板的管线孔洞应采用柔性填充材料进行密封。

③ 通信电缆应固定在管井内的支架上；每一楼层的管井房内如有配线架，在该配线架应标明每对线的编号。

④ 井房内应有足够的照明并应配置有维修用插座。

（七）楼宇自控系统（BAS）及保安监控系统设备间

保安监控系统控制间宜和消防控制中心同在一室，BAS 控制室宜设置在设备管理部门合适的位置，具体要求如下。

① 门外应有"控制中心机房"或"非值班人员严禁入内"等标志牌；室内应有禁烟标志牌；防火门应向外开，定期使用专用油漆刷新。

② 使用专用防静电地板的机房，地板下应无施工时期遗留的痕迹，并且无渗水、潮湿等现象；地板下铺设的管线应分别用标志牌标明；线管内的各类信号线、电源线应整洁有序。

③ 墙身及天花板无渗水、漏水的痕迹。

④ 室内应使用专用的空调，确保室内全天候保持在一定的温度和湿度范围之内，并保持良好的通风状态。

⑤ 墙上应悬挂 BA 自动控制的模拟屏或相关系统的系统图。

⑥ UPS 不间断电源的电池表面清洁、无灰尘；现场应有有关电池电量的测量记录。

⑦ 自控系统用的计算机、打印机，应保持良好的状态；机内外整洁干净，无浮尘。

⑧ 保安监控系统的主机设备，保持良好的状态，设备上无灰尘；电源线、信号线整齐，并做好分类。

⑨ 室内及所有机柜内禁止放置无关的杂物。

⑩ 室内按规定配备消防灭火器。

四、建立健全必要的规章制度

① 实行定人、定机和凭证操作设备制度，不允许无证人员单独操作设备，对多人操作的设施设备，应指定专人负责。

② 对于连续运行的设施设备，可在运行中实行交接班制度和值班巡视记录制度。

③ 操作人员必须遵守设施设备的操作和运行规程。

五、设施设备的状态管理

（一）设备的检查

设备的检查就是对其运行情况、工作性能、磨损程度进行检查和校验，通过检查可以全面掌握设备技术状况的变化和劣化程度，针对检查发现的问题，改进设备维修工作，提高维修质量和缩短维修时间。

按检查时间的间隔，通常分为日常检查和定期检查。

① 日常检查：操作人员每天对设备进行的检查，在运行值班巡视中实施。

② 定期检查：在操作人员参加下，由技术人员按计划定期对设备进行的检查，属定期维护保养内容。

（二）设备的状态监测

设备的状态监测分为停机监测和不停机监测（又称在线监测），是在设备运行过程中通过相关的仪器仪表所指示的参数，直接或间接地掌握设备的运行情况和设备自身状态。设备的状态监测应根据不同的检测项目采用不同的方法和仪器，通常采用的方法有直接检测、绝缘性检测、温度检测、振动和噪声检测、泄漏检测、裂纹检测和腐蚀检测等。

（三）定期预防性试验

对动力设备、压力容器、电气设备、消防设备等安全性要求较高的设备，应由专业人员按规定期限和规定要求进行试验，如耐压、绝缘、电阻等性能试验，接地、安全装置、负荷限制器、制动器等部件试验，发电机启动、消防报警、水泵启动、管道试水等系统试验。通过试验可以及时发现问题，消除隐患，安排修理。

（四）设备故障的诊断技术

在设备运行中或基本不拆卸的情况下，采用先进的信息采集和分析技术掌握设备运行状况，判定产生故障的原因、部位，预测、预报设备未来状态的技术，称为故障诊断技术。设备诊断技术是预防维修的基础，目前应用中的技术手段主要是红外线温度检测、润滑油品化学分析、噪声与振动频谱分析、超声与次声波检测以及计算机专家分析与故障诊断系统等。

设备故障诊断技术在设备综合管理中具有重要的作用，主要表现如下。

① 它可以监测设备状态，发现异常状况，防止突发故障和事故的发生，建立维护标准，开展预防性维修和改善性维修。

② 较科学地确定设备修理间隔期和内容。

③ 预测零件寿命，做好备件管理。

六、做好运行记录

（一）高低压配电运行记录

1. 运行技术参数

高压侧（以高压供电回路为记录项）：每小时记录一次电压（千伏）；电流（安）直流屏技术数据，包括充电电压、电流、直流电压。

低压侧受电端总开关、各馈电回路（屏、柜）应每小时记录一次电压（伏）、电流（安）、功率因素（$\cos\phi$），每天固定时间记录主要回路的电能耗用情况。

2. 交接班记录与检查

当班运行人员要对其记录负责，认真签名，每月由系统工程师对其运行记录、各类统计表格进行审核并签字。

（二）中央空调系统运行记录

中央空调系统运行记录应该包括以下内容。

1. 运行技术参数

① 制冷主机、冷却（冻）水泵、冷却塔等设备的运行电流（安）、电压（伏）、功率因数（$\cos\phi$）；冷却（冻）进出水温度（摄氏度）、压力（兆帕）和流量（米^3/小时）等。

② 冷压缩机运行中的油压、油温、轴承温度、油面高度。

③ 主机电能消耗数量（千瓦时）。

④ 室外温度、湿度、天气情况（晴、阴等）。

⑤ 空调风机的进出冷冻水温度、送（回）风温度、新风温度、一次混合温度（在自动化条件许可的情况时）。

⑥ 变频系统的检测变频器的温度、运行频率、机柜温度（对具有变频系统部分）。

2. 运行状态记录

通过固定表格对如下情况进行记录。

① 主机（含二次热交换系统）、冷冻（却）水泵、冷却塔、空调风机、新风机开停机时间。

② 空调配电系统各回路运行状态。

③ 各控制阀门启闭状态。

④ 对有变频系统的检测变频器运行和异常状态。

3. 交接班记录

① 当班运行中所发生的异常情况的原因及处理情况。

② 当班的设备操作记录（操作设备、时间等）。

③ 运行中遗留问题，需下一班处理的事项（包括上级的指令、运行调度情况等）。

④ 当班系统运行状况的综合评价。

⑤ 签名。

（三）给排水系统

1. 记录的内容

给排水系统的巡检记录应包括以下内容。

① 运转检查：系统内所有水泵的运转情况，包括有无杂声、有无漏水现象。

② 电气检查：所有水泵控制箱的自动、手动阀门投入情况是否正常；电气接线端口有无松脱；液位控制器是否正常工作。

③ 阀门检查：所有阀门的状态情况，是否为按标志牌所示状态。

④ 管道检查：特别是供水压力管道，要定期检测管壁厚度，排水管保持畅通，不漏水，特别是地漏位置。

⑤ 用水量记录：每月对用水量做好记录，并以图表形式出现与以往几年同期用水量作对比（附用水记录表）。

2.记录的检查

对以上检查做好记录，并由检查人员签上姓名、日期，每月由系统工程师对其运行记录及统计表格进行审核并签订。

（四）做好消防中心记录

1.报警主机运行记录

① 探测器报警的确切时间，相应的地址码，通知保安员的时间与保安员到达现场后信息反馈的时间。如果属于误报，还应记录处理结果。

② 水流指示器、破玻按钮报警的确切时间，相应的地址码，通知保安员的时间与保安员到达现场后信息反馈的时间。若是属于误报，应记录处理结果。

③ 探测器的屏蔽时间、相应的地址码和解封的时间，操作人员的姓名（附屏蔽烟、温感探测器申请表）。

④ 工程人员维护保养检测的时间、人员名单，保养设备的名称和范围。

⑤ 工程人员维修的时间、人员名单，维修设备的名称和结果。

⑥ 当值人员姓名和交接班时的运行状态。

2.消防联动系统设备运行记录

① 消火栓主泵、喷淋主泵、湿式阀的运行时间，通知保安员的时间与保安员到达现场后信息反馈的时间。若是误报，应记录处理结果。

② 防、排烟阀的动作时间、相应楼层和处理结果。

③ 气体系统探测器报警的确切时间、相应地点，通知保安员到达现场后信息反馈的时间，气体放气的时间。若是误报，应记录处理结果。

④ 所有联动设备（防、排烟风机、停非消防电、防火卷帘、紧急消防广播）的动作时间和相应的地点。

⑤ 其他特殊情况的故障。

（五）电梯设备运行记录

电梯设备以巡检为主，其记录的要求如下。

1.运行技术参数

记录每天巡检电梯的运行状况，包括电梯运行的舒适感、电源、空调、照明、对讲、回降控制功能。

2.运行数据统计及其表格

① 表格的类别　电梯月巡检表（应参照各品牌电梯公司的相关要求）；电梯故障停梯记录表；电梯保养停梯记录表；电梯保养报告表（由电梯保养公司提供）；其他提升设备的记录与检查。

② 记录的要求　当班运行人员要对其记录负责，认真签名。每月由系统工程师对其

运行记录、各类统计表格进行审核并签字。

（六）楼宇自控系统及保安监控系统运行记录

1.记录的内容

记录的内容主要是运行技术参数。

① 自控中心计算机，每年应对自控系统所监测的供配电系统，中央空调系统的电流、电压、水温等指标，进行记录备份。

② 保安监控系统，一般部位使用矩阵切换器，每路信号每3秒进行1次切换显示。重要监测部位直接使用独立的监视器不间断进行监视及录像；一般部位通过分割器每隔5秒进行连续录像，采用数字录像的除外。

2.记录的管理要求

① 自控系统将监测到的供配电及中央空调系统的有关数据交到相对应系统部门进行归档。

② 系统监控到的可疑人员的录像资料使用光盘做备份或用打印机打印出来，交由保安部门处理。

运行记录与备份要求如下表所示。

运行记录与备份要求

序号	子系统	记录与备份要求
1	自控系统	当班运行人员要认真做好运行资料的记录或在计算机上做备份，备份资料必须保存在两种不同的物理记录介质上，例如备份资料与原始记录在两个不同的硬盘上，或者备份资料刻录到光盘上，并在记录簿上做好登记和签名，每天由控制中心负责人对其运行记录各类统计表格进行审核，再交给系统工程师及部门领导签字后归档
2	保安监控系统	当班值班人员要认真观察每路摄像头传回的图像是否清晰，并做好录像备份，当发现某部位有设备异常情况时，应立即通知维修人员和相关人员到现场，做好文字记录（故障记录）并签名，对当天各班的运行记录情况进行检查、签名。每月集中交给系统工程师，对当月该系统的运行记录、各类统计表格等进行审核，再交给部门负责人签字，并交到资料管理人员归档
3	运行故障报告	当自控系统或保安监控系统在运行期间出现故障时，当班运行人员应在系统运行故障报告单上填写好故障的原因，并通知工程主管及维修人员到现场处理。无法及时解决的应及时通知系统工程师协助维修人员排除故障，签名后，最迟在故障发生后的第二天，将故障报告上交给系统工程师及部门负责人签名后归档

七、对运行状态的分析

（一）高低压配电运行情况分析

1.分析时间、周期与人员

每年年末到次年1月前，由供配电系统的工程师对本年度的系统运行情况进行技术分析，提交系统运行分析报告。

2.分析报告的内容

系统运行情况分析报告应包括以下内容。

① 全年平均载荷（千瓦）、各台变压器的运行时间（小时）、总用电量、重点用电回路的用电总量（千瓦时）、全年低压端平均线电压（伏）、全年平均气温（摄氏度）、全年高低压配电设备的故障率（%）（从高压进线开始到低压配电柜出线端止的设备）。

② 系统运行的主要技术特点。

③ 出现故障的主要原因。

④ 对全年系统运行的评价。

⑤ 根据当年的系统运行情况提出来年运行管理的预测性意见。

（二）中央空调系统运行情况分析

1.分析时间、周期与人员

月末、季末、年末，由中央空调系统的工程师对本年度的系统运行情况进行技术分析，提交系统运行分析报告。

2.分析报告的内容

① 能源统计分析。对空调主机（条件许可时，按空调系统进行统计）的日、月、年的用电及用水情况进行统计，并与往年同期（含气温、物业的入住率等约束条件）进行比较。

② 运行指标分析（成本核算）指单位能耗成本计算。

③ 系统故障、事故统计分析。

④ 温度和湿度统计（室内、外），即对本年度的日、月、年的温度和湿度进行统计，为能源统计分析、运行指标分析提供基础依据。

⑤ 负荷运行统计与预测分析，即根据各年度的能源统计、运行指标、温度和湿度统计、使用率等基础数据提出来年的空调系统运行方式和运行曲线。

⑥ 系统运行综合评价。

（三）给排水系统

1.分析时间、周期与人员

每年年末到次年1月前，由给排水系统的工程师对本年度的系统运行情况进行技术分析，提交系统运行分析报告。

2.分析报告的内容

给排水系统运行情况分析报告包括以下内容。

① 全年用水量统计，各分表用水量统计，与以往年做比较，采用了何种节水措施，效果如何。

② 全年出现故障的主要原因分析。

③ 对压力管道壁的测厚要每年对比，作出管道壁厚度变化的趋势分析。

④ 对全年系统的运行进行评价。

⑤ 根据全年的系统运行情况提出来年运行管理的预测性意见。

（四）消防系统

1. 分析时间、周期与人员

① 每年对消防系统的运行情况进行一次分析。

② 每年12月到次年1月由消防系统的工程师根据以上测试数据的信息反馈，根据系统的全年工作情况进行评定以分析其运行状况。

2. 分析报告的内容

① 根据系统主机的正常运行与故障情况的对比，评定系统的可靠性。
② 根据所测的电源电压评定是否符合系统要求。
③ 根据所测的绝缘电阻评定设备正常与否。
④ 根据自动报警主机的打印报告，评定探测器报警的比例（%）及其故障误报次数来评定探测器的正常与否。
⑤ 根据所测的水压评定系统正常与否。
⑥ 根据各种联动设备手/自动的检测结果，评定系统正常与否。

（五）电梯及提升设备

1. 分析时间、周期与人员

每个季度及每年，要求由电梯保养公司对大厦电梯本年度的系统运行情况进行技术分析，提交系统运行分析报告。

2. 分析报告的内容

系统运行情况分析报告必须具有如下内容。

① 全年电梯运行的故障率（%）：故障率=故障停梯时间÷必须确保正常运行时间×100%。
② 分析该时段系统运行的主要技术特点。
③ 分析该时段出现故障的主要原因。
④ 对全年系统运行的评价。
⑤ 根据今年的系统运行情况提出来年运行管理的预测性意见。

（六）楼宇自控系统及保安监控系统

1. 分析时间、周期与人员

每年1月，由该系统的系统工程师对上年度的系统运行情况进行技术分析，提交系统运行分析报告。

2. 分析报告的内容

① 全年由自控系统控制的中央空调系统的运行时间。
② 全年自控系统及系统运行的故障率。
③ 系统出故障的主要原因及解决办法。

④ 系统运行的主要技术特点。
⑤ 存在的问题及解决办法。
⑥ 对全年系统运行进行综合的评价。
⑦ 根据该系统去年全年运行情况，提出当年运行管理的意见；针对该系统存在的缺陷，提出可预见性的预防措施，以及系统升级的建议及意见。

【范本4-01】设施设备运行计划 ▶▶▶

1.电梯

① 写字楼电梯每天7:30全部运行。21:00高/低区各留一台，其余要关闭，早上开了电梯后，将电梯打到高峰时段，9:30后恢复正常；17:00将电梯打到高峰时段，18:30恢复正常。

② 写字楼消防梯、货梯24小时运行。

③ 公寓楼客梯24小时运行。

④ 公寓楼消防梯24小时运行。

⑤ 公寓楼货梯24小时运行。

⑥ 写字楼电梯空调开放时间为7:30～21:00。

⑦ 公寓电梯空调开放时间为7:00～24:00。

2.照明

① 写字楼每天8:00以前将应急照明全开，19:30将全部日常照明关闭，只留应急照明，22:00将全部应急关闭（如有业主在加班，等业主下班后再关闭），客梯前长明灯24小时运行。

② 写字楼大厅：8:00～9:30，11:30～13:30，17:00～16:30灯全开，其余时间只开三组灯，22:00后只留应急照明，其余灯全部关闭。

3.车库照明

① 应急24小时运行，日常照明根据需要而定。

② 公寓楼:6:30～9:30，17:00～20:00应急照明、日常照明全开，其余时间留应急照明。

③ 公寓大厅:6:30～23:00灯全开，其余时间留应急照明。

4.雨棚灯

① 夏天19:30～24:00开；冬天18:00～24:00开。

② 灯饰照明:夏天19:30～23:00开；冬天18:00～23:00开（包括射灯），设备间照明有人在场时才开启。

③ 公寓、写字楼水泵设为自动，每月主备用泵调换。

④ 锅炉24小时运行，根据情况决定运行1台还是2台，如只需1台，则半月内调换一次，其设置为自动。冬天、夏天锅炉温度的设置根据情况而定。

⑤ 主备热煤泵、热水泵每天调换一次，设为自动，其温度设置根据情况而定。

⑥ 污水泵设为自动，每天巡查。

⑦ 空调室外机全部处于待机状态。

a. 公寓大厅：夏天7:00～23:00，冬天7:00～23:00。

b. 写字楼大厅：夏天7:30～22:00，冬天7:30～22:00。

5. 油发电机

当两路线都停机电时，运行发电机。

【范本4-02】供配电设施设备运行管理标准作业规程

1. 目的

规范供配电设施设备运行管理工作，确保供配电设施设备良好运行。

2. 适用范围

适用于本公司供配电设施设备的运行管理。

3. 职责

① 运行班长负责配电设施设备运行的实施情况。

② 值班电工负责供配电设备的运行管理。

4. 程序要点

4.1 巡视监控

4.1.1 值班电工每天巡视两次高压开关柜、变压器、配电柜、电容柜、电表箱等设备。

4.1.2 值班电工应按规定的频次进行检查、巡视、监控，并把每次所到巡视点的时间记在"供配电设施设备运行日记"上。

4.1.3 巡视内容如下。

① 变压器油位、油色是否正常，密封处是否漏油，变压器运行是否超温（85摄氏度）。

② 有无异常响声或气味。

③ 各种仪表指示是否正常，指示灯是否正常。

④ 单相、三相电压是否在额定值的±10%范围以内，是否超载运行。

⑤ 各种接头是否有过热或烧伤痕迹。

⑥ 防小动物设施是否完好。

⑦ 接地线有无锈蚀或松动。

⑧ 各种临时用电接线情况。

⑨ 各种标志牌、标示物是否完好。

⑩ 安全用具是否齐全，是否存放于规定位置。

⑪ 按时开关管辖区域内路灯、灯饰或喷水池，及时维修好损坏部分。

4.1.4 对于巡视中发现的问题，值班电工应及时采取整改措施加以解决，处理不了的问题应及时、如实地汇报给运行班长解决。整改时应严格遵守《供配电设施设备安全操作标准作业规程》和《供配电设施设备维修保养标准作业规程》的相关规定。

4.2 异常情况处置

4.2.1 触电处置。发现有人触电时，值班电工应保持镇静、头脑冷静，尽快使触电者脱离电源，并进行紧急抢救。

① 拉开电源开关、拔去插头或熔断器。

② 用干燥的木棒、竹竿移开电线或用绝缘工具（平口钳、斜口钳等）剪断电线。

③ 用干燥的衣服或绝缘塑料布垫住，将触电者脱离电源。

④ 防止触电者在断电后跌倒。

⑤ 如果触电者尚未失去知觉，则必须让其保持安静，并立即请医生进行诊治，密切注意其症状变化。

⑥ 如果触电者已失去知觉，但呼吸尚存，应使其舒适、安静地仰卧，将上衣与裤带放松，使其容易呼吸；若触电者呼吸困难，有抽筋现象，则应积极进行人工呼吸，并及时送进医院。

⑦ 如果触电者的呼吸、脉搏及心跳都已停止，此时不能认为其已死亡，应当立即对其进行人工呼吸。人工呼吸必须连续不断地进行到触电者自行呼吸或医生赶到现场救治为止。

4.2.2 配电柜自动空气开关跳闸的处置如下。

① 判断跳闸原因（短路或过载）。

② 查清楚负载种类及分布情况。

③ 对可疑处逐个检查，确认故障部位并报告运行班长，请求支援解决。

④ 如故障已排除应立即恢复供电。

4.2.3 变配电房发生火灾按《火警、火灾应急处理标准作业规程》处置。

4.2.4 变配电房发生水浸时的处置如下。

① 视进水情况，拉下总电源开关或高压开关。

② 堵住漏水源。

③ 如果漏水较严重，应立即通知运行班长，同时尽力阻止进水。

④ 漏水源堵住后，应立即排水。

⑤ 排干水后，应立即对设施设备进行除湿处理（如用干的干净抹布擦拭、热风吹干、自然通风、更换相关管线等）。

⑥ 确认湿水已消除（如各绝缘电阻达到规定要求），开机试运行，如无异常情况出现，则可以投入正常运行。

4.3 供配电室管理

4.3.1 非值班人员不准进入机房，若需要进入，须经运行班长允许，并在值班人员陪同下方可进。

4.3.2 机房内严禁存放易燃、易爆、危险物品。机房内应备齐消防器材，并禁止吸烟。

4.3.3 每班打扫一次机房的卫生，每周清洁一次机房内和设施设备卫生，做到地面、墙壁、天花板、门窗、设施设备表面无积尘、无油渍、无锈蚀、无污物，油漆完好，整洁光亮。

4.3.4 机房内应当通风良好、光线足够、门窗开启灵活，防小动物设施完好。

4.3.5 对机房应当做到随时上锁，钥匙由值班电工保管，值班电工不得私自配钥匙。

4.4 值班电工应将供配电设施设备的运行数据（电压、电流、功率因数、环境温度、有功用量、无功用量）及运行状况清晰、完整、规范地记录。在每月的3日之前将上一个月的记录整理成册后交运行班存档，保存期为2年。

5. 记录表格

变压器配电柜运行记录。

【范本4-03】柴油发电机运行管理标准作业规程

1. 目的

规范柴油发电机运行管理工作，确保柴油发电机良好运行。

2. 适用范围

适用于本公司辖区内柴油发电机的运行管理。

3. 职责

① 运行班长负责检查柴油发电机运行管理工作的实施。

② 维修工具体负责柴油发电机运行管理。

4. 程序要点

4.1 巡视监控

4.1.1 维修工应密切监视柴油发电机的运行并每隔1小时进行1次记录。巡视部位包括柴油发电机、冷却水箱、排烟系统、回风系统、控制柜（箱）、储油箱、蓄电池、消音系统。

4.1.2 巡视监控内容如下。

① 有无异常声响或大的振动。

② 有无异常气味。

③ 烟颜色是否正常，是否有漏油（机油、柴油）、漏水现象。

④ 机油压力、冷却水温是否正常。

⑤ 频率偏差是否较大。

⑥ 三相、单相电压是否正常，三相电流是否有过载现象。

⑦ 各信号灯指示是否正常。

⑧ 检查蓄电池状况（温度不能超过45摄氏度，用半导体温度计）。

⑨ 回风是否顺畅。

⑩ 紧固件是否有松动现象。

⑪ 柴油箱油位是否正常。

⑫ 消声效果是否理想。

⑬ 每半个月应使备用柴油发电机试运行15分钟。

4.1.3 对于巡视中发现的不正常情况，维修工应及时采取措施予以解决。处理不了的问题，应及时、详细汇报给运行班长或领导，请求支援解决。整改时应遵守《柴油发电机维修保养标准作业规程》。

4.2 柴油发电机异常情况的处置

4.2.1 柴油发电机"飞车"的处置如下。

柴油发电机发生"飞车"现象时，维修工需沉着、冷静、迅速、果断地采取措施。

① 切断油路：将油门开头拉到停机位置，如果柴油机停不下来，可以拆掉油泵进油管或高压油管。

② 切断气路：用棉衣等物品直接包住空气滤清器，也可将空气滤清器拆下，直接用棉衣等物品塞住进气口（切断气路时，一定要注意安全）。

③ 绝对禁止减少或去掉负载。

④ 柴油发电机停机后，应立即查找原因。排除故障后，试机运行，一切正常后方可正式使用。

4.2.2 柴油发电机房发生火灾时按《火警、火灾应急处理标准作业规程》处置。

4.2.3 柴油发电机房发生水浸时的处置如下。

① 视进水情况关闭机房内运行的柴油发电机。

② 堵住漏水源。

③ 如果漏水较严重，应立即通知运行班长，同时尽力阻止进水。

④ 漏水源堵住后，应立即排水。

⑤ 排干水后，应立即对设施设备进行除湿处理。如用干的干净抹布擦拭、热风吹干、自然通风、更换相关管线等。

⑥ 确认湿水已消除、各绝缘电阻符合要求后，开机试运行，如无异常情况出现则可以投入正常运行。

4.3 调整油门大小

对于柴油发电机，应根据其负荷的变化，适当调整其油门的大小，使其功率得到充分利用。

4.4 柴油发电机机房管理

4.4.1 非值班人员不准进入机房，若需要进入，须经运行班长同意，并在维修工的陪同下方可进。

4.4.2 机房内严禁存放易燃、易爆、危险物品。机房内应备齐消防器材，并放置在方便、显眼处。机房内禁止吸烟。

4.4.3 每周打扫1次机房卫生，做到地面、墙壁、天花板、门窗、设施设备表面无积尘、无锈蚀、无油渍、无污物，油漆完好、整洁光亮。

4.4.4 机房内应当通风良好、光线足够、门窗开启灵活。

4.4.5 对机房应当做到随时上锁，钥匙由维修工保管，维修工不得私自配钥匙。

4.5 交接班要求

4.5.1 接班人员应准时接班。

4.5.2 接班人员应认真听取交班人员交代，并查看"柴油发电机运行日记"，检查工具、物品是否齐全，确认无误后在运行日记表上签名。

4.5.3 有下列情况之一者不准交接班。

① 上一班运行情况未交代清楚。

② 记录不规范、不完整、不清晰。

③ 机房不干净。

④ 接班人未到岗。

⑤ 事故正在处理中或交班时发生故障，此时应由交班人负责继续处理，接班人协助进行。

4.6 记录

维修工应将柴油发电机的运行情况规范、详细、清晰地记录在"柴油发电机运行记录"内，并整理成册交由机电维修班存档。

【范本4-04】中央空调运行管理标准作业规程

1.目的
规范中央空调运行管理工作，确保中央空调良好运行。

2.适用范围
适用于辖区内各类中央空调的运行管理。

3.职责
① 运行班长负责检查中央空调运行管理的实施情况。
② 运行班长负责组织实施中央空调的运行管理。
③ 当值管理员具体负责中央空调的运行管理。

4.程序要点

4.1 巡视监控

4.1.1 当值管理员每隔2小时巡视1次中央空调机组，巡视部位包括中央空调主机、冷却塔、控制柜（箱）及管路、闸阀等附件。

4.1.2 巡视监控的主要内容如下。

① 检查线电压（正常380伏，不能超额定值的±10%）。
② 检查三相电流（三相是否平衡，是否超额定值）。
③ 检查油压（正常10～15千克力/厘米^2，1千克力/厘米^2＝0.098兆帕）。
④ 检查高压（＜12千克力/厘米^2）。
⑤ 检查低压（＞2.5千克力/厘米^2）。
⑥ 冷却水进水温度（正常＜35摄氏度）。
⑦ 冷却水出水温度（正常＜40摄氏度）。
⑧ 冷冻水进水温度（正常10～18摄氏度）。
⑨ 冷冻水出水温度（正常7～12摄氏度）。
⑩ 检查中央空调主机运转是否有异常振动或噪声。
⑪ 检查冷却塔风机运转是否平稳，冷却塔水位是否正常。
⑫ 检查管道、闸阀是否有渗漏，冷冻保温层是否完好。
⑬ 检查控制柜（箱）各元器件是否正常，有无异常噪声或气味。

4.1.3 检查过程中如发现上述情况有不正常时,当值管理员应及时采取措施予以解决,处理不了的问题应及时、详细地汇报给运行班长,请求支援解决。整改时,应严格遵守《中央空调维修保养标准作业规程》。

4.2 异常情况的处置

4.2.1 中央空调发生制冷剂泄漏时的处置如下。

① 立即关停中央空调主机,关闭相关的阀门。

② 加强现场通风或用水管喷水淋浇(应注意不要淋在设备上)。

③ 维护人员应身穿防毒衣、头戴防毒面具进入现场,并要求两人为一组,确保安全。

④ 对于不同情况的中毒者采取不同的方法。

a.对于头痛、呕吐、头晕、耳鸣、脉搏或呼吸加快者应立即转移到通风良好的地方休息。

b.如中毒者出现痉挛、神智不清,处于昏迷状态,应立即转移到空气新鲜的地方,进行人工呼吸并送医院治疗。

c.如氟里昂制冷剂溅入眼睛,则应用2%的硼酸加消毒食盐水反复清洗并送医院治疗。

d.排除泄漏后,启动中央空调试运行,确认无泄漏后,机组方可投入正式运行。

4.2.2 中央空调机房发生水浸时的处置如下。

① 视进水情况关闭中央空调机组,拉下总电源开关。

② 堵住漏水源。

③ 如果漏水较严重,应立即通知运行班长,同时尽力阻止进水。

④ 漏水堵住后,应立即排水。

⑤ 排干水后,应立即对设施设备进行除湿处理,如用干的、干净抹布擦拭,热风吹干,自然通风或更换相关管线等。

⑥ 确认湿水已清除,各绝缘电阻符合要求后,开机试运行,如无异常情况出现则可以投入正常运行。

4.2.3 中央空调机房发生火灾时按《火警、火灾应急处理标准作业规程》处置。

4.2.4 当值管理员应根据用冷部门的要求,按时开关中央空调,并根据负荷情况启用相应的中央空调机组,调整相应的制冷温度,最大限度地节省能源。

4.3 中央空调机房管理

4.3.1 非值班人员不准进入中央空调机房,若需要进入,须经运行班长同意,并在值班人员的陪同下方可进入。

4.3.2 中央空调机房内严禁存放易燃、易爆、危险品。

4.3.3 中央空调机房内应备齐消防器材、防毒用品，并应放置在方便、显眼处。中央空调机房内严禁吸烟。

4.3.4 每班打扫1次中央空调机房的卫生，每周清洁1次中央空调机房内的设施设备，做到地面、天花板、门窗、墙壁、设施设备表面无积尘、无油渍、无锈蚀、无污物，表面油漆完好，整洁光亮。

4.3.5 中央空调机房内应当通风良好、光线足够、门窗开启灵活。

4.3.6 对中央空调机房应当做到随时上锁，钥匙由当值管理员保管，当值管理员不得私自配钥匙。

4.4 交接班要求

4.4.1 接班人员应准时接班。

4.4.2 接班人员应认真听取交班人员交代并查看《中央空调运行日记》，检查工具、物品是否齐全，确认无误后在"中央空调运行日记"表上签名。

4.4.3 有下列情况之一者不准交接班。

① 上一班运行情况未交代清楚。

② 记录不规范、不清晰、不完整。

③ 中央空调机房不干净。

④ 接班人员未到岗。

⑤ 事故正在处理中或交接班时发生故障，此时应由交班人负责继续处理，接班人协助进行。

4.5 记录

对于中央空调的运行情况，当值管理员应及时、完整、规范、清晰地记录在"中央空调运行记录表"表内，每月的3日之前由运行班长把上一个月的记录整理成册后交运行班存档，保存期为2年。

【范本4-05】给排水设施设备运行管理标准作业规程 ▶▶▶

1.目的

规范给排水设施设备运行管理工作，确保给排水设施良好运行。

2.适用范围

适用于公司辖区内给排水设施设备的运行管理。

3.职责

① 运行班长负责检查给排水设施设备运行管理工作实施情况。

② 水电工具体负责给排水设施设备的运行管理及实施。

4. 程序要点

4.1 巡视监控

4.1.1 水电工应每2个小时巡视1次小区内水泵房（包括机房、水池、水箱），每周巡视1次小区内主供水管上闸阀以及道路上沙井、雨水井。

4.1.2 巡视监控内容如下。

① 水泵房有无异常声响或大的震动。

② 电动机、控制柜有无异常气味。

③ 电动机温升是否正常（应不烫手），变频器散热通道是否顺畅。

④ 电压表、电流表指示是否正常，控制柜上信号灯显示是否正确，控制柜内各元器件是否工作正常。

⑤ 压力表与计算机上显示的压力是否大致相符，是否满足供水压力要求（正常值为4.5千克力/厘米^2）。

⑥ 水池、水箱水位是否正常。

⑦ 闸阀、法兰连接处是否漏水，水泵是否漏水成线。

⑧ 主供水管上闸阀的井盖、井裙是否完好，闸阀是否漏水，标志是否清晰。

⑨ 止回阀、浮球阀、液位控制器是否动作可靠。

⑩ 临时用水情况是否正常。

⑪ 雨水井、沉沙井、排水井、给水井、污水井是否有堵塞现象。

4.1.3 水电工在巡视监控过程中发现给排水设施设备有不正常时，应及时采取措施加以解决；处理不了的问题，应及时、详细地汇报给运行班长，请求协助解决。整改时，应严格遵守《给排水设施设备操作标准作业规程》。

4.2 给排水设施设备异常情况的处理

4.2.1 主供水管爆裂的处理如下。

① 立即关闭相关连的主供水管上的闸阀。

② 如果关闭了主供水管上相关连的闸阀后仍不能控制住大量泄水，则应关停相应的水泵。

③ 立即通知管理处及运行班长。运行班长联络供水公司进行抢修；管理处负责通知相关的用水单位和用户关于停水的情况。

④ 在运行班长的组织下，尽快挖出所爆部位水管。

⑤ 供水公司修好所爆部位水管后应由运行班长组织开水试压（用正常供水压力试压），看有无漏水或松动现象。

⑥ 一切正常后，回填土方，恢复水管爆裂前的原貌。

4.2.2 水泵房发生火灾时按《火警、火灾应急处理标准作业规程》处置。

4.2.3 水泵房发生水浸时的处置如下。

① 视进水情况关闭机房内运行的设施设备并拉下电源开关。

② 堵住漏水源。

③ 如果漏水较严重，应立即通知运行班长，同时尽力阻止进水。

④ 漏水源堵住后，应立即排水。

⑤ 排干水后，应立即对设施设备进行除湿处理，如用干的、干净抹布擦拭，热风吹干，自然通风，更换相关管线等。

⑥ 确认湿水已消除、各绝缘电阻符合要求后，开机试运行，无异常情况出现方可投入正常运行。

4.3 水泵房管理

4.3.1 非值班人员不准进入水泵房，若需要进入，须经运行班长同意，并在水电工的陪同下方可进入。

4.3.2 水泵房内严禁存放有毒、有害物品。

4.3.3 水泵房内应备齐消防器材并应放置在方便、显眼处。水泵房内严禁吸烟。

4.3.4 每班打扫1次水泵房的卫生，每周清洁1次水泵房内的设施设备，做到地面、墙壁、天花板、门窗、设施设备表面无积尘、无油渍、无锈蚀、无污物，油漆完好、整洁光亮。

4.3.5 水泵房内应当通风良好、光线足够、门窗开启灵活。

4.3.6 对水泵房应当做到随时上锁，钥匙由水电工保管，水电工不得私自配钥匙。

4.4 交接班要求

4.4.1 接班人员应准时接班。

4.4.2 接班人员应认真听取交班人交代，并查看工具、物品是否齐全，确认无误后签字。

4.4.3 有下列情况之一者不准交班。

① 上一班运行情况未交代清楚。

② 记录不规范、不完整、不清晰。

③ 水泵房不干净。

④ 接班人未到岗。

⑤ 事故正在处理中或交班时发生故障，此时应由交班人负责继续处理，接班人协助进行。

5. 记录

给排水设施设备运行记录表。

【范本4-06】消防系统运行管理标准作业规程

1.目的
规范消防系统运行管理工作,确保消防系统随时处于良好运行状态。

2.适用范围
适用于物业公司辖区内各类消防系统的运行管理。

3.职责
① 主管负责消防系统设备运行管理的监督、统筹工作。
② 运行班长负责消防系统设备运行管理的业务督导工作。
③ 消防员负责具体实施消防系统设备的运行管理工作。

4.程序要点

4.1 运行监控

4.1.1 消防管理中心消防员24小时对消防主机、消防联动柜、动力配电箱、灭火显示器、防火防盗闭路电视等设备进行监控。

4.1.2 运行监控内容如下。

① 消防主机显示屏是否显示正常。
② 消防主机是否正常。
③ "运行"和"电源"灯是否亮,不亮时查找线路接头有无松动,如松动应紧固。
④ 巡视喷淋泵和消防泵管网系统,查看接口有无松动(松动时给予紧固),油漆是否脱落(脱落时应补刷油漆),水流指示器是否动作。
⑤ "故障"灯是否亮,灯亮时证明出现故障,立即到现场查明原因。
⑥ "低水位"信号灯是否亮,灯亮时立即通知机电维修电工查看水位加水。
⑦ "破玻灯光"信号是否亮,灯亮时到楼层查看破玻报警原因。
⑧ 监看闭路电视画面是否清晰,出现故障时及时通知机电维修班维修。
⑨ 巡视气体灭火系统管网接口、紧急按钮,读出压力表指针所指数字,发现重量减轻时应进行密封、紧固、更换充气,清除防火区的一切杂物。
⑩ 设备有无出现烧焦、异味、异常响声。
⑪ 按测试"试灯"键试灯键1~2秒,发现有信号灯不亮,应查明原因并给予更换。

4.1.3 在运行监控中发现有不正常情况,应进行登记,同时报告运行班长并进行整改。

4.2 异常情况处置

4.2.1 当消防主机出现异常情况时(如水浸入),应立即切断供给消防主机的主电源和备用电源，以免引起相关联动装置启动而造成消防主机部件烧毁。

4.2.2 当配电箱线路发生短路（过负荷）起火时，立即关闭相关设备的电源，迅速用ABC干粉灭火器扑灭。

4.3 机房管理

4.3.1 非值班人员不准进入室内（巡查、检修人员除外），若需进入，须经领导同意，并在当值消防员允许的情况下方可进入。

4.3.2 当值消防员每班打扫室内卫生，擦拭设施设备，始终保持地面、墙壁、设备无积尘、无油渍、无污物、无蜘蛛网，光亮整洁。

4.3.3 室内严禁存放一切与工作无关的物品，但应配备ABC干粉灭火器。

4.3.4 室内禁止吸烟。

4.3.5 室内应当通风良好，光线足够，门窗开启灵活，防小动物设施完好。

4.3.6 室内必须保持24小时监视消防系统，暂时离开时，需呼叫附近保安暂时替换，并交代值班注意事项，但不得超过30分钟。

4.4 交接班要求

4.4.1 交接班时应做到以下2点。

① 外观巡视各类系统，查看各类系统是否处于正常运行状态。

② 按操作键查看消防主机内容有无改动，有无增删操作员姓名，密码是否改动、正确。

4.4.2 出现下列情况不接班。

① 上一班运行情况未交代清楚。

② 故障正在处理中或未处理完毕，应由交班人负责处理，接班人协助（在值班管理人员允许时，交班人方可下班）。

③ 消防主机无法进入操作功能。

④ 设备上积尘未除尽，有水杯、腐蚀品。

⑤ 地面不干净、不整洁，检查物品不齐全。

4.5 资料保存与审核

4.5.1 消防员应对每班次运行情况做好记录。填写"消防系统值班记录"，交接班时检查各系统均正常后，双方在"消防中心值班记录"上签字确认。

4.5.2 运行班长监督填写运行监控的各类记录，每月将用完的记录本归档保存。

4.5.3 消防员每班次交接均应对每个消防中心的值班情况进行监督、检查，并在《消防中心值班记录》上签署巡检意见，最后由运行班长签署审核意见。

5. 记录

消防监控室值班记录。

【范本4-07】弱电系统运行管理标准作业规程

1. 目的
规范弱电系统运行管理工作,确保弱电系统良好运行。

2. 适用范围
适用于辖区内弱电系统的运行管理。

3. 职责
① 运行班长负责检查弱电系统运行管理工作的实施情况。
② 机电维修工(管理员)具体负责弱电系统的运行管理。

4. 程序要点

4.1 巡视监控

4.1.1 值班员应密切监视弱电系统的运行情况,并每隔1小时进行1次记录。

4.1.2 巡视监控的内容如下。
① 保安报警监控系统。
② 消防系统。
③ 楼宇对讲通信系统。
④ 停车场收费系统。
⑤ 其他弱电系统。

4.1.3 对于巡视中发现的异常情况,值班员应及时采取措施予以解决。处理不了的问题,应及时详细地汇报给运行班长,请求支援解决。整改时应遵守《弱电系统维修标准作业规程》。

4.2 中央控制室的管理

4.2.1 中央控制室每天24小时应有专人值班监控。

4.2.2 当值人员应严格执行交接班制度。

4.2.3 准确、真实、清晰地填写值班记录。

4.2.4 值班人员严禁操作。

4.2.5 谢绝与中央控制室无关人员入内。

4.2.6 除试听外,当值人员不得听音乐及广播。

4.2.7 室内要保持整洁,严禁吸烟。

4.2.8 室内配备灭火器,充电式应急灯,防毒面具,以备异常情况时急用。

4.3 交接班要求

4.3.1 按时接班。

接班人员应提前10分钟到达工作地点,首先做好接班前的准备工作,如换工衣、检查并带好随身应带的工具、笔和记录本等，然后准时到达接班现场。

4.3.2 交接工作如下。

① 交班人和接班人同时在值班记录本上签名及交接班时间。

② 交班人应向接班人简述工作情况及事故处理结果。

4.3.3 值班人需暂离开岗位时，必须在经过培训的员工（如管理员、保安员、电工、中控室值班员）到位后才能离开。

① 在已到交接班时间，而接班人尚未到岗接班时，值班人不能下班或离岗，但可先与接班人或上级领导联系，但无论怎样，都必须有接班人到岗并交接班后方可下班。

② 当值人员应在"值班记录表"上做好记录。若属正常情况，则在"值班记录"栏上记录"正常"；若有异常事件发生，需在"值班记录"栏上记录事件发生的时间、地点、内容及处理情况、上级指示等。

4.3.4 有下列情况之一者不准交接班。

① 上一班运行情况未交代清楚或接班人未及时到位前。

② 记录不规范、不完整、不清晰。

③ 中央控制室不干净。

④ 事故正在处理中或交接班时发生故障，此时应由交班人负责继续处理，接班人协助进行。

4.4 弱电系统的管理制度

4.4.1 一切智能设备的计算机主机都实行专机专用，任何人不得从事与该智能设备无关的工作，更不能玩游戏、上网。

4.4.2 智能设备计算机的光驱、网络等外部交换设备，只专供智能设备专用。任何人不得用其安装无关、来历不明的非法软件，更不能用作看影视、听音乐。

4.4.3 智能设备的操作和使用，尤其是计算机的开关机要严格按照该智能设备规定的操作程序进行。开机顺序首先是电源开关，其次是系统外设，最后是计算机主机；关机顺序是先关闭系统外设，再关闭计算机主机，最后是电源开关。

4.4.4 操作人员要具备相应的资格条件和经过一定的岗位培训，并要严格按照被授权的岗位权限进行操作。任何人不得擅自越权更改智能设备计算机主机的操作密码和数据参数，更不得删除计算机程序和数据库内容。

4.4.5 严禁在智能设备系统正在运行的情况下，插拔计算机系统任何硬件设备，开关系统电源开关。非授权维保人员不得擅自拆卸、玩弄智能设备计算机系统主机、板卡和外部设备。

4.4.6 操作人员一旦发现智能设备计算机系统出现异常，要立即通知维保人员进行检修，以防止计算机硬盘物理损坏或系统应用软件和重要文件损坏。

4.4.7 智能设备系统对供电电源、温度、灰尘有一定的使用要求。对供电电源波动较大、时常断电，或设备系统对电源有特殊要求的，应加装UPS不间断电源；环境温度过高、灰尘过多的，可加装空调设备降温除尘。

4.4.8 各管理处应该建立健全智能设备档案，对智能设备系统的随机技术资料、使用操作手册、系统应用软件等技术资料要进行登记归档，交由专人负责或资料员进行保管，防止有关资料流失在个人手中，影响日后对智能设备的维修保养。对因工作需要确需借阅者，要办理好借阅归还登记手续。

第二节 设施设备维护保养管理

一、设备维护保养的类别

设备维护保养的类别主要包括维护保养和计划检修。

（一）设备的维护保养

1.维护保养的方式

维护保养的方式主要是清洁、紧固、润滑、调整、防腐、防冻及外观表面检查。对长期运行的设备要巡视检查、定期切换、轮流使用，进行强制保养。

2.维护保养工作的实施

维护保养主要是做好日常维护保养和定期维护保养工作，其实施要求如下表所示。

维护保养工作的实施要求

序号	类别	管理要求	保养实施要求
1	日常维护保养工作	应该长期坚持，并且要做到制度化	设备操作人员在班前对设备进行外观检查；在班中按操作规程操作设备，定时巡视记录各设备的运行参数，随时注意运行中有无震动、异声、异味、超载等现象；在班后做好设备清洁工作
2	定期维护保养工作	根据设备的用途、结构复杂程度、维护工作量及维护人员的技术水平等，决定维护的间隔周期和维护停机的时间	需要对设备进行部分解体，为此应做好以下工作 （1）对设备进行内、外清扫和擦洗 （2）检查运动部件转动是否灵活；磨损情况是否严重，并调整其配合间隙 （3）检查安全装置 （4）检查润滑系统油路和过滤器有无堵塞 （5）检查油位指示器，清洗油箱，换油 （6）检查电气线路和自动控制元器件的动作是否正常等

3.设备点检

设备点检时可按生产厂商指定的点检内容和点检方式进行,也可以根据经验自己补充一些点检点,可以停机检查,也可以随机检查。检查时可以通过摸、听、看、嗅等方式,也可利用仪器仪表进行精确诊断。

设备点检的方法有日常点检和计划点检两种,如下表所示。

设备点检的方法

序号	方法	执行人员	点检内容
1	日常点检	操作人员随机检查	(1) 设备运行状况及参数 (2) 安全保护装置 (3) 易磨损的零部件;易污染、堵塞和需经常清洗更换的部件 (4) 运行中经常要求调整的部位 (5) 运行中经常出现不正常现象的部位等
2	计划点检	以专业维修人员为主,操作人员协助	(1) 确定设备的磨损情况及其他异常情况 (2) 确定修理的部位、部件及修理时间 (3) 更换零部件 (4) 安排检修计划等

(二)物业设备的计划检修

计划检修是对正在使用的设备,根据其运行规律及点检的结果确定检修周期,以检修周期为基础编制检修计划,对设备进行积极的、预防性的修理。

计划检修工作一般分为小修、中修、大修和系统大修四种,如下表所示。

计划检修工作的分类

序号	计划检修类别	主要内容	备注
1	小修	清洗、更换和修复少量易损件,并做适当的调整、紧固和润滑工作	一般由维修人员负责,操作人员协助
2	中修	在小修的基础上,对设备的主要零部件进行局部修复和更换	中修、大修主要由专业检修人员负责,操作人员协助工作
3	大修	对设备进行局部或全部解体,修复或更换磨损或腐蚀的零部件,尽量使设备恢复到原来的技术标准;同时也可对设备进行技术改造	
4	系统大修	对一个系统或几个系统甚至整个物业设备系统进行停机大检修,通常将所有设备和相应的管道、阀门、电气系统及控制系统都安排在系统大修中进行检修	系统大修时,所有相关专业的技术管理人员、检修人员和操作人员都要按时参加,积极配合

二、物业设施设备的保养周期及项目

(一)供配电系统保养周期及项目

供配电系统保养周期及项目如下表所示。

供配电系统保养周期及项目

序号	周期	维护保养项目
1	月度	（1）检查各楼层和机房应急灯、疏散指示灯、楼梯灯、前室灯、电房照明、外广场路灯 （2）检查地下层排风机和送风机运行状况及机房照明 （3）发电机：机身清洁除尘；检查各螺栓有无松动、有无漏水漏油、机油油位、水箱水位、燃油箱油位、蓄电池；启动机组运行10分钟，停机后检查有无漏水、漏油
2	季度	（1）各层配电母线槽接头：检测运行温度 （2）外立面泛光灯和外墙灯：检查镇流器、灯座、灯泡、控制开关和线路有无损坏；开关箱清洁除尘 （3）喷水池灯：检查灯座、灯泡、控制开关和线路有无异响；更换密封不良灯座和老化电缆；开关箱清洁除尘 （4）公共大堂灯、招牌射灯和灯箱：检查灯座、灯泡、光管、控制开关和线路有无损坏；开关箱清洁除尘 （5）清洁各层配电房：清洁母线槽表面；检测运行温度 （6）高压配电房：检查清洁直流屏、电池 （7）地下层送风机：检查电动机风机轴承有无异响；轴承上黄油；清洁风机房和设备、控制箱清洁除尘
3	半年	（1）各层配电房电箱：检查电源开关、接触器、指示灯、转换开关、按钮、各接线有无损坏和过载过热；动力配电电缆T接口和母线插接箱接口、电源开关接口有无过载、过热 （2）低压配电房电柜：检测母排接口、电缆接口、开关接口运行温度；检查电容器、避雷器瓷瓶；清扫电柜灰尘
4	年度	（1）变压器房：紧固各接口螺栓、检查各接地线情况；清扫变压器灰尘 （2）高压配电房：配电柜除尘，检查小车接口螺栓、开关触头、二次接线，应完好；试验开关分合闸 （3）低压配电房电柜：母排和电缆接口、电容器接口、避雷器瓷瓶连线、熔断器接口、开关等接口除尘紧线；试验开关分合闸 （4）楼层配电房电源插接开关箱：除尘、紧线 （5）各层其他功能的设备配电房电箱：检查电源开关、接触器、指示灯、转换开关、按钮、各连线有无损坏和过载过热；动力箱T接口和总电源开关接口有无过载、过热；清扫电箱内灰尘；接口除尘紧线 （6）高压配电房：直流屏电池架除锈、刷漆 （7）发电机：控制电箱和开关电箱接口除尘、紧线；机架除锈、刷漆；机座防震弹簧上黄油 （8）地下层送风机：检查、调校风机皮带，控制箱接口和电动机接口紧线；测量电动机运行电流、设备除锈、刷漆 （9）建筑物外围射灯：铁架、线管除锈、刷漆 （10）天面尖灯、顶灯和射灯：铁架、线管除锈、刷漆 （11）外围喷水池灯：开关箱紧线、消防接合器除锈、刷漆

（二）消防系统保养周期及项目

消防系统保养周期及项目如下表所示。

消防系统保养周期及项目

序号	周期	维护保养项目
1	月度	（1）消火栓泵和喷淋泵：手/自动运行、消防中心启动、返回信号、记录启/停压力、主备电源投入 （2）湿式报警阀：响水力警铃、报警返回信号、记录压力

续表

序号	周期	维护保养项目
1	月度	（3）加压排烟风机：手动运行、消防中心启动、返回信号、机前风阀自动开启、主备电源投入 （4）减压阀和雨淋阀：检查并记录上端、下端压力，调校偏差的下端压力 （5）各层手动报警按钮和消防箱封条和配置：检查报警按钮玻璃、消防箱封条、无封条消防箱配置并补齐贴封条 （6）防火卷闸：手动运行下降上升、消防中心启动下降、下降返回信号、运行状况 （7）气体灭系统：检查电源指示、系统运行、气瓶压力 （8）消防主机、联动柜和广播柜：自动检测、列表打印检查和记录被封闭烟感号码及原因，测试按钮灯和信号灯，测试传声器，备用电源测试 （9）滤毒室人力风机：人力和电动启动风机运行状况
2	季度	（1）消火栓泵和喷淋泵：控制电箱检查和清洁除尘、清洁水泵设备主泵故障自动转换 （2）加压排烟风机：控制电箱检查和清洁除尘、机前风阀加润滑油、清洁风机房和设备 （3）BTN气体灭系统、减压阀房和煤气房：清洁BTN房和设备卫生 （4）防火卷闸：控制电箱检查和清洁除尘、卷闸电动机清洁除尘、检查运行有无异响、调校限位位置 （5）滤毒室人力风机：控制电箱检查和清洁除尘、清洁机房和设备 （6）消防中心设备：控制柜检查和清洁除尘、清洁设备卫生
3	半年	（1）BTN气体灭火系统模拟测试：控制电箱清洁除尘、1区报警响警钟、2区报警响警笛、亮闪灯、延时灯亮及延时启动时间、易熔片信号灯亮、瓶头阀动作、主机模拟盘显示、消防中心显示、备用电池手动试验、烟感开路故障测试 （2）各层端子箱：控制电箱检查和清洁除尘 （3）消火栓泵和喷淋泵、加压排烟风机和滤毒室人力风机：轴承加润滑油、上黄油、检查轴承运行有无异响 （4）设备层消防闸阀：螺杆上黄油 （5）消防指令电梯回降：消防中心控制电梯已回降 （6）各层送风排烟阀和防火阀：消防中心控制打开、返回信号、加油润滑 （7）联动部分功能测试：各层停非消防电、报警按钮、警铃、消防电话和消防广播检测备用电源 （8）消火栓试验、感烟、感温探测器抽查测试：测试探测器、消防喷淋管末端排水，观察消防中心返回信号 （9）消防管井：检查管井管道、打扫卫生 （10）自动报警主机的自检，检测备用电情况
4	年度	（1）各层送风排烟阀和防火阀：加油润滑 （2）各层消火栓箱：箱内清洁除尘；卷盘排水试压；水带腐烂程度；接扣、水枪、闸阀完好 （3）消火栓泵和喷淋泵：控制箱接线口紧线；电动机紧线检测运行电流；检测绝缘电阻；水泵密封处理 （4）加压排烟风机：控制箱接线口紧线；电动机紧线检测运行电流；检测绝缘电阻；检查、调校皮带 （5）BTN气体灭系统：控制箱接线口紧线，主机测试，检查市电、备用电 （6）防火卷闸：控制箱接线口紧线、卷闸电动机接口紧线、调校链条、加油润滑 （7）各层端子箱：控制电箱检查线路、紧线 （8）消防中心设备：控制柜检查、紧线；检查各种指示灯、按钮 （9）消火栓泵和喷淋泵、消防设备减压阀：清洗Y形隔滤网

（三）中控维护BAS、监控系统、综合布线系统保养周期及项目

中控维护BAS、监控系统、综合布线系统保养周期及项目如下表所示。

中控维护 BAS、监控系统、综合布线系统保养周期及项目

序号	周期	维护保养项目
1	月度	（1）自控计算机：检查打印机、UPS 电源、网卡接口、线路、清洁除尘 （2）模拟屏：检查指示灯、稳压电源、点阵模块线路、风鸣器、清洁除尘 （3）监控系统矩阵切换器：检查线路接口、清洁除尘 （4）网络转换器：检查线路接口、清洁除尘 （5）监控系统稳压电源：检查电源线路接口、清洁除尘 （6）四像分屏器：检查线路接口、清洁除尘 （7）监视屏：检查线路接口、清洁除尘 （8）录像机：检查线路接口、清洁除尘
2	季度	电梯轿厢摄像头：检查线路接口、除尘、调校
3	半年	（1）监控室设备：全面检查和除尘、紧线（计算机、模拟屏、监控系统矩阵切换器、NCU 网络转换器、监控系统稳压电源、四像分屏器、监视屏、录像机） （2）电梯轿厢监控箱：检查线路、清洁除尘
4	年度	（1）计算机：备份数据 （2）各层红外线报警感应器：检查线路；检查距离、微波和红外感应力；清洁除尘 （3）楼层的自控控制箱：检查各类开关、接触器、继电器、线路绝缘情况；紧线、清洁除尘 （4）各楼层新风机和风柜机电动阀：检查电源线路、调校定位；检修阀芯漏水 （5）各楼层层间总阀：检查线路、开关一次 （6）各楼层自控盘：检查线路、接口、继电器、基本模块、扩展模块变压器；清洁除尘 （7）送风和回水探头，主机房进水和出水探头：检查线路、接口 （8）送风、回风和回水探头：检查线路、接口 （9）监控系统摄像枪：检查线路接口、调整涉嫌枪焦距定位、清洁除尘 （10）监控室监控系统稳压电源：检查内部线路接口、检测功能运行状况、全面清洁除尘 （11）红外线报警感应器电源箱：检查线路、电源变压器等

（四）空调系统维护保养周期及项目

空调系统维护保养周期及项目如下表所示。

空调系统维护保养周期及项目

序号	周期	维护保养项目
1	月度	（1）各层新风机和风柜机房：检查机房照明、风机运行状况；清洗尘网、清理排水沟地漏 （2）各层排风机：检查风机运行状况 （3）空调机房送风和排风机：检查运行状况 （4）空调机房和电房：检查机房和电房的照明情况，检查电源电压和电流，打扫卫生 （5）检查冷冻管井管道：有无漏水、锈蚀
2	季度	（1）主机房和机房：电动机水泵轴承上黄油、检查轴承运行有无异响 （2）空调主机房送风机和排风机：检查电动机风机轴承有无异响、轴承上黄油 （3）冷却塔：冷却塔更换轴链黄油、连杆轴承上黄油、检查轴承运行有无异响 （4）各层新风机和风柜机房：新风机（风柜）上黄油、检查轴承运行有无异响、清洁新风机（风柜）房 （5）各层公共盘管风机：检查风口、电动阀、清洗尘网 （6）业主（用户）房间盘管风机：清洗尘网 （7）主机房、机房：清洁管道机房、电柜电箱清洁除尘 （8）主机房电房：电柜清洁除尘、检测电缆接口运行温度、检测开关接口运行温度 （9）空调机房送风机和排风机：清洁风机房和设备、控制箱清洁除尘

续表

序号	周期	维护保养项目
2	季度	(10) 冷却塔：清洁管道、冷却塔平台，调校水位控制器，电柜清洁除尘 (11) 各层新风机和风柜机房：控制箱清洁除尘
3	半年	(1) 空调管井：检查管井管道、打扫卫生 (2) 各层排风机：检查风道、风机轴承运行有无异常；调校风口百叶
4	年度	(1) 空调系统：更换冷冻水和冷却水 (2) 主机房和机房：闸阀螺杆上黄油，修补设备保温层 (3) 主机房、机房和冷却塔：控制箱、水泵电动机和冷却塔电动机接口紧线 (4) 主机房电房：控制箱接线口紧线 (5) 空调机房送风机和排风机：控制箱接线口紧线、电动机紧线、检测运行电流、检查并调校皮带 (6) 各层新风机和风柜机房：设备除锈、刷漆，修补设备保温层 (7) 空调分体机：压缩机、开关箱除尘、紧线；清洁翅片、打扫室外室内机；检测运行状况 (8) 各层新风机和风柜机房：电柜电动机紧线、检查控制线路、检查并调校皮带 (9) 各层公共盘管风机：清洁除尘；开关紧线；检查电动机、轴承 (10) 各层排风机：控制箱接线口紧线、检测运行电流 (11) 主机房：清洗 Y 形隔滤网 (12) 冷却塔：更换冷却塔减速箱机油 (13) 机房：设备除锈油漆 (14) 膨胀水箱：设备除锈、刷漆 (15) 冷却塔：设备除锈、刷漆 (16) 主机房、电房、送风机和排风机：设备除锈和地面、刷漆 (17) 各层新风机和风柜机房：清洗翅片

（五）给排水系统保养周期及项目

给排水系统保养周期及项目如下表所示。

给排水系统保养周期及项目

序号	周期	维护保养项目
1	月度	(1) 卫生间和茶水间的公共设施：检修天花板、洗手盆、小便器、蹲厕、坐厕、水龙头、洗手液盒、纸卷盒、干手器、开水器 (2) 给排水泵：检查手动/自动运行状况、工作指示灯、水泵密封、减速箱油位、泵房照明 (3) 记录减压阀压力：上端压力、下端压力、调校偏差的下端压力 (4) 调整水龙头、手动冲洗阀的出水量
2	季度	(1) 给排水泵：清洁管道、泵房、控制电箱；测试水泵故障自动转换；检查泵房和设备是否完好 (2) 减压阀：清洁管道，检查泵房和设备是否完好
3	半年	(1) 给排水泵：检查水泵轴承运行有无异响；测试电源故障、水泵故障、水位溢流中控室报警显示 (2) 设备层：给排水闸阀螺杆上黄油 (3) 粪池：粪池、管道和阀门除锈、刷漆 (4) 设备层：给排水闸阀螺杆加润滑油
4	年度	(1) 给排水泵：控制箱接线口紧线、电动机紧线、检测运行电流 (2) 减压阀：清洗减压阀、隔滤网 (3) 给排水泵：水泵轴承上黄油 (4) 水泵、减压阀和管道除锈、刷漆 (5) 给排水设备：水泵、管道、阀门除锈、刷漆

三、制订物业设施设备的保养计划

实施设备的维护保养首先是制订维护保养计划,这对提高设备维护保养工作的效率非常重要。制订设施设备维护保养计划包括以下内容。

(一)计划的准备工作

物业设备的维护保养计划一般是以年度维护保养计划为框架展开的,物业公司一般在上年的12月份制订下一年度的设备保养计划。设备年度保养计划要明确以下几个问题。

① 哪些设备在下一个年度需要保养?
② 该设备保养的工作内容是什么?
③ 保养需要的工作量有多少?
④ 各设备分别安排在什么时间进行保养?

其中,保养的工作量是不直接反映在年度计划上的。但是,物业公司在编制年度设备保养计划时要考虑保养的工作量,以便能在全年合理分配工作量。一般情况下,物业设施设备的维护保养计划是比较固定的。年度设备维护保养计划不能大概估算,而是需要相对准确的数据信息。

物业公司应该建立按照设备系统划分的设备档案,通过设备档案就可以全面了解设备现状并制订相应的保养计划。保养工作的内容要根据设备运行状态确定,主要是基于以下两个方面:一方面是设备供应商以及国家法律规定必须要保养的内容,这些信息是比较容易获得的;另一方面是设备的运转情况,尤其是设备出现故障的信息,这是制订设备保养计划时要重点关注的内容。

(二)制订设备维护保养计划

设备维护保养计划并不是一张计划表就能解决的,它是设备维护保养的框架,是一系列的计划。年度保养计划在每月、每周都需要进行分解,并对工作内容进行细化。设备维护保养计划可以根据管理要求制订,形式是多样的,但必须包含以下内容。

1. 设备维护保养周期结构

设备维护保养周期结构是指设备在一个修理周期内,一保、二保、大修的次数及排列顺序。修理周期是指两次大修理之间或新设备开始使用至第一次大修理之间的时间。下图所示是一个设备维护保养周期的典型结构形式。

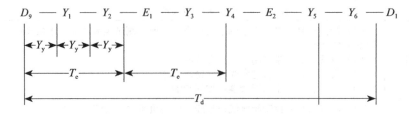

设备维护保养周期结构

D_9—新设备开始使用;Y_n—第 n 次一保;E_n—第 n 次二保;D_1—新设备开始使用;Y_y—一保间隔期;T_d—大修理间隔期;T_e—2年间隔期

2.设备保养间隔期

设备保养间隔期是指两次维修保养之间的间隔时间。一保间隔期是指两次一级保养或新设备投入使用后至第一次一级保养、一级保养与二级保养之间的间隔期，如上图中的 T_y 所示。二级保养间隔期是指二级保养或新设备投入使用至第一次二级保养之间的时间间隔，如上图中的 T_e 所示。大修理间隔期是指新设备投入使用后至第一次大修理之间或两次大修理之间的间隔期，如上图中的 T_d 所示。

有些设备的运行与季节有关，例如，用于中央空调的制冷机，一般在气温高于26摄氏度的季节运行。因此，这些设备的维护计划除了要考虑设备本身的磨损规律外，还应与它们的使用情况结合起来考虑，即制冷机的定期维护保养应安排在不运行的期间进行。

3.维修内容

设备的定期保养无论是一保、二保还是大修，都必须制定详细的工作内容，特别要注意参考日常维护保养中发现、记录的异常情况，设备在大修时更要详细列出维修内容与具体维修项目。

4.设备维护保养工作定额

设备维护保养工作定额包括工时定额、材料定额、费用定额和停歇天数定额等。设备保养工作定额是制订维护保养计划、考核各项消耗及分析维护保养活动经济效益的依据。

四、物业设施设备的保养计划实施

如果没有特殊情况发生，设施设备维护保养的实施则应该按照维护保养的计划进行。在具体工作开始前，要对工作进行分解，准备好相关材料，实施保养后要进行验收和记录。对于保养记录应事先设定，内容包括保养项目、保养标准、保养频度、保养周期、保养情况记录、审核情况及各参与人签名。

如果当天的维护保养工作受到干扰，或者因为其他原因没有完成工作，则需要重新安排维护工作，既要完成没有实施的工作，又要考虑到不影响其他工作。

比较简单的办法可能是让员工加班完成工作计划，但加班毕竟影响到员工的正常休息，而且也增加了公司的支出，因此应采用加班时要慎重考虑。

【范本4-08】设施设备年度保养工作计划表

分类	序号	设施设备	保养内容	保养时间	执行人
供配电	1	专变变压器	（1）保养前需停电、验电、悬挂标志牌和挂接地线，检查接线、接头、母排节点是否过热变色并进行紧固、除尘 （2）检查接地线、绝缘瓷瓶、接线端、散热风扇、驱潮灯、温度显示仪、自动装置是否正常 （3）测量接地电阻，摇测高、低压侧相与相、相与地的绝缘电阻并记录存档 （4）清扫地面，检查标识、门锁，房间温度确保不超过35摄氏度 （5）视运行情况调整挡位和优化运行	6月、12月的1~5日	供电局/维修组配合跟进

续表

分类	序号	设施设备	保养内容	保养时间	执行人
供配电	2	专变高低压柜	（1）保养前需停电、验电、悬挂标志牌和挂接地线，检查各开关接线、接头、母排节点是否过热变色并进行紧固、除尘 （2）对烧蚀触头用金相砂纸进行打磨，并用97%的酒精进行清洗 （3）每年对真空断路器、接触器进行拆件维护1次 （4）检查浪涌装置、直流屏、接地线、散热风扇、驱潮灯、指示灯、仪表、继电保护装置、电容器等是否正常 （5）检查各抽屉柜是否灵活 （6）测量接地电阻，摇测相与相、相与地的绝缘电阻并记录 （7）清扫地面，检查标识、门锁，温度确保不超过35摄氏度 （8）现场电路图、上墙资料完好	6月、12月的1～5日	供电局/维修组配合跟进
供配电	3	发电机	（1）保养前需停电、验电、悬挂标志牌和挂接地线，除尘，检查各开关接线接头是否过热并进行紧固 （2）每年对真空断路器、接触器进行拆件维护1次 （3）检查接地线，摇测相与相、相与地的绝缘电阻并记录 （4）检查蓄电池电压和电解液密度 （5）检查皮带的张紧程度 （6）清洗机油泵及滤网、空气滤清器、机油和燃油滤清器、涡轮增压器的机油滤清器及进油管 （7）定期更换机油和冷却水（详细查看说明书） （8）检查柴油箱、输油管有无渗漏 （9）检查接地线有无松脱 （10）检查运水烟箱运转是否正常 （11）模拟断电测试自动启机及来电自动停机 （12）所有选择开关打至自动状态 （13）清扫地面，检查标识、门锁 （14）现场电路图、上墙资料完好	1月、4月、7月、10月的10～13日	维修组
供配电	4	楼层配电间	（1）保养前需停电、悬挂标志牌 （2）检查各开关接线、接头、母排节点是否过热变色并进行紧固、除尘 （3）对烧蚀触头用金相砂纸进行打磨，并用97%的酒精进行清洗 （4）每年对接触器进行拆件维护1次 （5）检查浪涌装置、接地线、指示灯、零序检测装置等是否正常 （6）清扫地面，检查标识、门锁，温度确保不超过35摄氏度 （7）测量接地电阻，摇测相与相、相与地的绝缘电阻并记录 （8）现场电路图完好	1月、4月、7月、10月的14～25日	维修组

续表

分类	序号	设施设备	保养内容	保养时间	执行人
供配电	5	风机、水泵配电柜（包括空气处理机组（AHU）、预冷空调箱（PAU）、排风、车场送排风、消防送排风、生活水泵、消防水泵、冷冻冷却水泵、集水井）	（1）保养前需停电、除尘 （2）检查开关接线接头是否过热并进行紧固 （3）检查接地线，摇测相与相、相与地的绝缘电阻并记录 （4）清扫地面，检查仪表、指示灯、按钮开关、标识、门锁 （5）对变频器进行除尘紧固接线 （6）每年对接触器进行拆件维护1次 （7）现场电路图完好	3月、6月、9月、12月的1～10日	维修组
供配电	6	广场喷泉配电控制系统	（1）保养前需停电、验电、悬挂标志牌 （2）检查开关接线接头是否过热并进行紧固、除尘 （3）检查接地线，摇测相与相、相与地的绝缘电阻并记录 （4）检查标识，定期重调计算机参数，确保运作正常 （5）每年对接触器进行拆件检查1次 （6）现场电路图完好	3月、6月、9月、12月的11～20日	维修组
供配电	7	公共配电箱	（1）保养前需停电、验电、悬挂标志牌 （2）检查开关接线接头是否过热并进行紧固、除尘 （3）检查接地线，摇测相与相、相与地的绝缘电阻并记录 （4）检查标识、门锁 （5）每年对接触器、变频器进行拆件检查1次 （6）现场电路图完好	3月、6月、9月、12月的11～20日	维修组
供水	8	生活用水水池	（1）排清池内存水，用药水进行清洗和消毒 （2）确保清洗质量，并出具符合国标的水质检验报告	1月、4月、7月、10月	专业维保公司/维修组配合跟进
供水	9	广场喷泉	（1）检查水泵喷头有无堵塞、机械配件有无磨损 （2）停电检查电动机相间、相对地绝缘并记录数据，各参数是否正常 （3）每半年对电动机轴承、传动轴承加润滑油，拧紧电动机固定螺栓，接地线牢固 （4）定期测试，保证功能正常	1月、4月、7月、10月的25～30日	维修组
供水	10	生活消防水泵房	（1）保养前需停电、验电、悬挂标志牌 （2）摇测电动机相间、相对地绝缘并记录数据 （3）各类电动机轴承加润滑油，运行5000～7000小时更换轴承（必要时可提前更换） （4）拧紧电动机固定螺栓 （5）检查各阀门驳接法兰是否渗漏，传感器、压力表是否正常，地面卫生打扫	1月、4月、7月、10月的25～30日	维修组

续表

分类	序号	设施设备	保养内容	保养时间	执行人
供水	10	生活消防水泵房	（6）现场电路图完好，温度确保不超过35摄氏度 （7）每月至少对消防泵、喷淋泵启动运行1次，运行时需打开泄压阀，并密切留意压力表 （8）检查标识是否完好、清晰 （9）检查缓闭式液位控制器是否正常	1月、4月、7月、10月的25～30日	维修组
	11	市政给水管	（1）检查各阀门驳接法兰是否渗漏 （2）阀门、压力表是否正常，每季度对阀门螺杆加润滑油 （3）每2年除锈刷漆翻新 （4）清洗Y形隔滤网	1月、4月、7月、10月的30日	维修组
	12	各层给水管	（1）检查各阀门驳接法兰是否渗漏，压力表、水表是否正常 （2）检查标识是否完好清晰，每季度对阀门螺杆加润滑油 （3）每2年除锈刷漆翻新（不锈钢除外） （4）清洗Y形隔滤网	2月、5月、8月、11月的1～5日	维修组
排水	13	隔油池	（1）每日清理隔渣油脂等残留物 （2）每月至少全面清理隔油池1次 （3）每日至少投放药物2次 （4）废水主排放口检测水样并提交化验报告 （5）各隔油系统维护		专业维保公司/维修组配合跟进
	14	化粪池（井）	（1）每半年彻底清理抽排1次 （2）确保不满溢、不板结、不堵塞	1月、7月	专业维保公司/维修组配合跟进
	15	污水、雨水、粪管	（1）检查各阀门驳接法兰是否渗漏，卡箍是否松脱 （2）检查标识是否清晰 （3）每2年除锈刷漆翻新（不锈钢、PVC管除外） （4）定期检查雨水井、污水井、天台和首层路面水沟、地漏口是否积水，面盖是否完好，并定期清除杂物和污泥（遇雨水季节需增加巡检次数）	2月、5月、8月、11月的6～10日	维修组
	16	集水井	（1）定期检查是否积水，并定期清除杂物和污泥、沙石（遇雨水季节需增加巡检次数） （2）检查液位浮子、手自动状态是否正常 （3）检查连接管有无松动，标识是否清晰 （4）每半年将止回阀解体维修	2月、5月、8月、11月的11～15日	维修组、清洁部
空调	17	空调主机	（1）定期表面除尘 （2）检查保温层有无翻松 （3）主机机体上各驳接口有无渗漏油、水 （4）检查开关接线接头是否过热并紧固 （5）检查接地线是否牢固 （6）停电摇测相与相、相与地的绝缘电阻并记录		专业空调公司/维修组配合跟进

续表

分类	序号	设施设备	保养内容	保养时间	执行人
空调	17	空调主机	（7）检查各参数是否在允许范围内 （8）每年对主机冷凝器进行通炮，每2年至少对蒸发器进行1次通炮（当小温差大于3摄氏度时需进行通炮）		专业空调公司/维修组配合跟进
空调	18	冷冻泵	（1）定期表面除尘 （2）检查保温层有无翻松 （3）检查开关接线接头是否过热并紧固 （4）检查接地线是否牢固 （5）停电摇测相与相、相与地的绝缘电阻并记录 （6）检查各参数（运行电流、电压）是否在允许范围内，电流为额定值内，电压为额定值的±5% （7）每月对电动机水泵轴承加润滑油，运行5000～7000小时更换轴承（必要时可提前更换） （8）拧紧电动机固定螺栓 （9）检查各阀门驳接法兰是否渗漏，传感器、压力表是否正常 （10）配电柜现场电路图完好 （11）检查标识是否清晰 （12）每年更换水系统1次 （13）清洗Y形隔滤网，每2年除锈刷漆翻新	3月、6月、9月、12月的21～25日	维修组
空调	19	冷却泵	（1）定期表面除尘 （2）检查开关接线接头是否过热并紧固 （3）检查接地线是否牢固 （4）停电摇测相与相、相与地的绝缘电阻并记录 （5）检查各参数（运行电流、电压）是否在允许范围内 （6）每月对电动机轴承加润滑油，运行5000～7000小时更换轴承（必要时可提前更换） （7）拧紧电动机固定螺栓 （8）检查各阀门驳接法兰是否渗漏，传感器、压力表是否正常 （9）检查标识是否完好清晰 （10）配电柜现场电路图完好 （11）清洗Y形隔滤网，每2年除锈刷漆翻新	3月、6月、9月、12月的25～30日	维修组
空调	20	冷却塔	（1）定期检查电动机开关接线接头是否过热 （2）检查接地线是否牢固 （3）停电摇测相与相、相与地的绝缘电阻并记录 （4）检查各参数（运行电流、电压）是否在允许范围内，电流为额定值内，电压为额定值的±5% （5）每月对电动机轴承加润滑油，运行5000～7000小时更换轴承（必要时可提前更换） （6）拧紧电动机固定螺栓 （7）检查各阀门驳接法兰是否渗漏，传感器、压力表、浮球阀是否正常 （8）每周吸泥并进行水处理1次		专业空调冷却水维保公司/维修组配合跟进

续表

分类	序号	设施设备	保养内容	保养时间	执行人
空调	20	冷却塔	（9）每半月检查电动机皮带（必要时调整） （10）每月至少清洗冷却塔和填料1次 （11）每季对风轮除尘 （12）每年更换水系统1次 （13）检查标识是否完好清晰 （14）清洗Y形隔滤网，每2年除锈刷漆翻新		专业空调冷却水维保公司/维修组配合跟进
	21	盘管风机	（1）摇测电动机相间、相对地绝缘并记录数据 （2）每半年对电动机轴承加润滑油，运行5000～7000小时更换轴承（必要时可提前更换） （3）拧紧电动机固定螺栓 （4）检查各水、风阀门、驳接法兰是否渗漏、异常 （5）冷凝排水管和风管保温层有无翻松 （6）排水是否顺畅 （7）每月疏通排水管和清洗风滤网 （8）每季用0.6～0.8兆帕水压冲洗翅片 （9）每年更换风滤网（必要时提前更换） （10）地面卫生打扫 （11）检查标识是否完好清晰	3月、6月、9月、12月的25～30日	专业空调维保公司/维修组配合跟进
	22	AHU、送（新）风、排风机	（1）摇测电动机相间、相对地绝缘并记录数据 （2）每半年对电动机轴承加润滑油，运行5000～7000小时更换轴承（必要时可提前更换） （3）每月检查电动机皮带张紧度（从静止位置能压下2厘米为正确） （4）拧紧电动机固定螺丝 （5）检查各水、风阀门、驳接法兰是否渗漏、异常 （6）保温层有无翻松，传感器、压力表是否正常，冷凝排水是否顺畅 （7）每月清洗风滤网 （8）每季用0.6～0.8兆帕水压冲洗翅片 （9）每半年对风阀的转动部分加注润滑油 （10）每年更换风滤网 （11）地面卫生打扫 （12）检查标识是否完好清晰	3月、6月、9月、12月的25～30日	专业空调维保公司/维修组配合跟进
消防	23	主机	（1）停电除尘 （2）检查内部线路，紧固接线 （3）定期检查主机各功能是否正常（每季度至少进行1次联动试验）	2月、5月、8月、11月	维修组
	24	水管	（1）每2年对金属部分进行除锈刷漆翻新（不锈钢除外） （2）检查各阀门驳接法兰是否渗漏 （3）压力表、水表、标识是否正常	2月、5月、8月、11月	维修组
	25	消火栓	（1）每2年对金属部分进行除锈刷漆翻新（不锈钢除外） （2）检查各阀门驳接法兰是否渗漏 （3）配套设施是否完好，标识是否清澈	2月、5月、8月、11月	维修组

续表

分类	序号	设施设备	保养内容	保养时间	执行人
消防	26	防火卷帘	（1）手动试验上升、下降灵活 （2）检查电动机相间、相对地绝缘并记录数据 （3）电动机轴承、传动齿轮加润滑油，拧紧电动机固定螺栓 （4）每季度定期测试联动，保证功能正常	2月、5月、8月、11月	维修组
	27	喷淋	（1）检查各阀门驳接法兰是否渗漏 （2）阀门杆加润滑油 （3）喷淋头定期抹尘	2月、5月、8月、11月	维修组
	28	烟感、温感	（1）每年由有资质的专业公司进行彻底清洁（电路、感应器） （2）定期测试联动，保证功能正常	2月、5月、8月、11月	维修组
	29	消防、送风、排风排烟机	（1）对配电柜进行除尘 （2）检查开关接线接头是否过热并进行紧固，仪表、指示灯、按钮是否正常 （3）摇测电动机相间、相对地绝缘并记录数据 （4）每半年对电动机轴承加润滑油，拧紧电动机固定螺栓，地面卫生打扫 （5）检查各风阀门是否处于正常状态（排烟平时关闭，火警状态开启，防火阀在70摄氏度时或270摄氏度时关闭） （6）每半年对风阀的转动部分加注润滑油 （7）定期测试联动，保证功能正常	2月、5月、8月、11月	维修组
	30	破玻	（1）检查接线有无松动，胶片有无破损 （2）定期测试联动，保证功能正常	2月、5月、8月、11月	维修组
	31	对讲	（1）检查接线有无松动，音量能否满足要求 （2）定期测试联动，保证功能正常	2月、5月、8月、11月	维修组
	32	警报器	（1）检查接线有无松动，音量能否满足要求 （2）定期测试联动，保证功能正常	2月、5月、8月、11月	维修组
	33	湿式报警阀	（1）检查各阀门驳接法兰是否渗漏 （2）传感器、压力表是否正常 （3）定期测试联动，保证功能正常	2月、5月、8月、11月	维修组
	34	消防、喷淋及相关恒压水泵	（1）手动试验水泵检查机械、各参数是否正常 （2）停电检查电动机相间、相对地绝缘并记录数据 （3）每半年对电动机轴承、传动轴承加润滑油，拧紧电动机固定螺栓 （4）定期测试联动，保证功能正常	2月、5月、8月、11月	维修组
	35	安全通道	（1）定期检查防火门闭门器是否正常 （2）门体有无破损 （3）门铰转轴加润滑油	2月、5月、8月、11月	维修组
	36	安全出口、应急灯（包括地下室）	（1）定期充放电测试，保证功能正常 （2）每次放电不少于30分钟	2月、5月、8月、11月	维修组

续表

分类	序号	设施设备	保养内容	保养时间	执行人
安防监控	37	摄像头、录像机	（1）录像机除尘，检查各功能是否正常 （2）每半年由有资质的专业公司对摄像头进行彻底清洁抹尘 （3）定期测试，保证功能正常	2月、5月、8月、11月	维修组
数字设备自控（BA）系统	38	计算机主机、直接数字控制器（DDC）、模块	（1）每半年除尘，紧固接线 （2）检查各功能是否正常	2月、5月、8月、11月	专业公司、维修组
车道闸	39	收费系统	（1）除尘，检查内部线路，紧固接线 （2）定期测试，保证功能正常	2月、5月、8月、11月	专业维保公司/维修组
电梯	40	机房	（1）电源箱除尘 （2）检查开关接线接头是否过热并进行紧固 （3）检查接地线 （4）摇测相与相、相与地的绝缘电阻并记录 （5）清扫地面，温度确保不超过35摄氏度 （6）检查标识、门锁		专业电梯公司/维修组配合跟进
电梯	41	轿厢	（1）定期检查按键、显示器、平层功能是否正常 （2）检查五方通话系统是否达到通话标准 （3）检查门缝门坑、门感应是否正常 （4）检查照明、空调及标识是否正常		专业电梯公司/维修组配合跟进
楼宇土木建筑、公共设施	42	楼体	（1）检查屋面层、女儿墙、隔热层、防水层是否完好、无裂纹，如有裂纹应及时修补 （2）每年测量沉降、防雷接地电阻是否正常范围内	2月、5月、8月、11月	维修组
楼宇土木建筑、公共设施	43	公共广场、园林	（1）排水沟应无杂物，无积水，沟盖完整 （2）灯杆应牢固，无生锈，电线无外露 （3）木地台结构完整，无毛刺，每2年对木质进行刷漆翻新 （4）绿化水龙头无渗漏 （5）路面地砖不松脱 （6）井盖标识清晰，金属边框有无弯边	2月、5月、8月、11月	维修组
楼宇土木建筑、公共设施	44	大堂	（1）玻璃门无变形，无松动，活动自如，金属边无松脱 （2）每月对地弹簧、转动部件加润滑油 （3）装饰材料（地砖、地脚线、不锈钢镜、墙面砖、天花扇灰）不松动、脱落	2月、5月、8月、11月	维修组
楼宇土木建筑、公共设施	45	玻璃幕墙	（1）检查有无裂纹，活动窗螺栓无松脱、缺失，活动自如 （2）每季对活动部件加润滑油 （3）检查黏合胶有无老化、脱胶现象 （4）每年测量防雷接地电阻是否正常范围内	2月、5月、8月、11月	维修组

续表

分类	序号	设施设备	保养内容	保养时间	执行人
楼宇土木建筑、公共设施	46	各层防火门	（1）插锁有无失效，固定是否牢固 （2）闭门器是否正常（拉力适中，15秒内能缓慢完全关闭，不发出大响声） （3）门与门框有无摩擦 （4）每月对门铰、插锁进行加固、润滑 （5）门锁手动开启把手应设在里间（火警状态能迅速向楼梯方向逃生） （6）每3～5年对防火门进行刷防火漆翻新	2月、5月、8月、11月	维修组
	47	地下层	（1）检查墙壁、建筑顶、地面有无渗水 （2）地坪漆有无离底、脱落，标志线有无褪色 （3）每半年对人防门的转动机构加润滑油 （4）每3～5年对墙壁进行刷墙面漆翻新	2月、5月、8月、11月	维修组
	48	消防楼梯	（1）每季度检查扶手栏杆有无松动 （2）每3～5年对栏杆和墙壁进行油漆翻新（栏杆除锈、刷漆，墙壁补灰、打磨，刷墙面漆）	2月、5月、8月、11月	维修组
	49	升降车	（1）对配电柜进行除尘 （2）检查开关接线接头是否过热并进行紧固，仪表、指示灯、按钮是否正常 （3）摇测电动机相间、相对地绝缘并记录数据 （4）每半年对转动部分、电动机轴承加润滑油，拧紧电动机固定螺栓 （5）检查各部件的牢固性 （6）每年需进行特种设备年检，确保性能正常安全 （7）定期测试，保证功能正常 （8）每2年对金属部分进行除锈、刷漆	2月、5月、8月、11月	维修组

【范本4-09】供配电设施设备维修保养标准作业规程

1.目的

规范供配电设施设备维修保养工作，确保供配电设施设备各项性能良好。

2.适用范围

适用于本公司辖区内供配电设施设备的维修保养。

3.职责

3.1 管理处主任负责审核"设备保养计划表"并检查该计划的执行况。

3.2 运行班长负责组织制定"设备保养计划表"并组织、监督、实施该计划。

3.3 值班电工负责对供配电设施设备进行维修保养。

3.4 管理处负责向有关用户通知停电的情况。

4. 程序要点

4.1 "设备保养计划表"的制定。

4.1.1 每年的12月15日前,由运行班长组织值班电工一起研究,制定"设备保养计划表"并上报公司审批。

4.1.2 制定"设备保养计划表"时需考虑以下问题。

① 供配电设施设备使用的频度。

② 供配电设施设备运行状况(故障隐患)。

③ 合理时间(避开节假日、特殊活动日等)。

4.1.3 《供配电设施设备维修保养年度计划》应包括如下内容。

① 维修保养项目及内容。

② 备品、备件计划。

③ 具体实施维修保养的时间。

④ 预计费用。

4.2 对供配电设施设备进行维修保养时,应严格遵守《供配电设施设备安全操作标准作业规程》,按"设备保养计划表"进行。

4.3 高压开关柜、变压器的主要维修保养项目由外委完成,外部清洁及部分外部附件的维修保养由值班电工负责,低压配电柜的维修保养由值班电工负责。

4.4 变压器维修保养。

4.4.1 外委维修保养:每年的11月委托供电公司对住宅小区内所有变压器进行测试、试验等项目的维修保养,此项工作由值班电工负责监督进行,并将结果记录在"供配电设施设备维修保养记录表"内。

4.4.2 外部维修保养:每年的4月、10月对小区内所有变压器外部进行一次清洁、保养。

① 测定变压器线圈的绝缘电阻,如发现其电阻值比上次测定的数值降3%~5%时,应做绝缘油试验(对外委托试验),如绝缘油不合格则应全部换掉;换上合格的绝缘油后,如果变压器的绝缘电阻还低于120兆欧,则应对变压器线圈进行处理(外委完成)。

② 清扫变压器外壳,变压器漏油时应拧紧螺母或更换密封胶垫。

③ 拧紧变压器引出线的接头,如发现接头有烧伤或过热痕迹,应进行整修处理并重新接好。

④ 变压器油位处于指示器下限时,应补同型号绝缘油,并清除油枕集泥器中的水和污垢。

⑤ 检查变压器的接地线是否良好,地线是否被腐蚀,腐蚀严重时应更换地线。

4.5 高压开关柜维修保养。

每年12月委托供电公司对小区内所有高压开关柜进行1次维修保养，此项工作由管理处机电维修领导负责监督进行并记录在"供配电设施设备维修保养记录表"内。

4.6 低压配电柜维修保养。

每年的4月、10月对小区内所有低压配电柜内外部进行一次清洁，先用压缩空气进行吹污、吹尘，然后用干的干净抹布擦拭。

4.6.1 刀开关维修保养。

① 检查安装螺栓是否紧固，如松弛则拧紧。

② 检查刀开关转动是否灵活，如有阻滞现象则应对转动部位加润滑油。

③ 检查刀开关三相是否同步，接触是否良好，是否有烧伤或过热痕迹，如有问题则进行机械调整或整修处理。

④ 用500伏摇表测量绝缘底板，其绝缘电阻如果低于10兆欧，则应进行烘干处理，烘干达不到要求的则应更换。

4.6.2 熔断器维修保养。

① 新熔体的规格和形状应与更换的熔体一致。

② 检查熔体与保险座是否接触良好，接触部位是否有烧伤痕迹，如有则进行修整，修整达不到要求的则应更换。严禁用铁丝、铜丝代替熔体。

4.6.3 交流接触器维修保养。

① 清除接触表面的污垢，尤其是进线端相间的污垢。

② 清除灭弧罩内的碳化物和金属颗粒。

③ 清除触头表面及四周的污物，但不要修锉触头，烧蚀严重不能正常工作的触头应更换。

④ 清洁铁芯表面的油污及脏物。

⑤ 拧紧所有紧固件。

4.6.4 自耦减压启动器维修保养。

① 用500伏摇表测表绝缘电阻，应不低于0.5兆欧，否则应进行干燥处理。

② 外壳应可靠接地，如有松脱或锈蚀则应进行除锈处理后拧紧接地线。

4.6.5 电容器维修保养。

① 清理冷却风道及外壳灰尘，使电容器散热良好。

② 检查电容有无膨胀、漏油或异常响声，如有则应更换。

③ 检查接头处、接地线是否有松脱或锈蚀，如有则应进行除锈处理并拧紧。

④ 检查电容三相不平衡电流是否超过额定值的15%或电容缺相，如是则更换电容。

4.6.6 热继电器维修保养。

① 检查热继电器上的绝缘盖板是否完整，如损坏则更换。

② 检查热继电器的导线接头处有无过热痕迹或烧伤，如有则整修处理，处理后达不到要求的应更换。

4.6.7 断路器（自动空气开关）维修保养。

① 用500伏摇表测量绝缘电阻，应不低于10兆欧，否则应进行烘干处理。

② 清除灭弧罩内的碳化物或金属颗粒，如果灭弧罩破裂，则应更换。

③ 断路器（自动空气开关）在闭合和断开过程中，其可动部分与灭弧室的零件应无卡住现象。

④ 在使用过程中发现铁芯有异常噪声时，应清洁其工作表面。

⑤ 各传动机构应注入润滑油。

⑥ 检查主触头表面有小的金属颗粒时，应将其清除，但不能修锉，只能轻轻擦拭。

⑦ 检查手动（3次）、电动（3次）闭合与断开是否可靠，否则应修复。

⑧ 检查分离脱扣、欠压脱扣、热式脱扣是否可靠，否则应修复。

⑨ 检查接头处有无过热或烧伤痕迹，如有则修复并拧紧。

⑩ 检查接地线有无松脱或锈蚀，如有则进行除锈处理并拧紧。

4.6.8 二次回路维修保养。

① 号码管是否清晰或掉落，如是则补上新号码管。

② 接头处是否松弛，如松弛则拧紧。

4.6.9 主回路维修保养。

① 标志牌是否清晰或掉落，如是则补上新的标志牌。

② 接头处是否有过热或烧伤痕迹，如是则修复并拧紧。

③ 母线排油漆是否脱落，如是则重新刷漆。红、绿、黄必须分清、分色。

4.7 供配电设备的维修保养时间不允许超过8小时，如必须超过8小时，则机电维修班电工填写"申请延时维修保养表"，经运行班长审核、管理处主任批准后方可延时。

4.8 对计划中未列出的维修保养工作，应由运行班长尽快补充至计划中，对于突发性设施设备故障，先经运行班长口头批准后，可以先组织解决而后写出"事故报告"并上报公司。

5. 记录表格

① 设备保养计划表。

② 配电柜保养记录。

③ 外委维修保养申请表。
④ 停水电申请表。
⑤ 事故报告。

【范本4-10】柴油发电机维修保养标准作业规程

1.目的
规范柴油发电机维修保养工作，确保柴油发电机各项性能良好，保证柴油发电机良好运行。

2.适用范围
适用于本公司辖区内各类柴油发电机的维修保养工作。

3.职责
3.1 管理处主任负责审核《柴油发电机维修保养年度计划》并检查该计划执行情况。

3.2 运行班长负责组织制订《柴油发电机维修保养年度计划》并组织、监督该计划的执行。

3.3 柴油发电机管理员负责柴油发电机的日常维修保养。

4.程序事点
4.1《柴油发电机维修保养年度计划》的制定。

4.1.1 每年年初由运行班长组织柴油发电机管理员一起研究制定"柴油发电机维修保养年度计划表"并上报公司审批。

4.1.2 制订"柴油发电机维修保养年度计划表"的原则。

① 柴油发电机使用的频度。

② 柴油发电机的运行状况（故障隐患）。

③ 合理的时间（避开节假日、特殊活动日等）。

4.1.3《柴油发电机维修保养年度计划表》应包括如下内容。

① 维修保养项目及内容。

② 具体实施维修保养的时间。

③ 预计费用。

④ 备品、备件计划。

4.2 柴油发电机机外附件的维修保养，由机电维修班柴油机管理员负责，其余维修保养由外委完成，维修保养应按"柴油发电机维修保养年度计划"进行。

4.3 柴油发电机维修保养。

4.3.1 进行维修保养时，应注意可拆零件的相对位置及其顺序（必要时应做记号），不可拆零件的结构特点，并掌握好重新装回时的用力力度（用扭力活动扳手）。

4.3.2 空气滤清器的维修保养周期为每运行50小时进行1次。

（1）空气滤清器显示器。

当显示器的透明部分出现红色时表明空气滤清器已达到使用限度，应立即进行清洁或更换，处理完毕，轻按显示器顶部按钮，使显示器复位。

（2）空气滤清器。

① 松开铁环，拆下储尘器及滤芯，由上至下小心清洁滤芯。

② 滤芯不太脏时，可直接用压缩空气吹净，但应注意空气压力不能太大，喷嘴不可太接近滤芯。

③ 如果滤芯太脏，应用从代理商处购买的专用清洁液清洗，完后用电热风筒吹干（注意不能过热）。

④ 清洗完毕，应进行检查，检查的方法是用灯泡从内往外照，在滤芯外部观察，如发现有光点则表明滤芯已穿孔，此时则应更换同型号的滤芯。

⑤ 如果没有光点出现则表明滤芯未穿孔，此时则应小心安装好空气滤清器。

4.3.3 蓄电池的维修保养周期为每运行50小时进行1次。

① 用验电器检查蓄电池充电是否足够，否则应充电。

② 检查电池液位是否在极板上15毫米左右，如果不够则加蒸馏水至上述位置。

③ 检查电池接线柱是否被腐蚀或有打火痕迹，否则应修复处理或更换，并涂上黄油。

4.3.4 皮带的维修保养周期为每运行100小时进行1次。

① 检查每条皮带，发现有损坏或失效的，应及时更换。

② 在皮带中段加40牛压力，皮带应能按下12毫米左右，太松或太紧都应当进行调整。

4.3.5 散热器的维修保养周期为每运行200小时进行1次。

（1）外部清洁。

① 用热水（加入清洁剂）喷洗，方法是从散热器前面向风扇方向喷射（如从反方向喷射只会把污物逼近中心位置），使用此方法时，要用胶布挡住柴油发电机。

② 如果上述方法不能清除顽固的沉积物，则应把散热器拆下浸在热的碱水中约20分钟，然后用热水清洗。

（2）内部除垢。

① 把水从散热器中排干，然后把散热器与管子相连的地方拆开并封口。

② 向散热器中倒入45摄氏度4%的酸溶液，过15分钟后排干酸溶液，检查散热器。
③ 如果仍有水垢，则用8%的酸溶液再洗1次。
④ 除垢后用3%的碱溶液中和2次，然后再用清水冲洗3次以上。
⑤ 所有工作完成后，检查散热器是否漏水，如果漏水则申请外委修补。
⑥ 如果不漏水则重新装回，散热器装回后应重新灌满清水并加入防锈剂。

4.3.6 润滑机油系统维修保养周期为每运行200小时进行1次。
① 启动柴油发电机，让其运行15分钟。
② 当柴油机高热时，从油底壳螺塞排出机油，排完后用110牛·米（用扭力扳手）的力矩旋紧螺栓，然后再向油底壳加同型号新的与机内相同的机油，涡轮增压器内也应添加相同型号的机油。
③ 拆除两个粗机油滤清器，换两个新的机油滤清器，新机油滤清器内应注满新鲜的与机内型号相同的机油（粗机油滤清器从代理商处购得）。
④ 更换精机油滤清器滤芯（从代理商处购得），添加新的与机内型号相同的机油。

4.3.7 柴油滤清器的维修保养周期为每运行200小时进行1次拆除柴油滤清器，换上新的滤清器，并加满新的干净柴油，然后装回。

4.3.8 充电发电机和启动电动机的维修保养周期为每运行600小时进行1次。
① 清洗各机件、轴承，吹干后加注新的润滑油。
② 清洁碳刷，如果碳刷磨损厚度超过新装时的1/2则应及时更换。
③ 检查传动装置是否灵活，检查启动电动机齿轮磨损情况，如果齿轮磨损严重则应申请外委维修。

4.3.9 发电机控制屏维修保养周期为每半年进行1次。用压缩空气清除里面的灰尘，拧紧各接线头，对于生锈或过热的接线头应进行处理并拧紧。

4.4 对于柴油发电机的拆机维修或调整应由运行班长填写"外委维修保养申请单"，经管理处主任、公司总经理批准后，由外委单位完成。

4.5 对于计划中未列出的维修保养工作，应由运行班长尽快补充至计划中。对于突发性的柴油发电机故障，运行班长口头批准后，先组织解决，而后写出"事故报告"并上报公司。

4.6 对于上述的所有维修保养工作都应清晰、完整、规范地记录在"柴油发电机维修保养记录表"内，并将记录交机电维修班存档。

5. 记录表格

柴油发电机保养记录。

【范本4-11】中央空调维修保养标准作业规程

1. 目的
规范中央空调维修保养工作，确保中央空调各项性能完好。

2. 适用范围
适用于辖区内各类中央空调的维修保养。

3. 职责
3.1 管理处主任负责审核《中央空调维修保养年度计划》并检查该计划的执行情况。

3.2 运行班长负责组织制订《中央空调维修保养年度计划》并组织、监督该计划的实施。

3.3 机电维修班制冷技工具体负责中央空调的维修保养。

3.4 管理处负责向有关用户通知停用中央空调的情况。

4. 程序要点
4.1 《中央空调维修保养年度计划》的制订。

4.1.1 每年年初由运行班长组织制冷技工一起研究、制订《中央空调维修保养年度计划》并上报公司审批。

4.1.2 制订《中央空调维护保养年度计划》的原则。

① 中央空调使用的额度。

② 中央空调运行状况（故障隐患）。

③ 合理的时间（避开节假日、特殊活动日等）。

4.1.3 《中央空调维护保养年度计划》应包括如下内容。

① 维护保养项目及内容。

② 具体实施维护保养的时间。

③ 预计费用。

④ 备品、备件计划。

4.2 中央空调进行维护保养时应按《中央空调维护保养年度计划》进行。

4.3 制冷技工负责中央空调的日常维护保养，中央空调的大型修理及计算机中央处理器的故障处理由外委完成。

4.4 冷却塔维修保养：制冷技工每半年对冷却塔进行1次清洁、保养。

4.4.1 用500伏摇表检测电动机绝缘电阻应不低于0.5兆欧，否则应对电动机线圈进行干燥处理，干燥处理后仍达不到0.5兆欧以上时则应拆修电动机线圈。

4.4.2 检查电动机、风扇是否转动灵活，如有阻滞现象则应加注润滑油。如有异常摩擦声则应更换同型号规格的轴承。

4.4.3 检查皮带是否开裂或磨损严重,如是则应更换同规格皮带。检查皮带是否太松,如是则应调整(每半个月检查1次)。检查皮带轮与轴配合是否松动,如是则应整修。

4.4.4 检查布水器是否布水均匀,若不均匀则应清洁管道及喷嘴。

4.4.5 清洗冷却塔(包括填料、集水槽),清洁风扇风叶。

4.4.6 检查补水浮球阀是否动作可靠,否则应修复(不定期)。

4.4.7 拧紧所有紧固件。

4.4.8 清洁整个冷却塔外表。

4.5 风机盘管维修保养:制冷技工每隔半年对风机盘进行1次清洁、保养。

4.5.1 每周清洗1次空气过滤网,排除盘管内的空气(不定期)。

4.5.2 检查风机是否转动灵活,如有阻滞现象,则应加注润滑油,如有异常摩擦响声则应更换风机轴承。

4.5.3 用500伏摇表检测风机电动机线圈绝缘电阻应不低于0.5兆欧,否则应整修处理。检查电容有无变形、膨胀开裂,如有则应更换同规格电容。检查各接线头是否牢固,是否有过热痕迹,如有则做相应整修。

4.5.4 清洁风机风叶、盘管、积水盘上的污物。

4.5.5 用盐酸溶液(内加缓蚀剂)清除盘管内壁的水垢。

4.5.6 拧紧所有紧固件。

4.5.7 清洁风机盘管外壳。

4.6 冷凝器、蒸发器维修保养:制冷技工每半年对冷凝器、蒸发器进行1次清洁、保养。

4.6.1 柜式蒸发器维修保养。

① 每周清洗1次空气过滤网。

② 清洁蒸发器散热片。

③ 清洁接水盘。

4.6.2 水冷式冷凝器、蒸发器维修保养(清除污垢)。

① 配置10%的盐酸溶液(每千克酸溶液里加0.5g缓蚀剂)。

② 拆开冷凝器、蒸发器两端进出水法兰封闭,然后向里面注满酸溶液,酸洗时间为24小时。

③ 洗完后用1%的NaOH溶液或5%的Na_2CO_3溶液清洗15分钟,再用清水冲洗3次以上。

④ 完毕后,检查是否漏水,如漏水则申请外委维修,如不漏水则重新装好(如

法兰的密封胶垫已老化则应更换)。

4.7 机组维修保养：制冷技工每半年对冷却水泵机组、冷冻水泵机组进行1次清洁保养。

4.7.1 电动机维护保养。

① 用500伏摇表检测电动机线圈绝缘电阻是否在0.5兆欧以上，若不在则应进行干燥处理或修复。

② 检查电动机轴承有无阻滞现象，如有则应加润滑油；如加润滑油后仍不行，则应更换同型号规格的轴承。

③ 检查电动机风叶有无碰壳现象，如有则应修整处理。

4.7.2 水泵维护保养。

① 转动水泵轴，观察是否有阻滞、碰撞、卡住现象。如是轴承问题，则对轴承加注润滑油或更换轴承。如是水泵叶轮问题，则应拆修水泵。

② 检查压盘根处是否漏水成线，如是则应加压盘根（不定期）。

4.7.3 检查弹性联轴器有无损坏，如损坏则应更换弹性橡胶垫（不定期）。

4.7.4 清洗水泵过滤网。

4.7.5 拧紧水泵机组所有紧固螺栓。

4.7.6 清洗水泵机组外壳，如脱漆或锈蚀严重，则应重新刷1遍漆。

4.8 制冷技工每半年对冷冻水管路、送冷风管路、风机盘管路进行1次保养，检查冷冻水管路、送冷风管路、风机盘管路处是否有大量的凝结水或保温层已破损，如是则应重新做保温层。

4.9 阀类维修保养：制冷技工每半年对阀类进行1次保养。

4.9.1 节制阀与调节阀的维修保养。

① 检查是否泄漏，如是则应维修。

② 检查阀门开闭是否灵活，如阻力较大则应对阀杆加注润滑油。

③ 如阀门破裂或开闭失效，则应更换同规格阀门。

④ 检查法兰连接处是否渗漏，如是则应拆换密封胶垫。

4.9.2 电磁调节阀、压差调节阀维护保养。

① 干燥过滤器：检查干燥过滤器是否已脏堵或吸潮，如是则更换同规格的干燥过滤器。

② 电磁调节阀、压差调节阀。

通断电检查电磁调节阀、压差调节阀是否动作可靠，如有问题则更换同规格电磁调节阀、压差调节阀。在压差调节阀的阀杆间加润滑油，如压填料处泄漏则应加压填料。

4.10 检测、控制部分维修保养：制冷技工每半年对检测、控制部分进行1次保养。

4.10.1 检测器件（温度计、压力表、传感器）维护保养。

① 对于读数模糊不清的温度计、压力表应拆换，经检验合格后方可再使用。

② 检测传感器参数是否正常并做模拟实验，对于不合格的传感器应拆换。

③ 检查装检测器的部位是否渗漏，如渗漏则应更换密封胶垫。

4.10.2 控制部分维护保养。

① 清洁控制柜内外的灰尘、脏物。

② 检查、紧固所有接线头，对于烧蚀严重的接线头应更换。

③ 交流接触器维修保养。

④ 清除灭弧罩内的碳化物和金属颗粒。

⑤ 清除触头表面及四周的污物（但不要修锉触头），如触头烧蚀严重则应更换同规格交流接触器

⑥ 清洁铁芯上的灰尘及脏物。

⑦ 拧紧所有紧固螺栓。

⑧ 热继电器维修保养：检查热继电器的导线接头处有无过热或烧伤痕迹，如有则应整修处理，处理后达不到要求的则应更换。检查热继电器上的绝缘盖板是否完整，如损坏则应更换。

⑨ 自动空气开关维修保养：用500伏摇表测量绝缘电阻应不低于0.5兆欧，否则应进行烘干处理。清除灭弧焊罩内的碳化物或金属颗粒，如灭弧罩损坏则应更换。清除触头表面上的小金属颗粒，（不要修锉）。

⑩ 信号灯、指示仪表维修保养：检查各信号灯是否正常，如不亮则应更换同规格的小灯泡。检查各指示仪表指示是否正确，如偏差较大则应做适量调整，调整后偏差仍较大则应更换。

⑪ 中间继电器、信号继电器维修保养：对中间继电器、信号继电器做模拟实验，检查两者的动作是否可靠，输出的信号是否正常，否则应更换同型号的中间继电器、信号继电器。

⑫ 中央处理器、印制线路板如出现问题，则申请外委维修。

4.11 压缩机维修保养：制冷技工每年对压缩机进行一次检修、保养。

4.11.1 检查压缩机油位、油色。如油位低于观察镜的1/2位置，则应查明漏油原因并排除故障后再充注润滑油。如油已变色，则应彻底更换润滑油。

4.11.2 检查制冷系统内是否存在空气，如有则应排放空气。

4.11.3 具体检查压缩机参数如下。

① 压缩机电动机绝缘电阻（正常0.5兆欧以上）。

② 压缩机运行电流（正常为额定值，三相基本平衡）。
③ 压缩机油压（正常 $10 \sim 15$ 千克力/厘米^2）。
④ 压缩机外壳温度（正常85摄氏度以下）。
⑤ 吸气压力（正常值 $4.9 \sim 5.45$ 千克力/厘米^2）。
⑥ 排气压力（正常值12.55千克力/厘米^2）。
⑦ 检查压缩机是否有异常的噪声或振动。
⑧ 检查压缩机是否有异常的气味。

通过上述检查综合判断压缩机是否有故障，如有则应更换压缩机（外委维修）。

4.11.4 拧紧所有紧固件并清洁压缩机。

4.12 中央空调维修保养的时间计划不允许超过8小时，如必须超过8小时，则应由运行班长填写"申请延时维修保养表"呈交管理处主任批准并征得营业部门的同意后方可延时。

4.13 对于计划中未列出的维修保养工作，应由运行班长尽快补充至计划中；对于突发性的设施设备故障，先经运行班长口头批准后，可以先组织解决，而后写出"事故报告"并上报公司。

4.14 中央空调因维修保养等原因需停用时，应由运行班长填写"停用申请表"，经管理处主任批准后通知有关部门。如因突然故障停用中央空调，应在恢复使用后2小时内向有关营业部门做出解释。

【范本4-12】排水设施设备维修保养标准作业规程

1. 目的
规范给排水设施设备保养工作，确保给排水设施设备各项性能完好。

2. 适用范围
适用于物业公司辖区内给排水设施设备（含消防供水机组）的维修保养。

3. 职责
3.1 管理处主任负责审核《给排水设施设备维修保养年度计划》并检查该计划的执行情况。

3.2 运行班长负责组织制订《给排水设施设备维修保养年度计划》并组织、监督该计划的实施。

3.3 水电工具体负责实施给排水设施设备的维修保养。

3.4 管理处负责向有关用户通知停水情况。

4.程序要点

4.1《给排水设施设备维修保养年度计划》的规定。

4.1.1 每年的12月15日之前，由运行班长、水电工一起研究制订《给排水设施设备维修保养年度计划》并上报公司审批。

4.1.2 制订《给排水设施设备维修保养年度计划》的原则。

① 给排水设施设备使用的频度。

② 给排水设施设备运行状况（故障隐患）。

③ 合理的时间（避开节假日、特殊活动日等）。

4.1.3《给排水设施设备维修保养年度计划》应包括如下内容。

① 维修保养项目及内容。

② 备品、备件计划。

③ 具体实施维修保养的时间。

④ 预计费用。

4.2 水电工对给排水设施设备进行维修保养时，应按《设备维保年度计划》进行。

4.3 小区内主供水管（DN100以上加压管）爆裂、主供水管上闸阀拆换以及控制柜内变频器、变频器中央处理器的维修保养由专业人员负责，其余维修保养由水电工负责。

4.4 水泵机组维修保养。每年上、下半年应对小区内所有水泵机组进行清洁、保养。

4.4.1 电动机维修保养。

① 用500伏摇表检测电动机线圈绝缘电阻是否在0.5兆欧以上，否则应进行烘干处理或修复。

② 检查电动机轴承有无阻滞或异常声响，如有则应更换同型号规格轴承。

③ 检查电动机风叶有无碰壳现象，如有则应修整处理。

④ 清洁电动机外壳。

⑤ 检查电动机是否脱漆严重，如脱漆严重则应彻底铲除脱落层油漆后重新刷漆。

4.4.2 水泵维修保养。

① 检查水泵轴承是否灵活，如有阻滞现象，则应加注润滑油。如有异常摩擦声响，则应更换同型号规格轴承。

② 水泵轴如果有卡住、碰撞现象，则应拆换同规格水泵叶轮。如果轴键槽损坏严重，则应更换同规格水泵轴。

③ 盘根处是否漏水成线，如是则应加压盘根。

④ 清洁水泵外表。

⑤ 水泵脱漆或锈蚀严重则应彻底铲除脱落层油漆，重新刷漆。

4.4.3 检查电动机与水泵弹性联轴器有无损坏，如损坏则应更换。

4.4.4 检查水泵机组螺栓是否紧固，如松弛则应拧紧。

4.5 控制柜维修保养。每年应对小区内水泵房的控制柜进行2次清洁、保养。

4.5.1 用压缩空气、干净干抹布清洁柜内所有元器件，清洁控制柜外壳，必须使柜内无积尘、无污物。

4.5.2 检查、紧固所有接线头，对于烧蚀严重的接线头应更换。

4.5.3 检查柜内所有线头的号码管是否清晰，是否有脱落现象，如是则应更换。

4.5.4 交流接触器维修保养。

① 清除灭弧罩内的碳化物和金属颗粒。

② 清除触头表面及四周的污物（但不要修锉触头），烧蚀严重、不能正常工作的触头应更换。

③ 清洁铁芯上的油污及脏物。

④ 检查复位调簧情况。

⑤ 拧紧所有紧固件。

4.5.5 自耦减压启动器维修保养。

① 用500伏摇表测量绝缘电阻，应不低于0.5兆欧，否则应进行烘干处理。

② 外壳应可靠接地，如有松脱或锈蚀则应在除锈处理后拧紧接地线。

4.5.6 热继电器维修保养。

① 检查热继电器上的绝缘盖板是否完整无损，如损坏则应更换。

② 检查热继电器的导线接头处有无过热痕迹，如有则整修处理，处理后达不到要求的应更换。

4.5.7 自动空气开关维修保养。

① 用500伏摇表测量绝缘电阻，应不低于100兆欧，否则应进行烘干处理。

② 去除灭弧罩内的碳化物和金属颗粒。如果灭弧罩破裂，则应更换。

③ 自动空气开关在闭合或断开过程中，其可动部分与灭弧室的零头应无卡住现象。

④ 检查触头表面是否有小的金属颗粒，如有则应将其清除，但不能修锉，只能轻轻擦拭。

4.5.8 中间继电器、信号继电器维修保养：对中间继电器、信号继电器应做模拟试验，检查两者的动作是否可靠，输出信号是否正确，如有问题则应更换同型号的中间继电器、信号继电器。

4.5.9 信号灯、指示仪表维修保养。

① 检查各信号灯是否正常，如有不亮则应更换相同规格的小灯泡。

② 检查各指示仪表指示是否正确，如有偏差则应做适当调整，调整后偏差仍较

大的则应更换同规格同型号的仪表。

4.5.10 远传压力表维修保养。

① 检查表内是否有积水，如有则应进行干燥处理。

② 检查信号线接头处是否有腐蚀，如腐蚀严重则应重新焊接。

③ 压差很大或信号线损坏的远传压力表应拆换。

4.6 闸阀、止回阀、浮球阀、液位控制器维修保养。

4.6.1 闸阀维修保养。

① 检查密封胶垫处是否漏水，如漏水则应更换密封胶垫。

② 检查加压黄油麻绳处是否漏水，如漏水则应重新加压黄油麻绳。

③ 对闸阀阀杆加黄油润滑。

④ 对锈蚀的闸阀（明装）应在彻底铲除底漆后重新刷漆。

4.6.2 止回阀维修保养。

① 检查止回阀密封胶垫是否损坏，如损坏则应更换。

② 检查止回阀弹簧弹力是否足够，如太软则应更换同规格弹簧。

③ 检查止回阀油漆是否脱落，如脱落严重则应处理后重新刷漆。

4.6.3 浮球阀维修保养。

① 检查浮球阀密封胶垫是否老化，如老化则应更换。

② 检查浮球阀连杆是否弯曲，如弯曲则应校直。

③ 检查浮球阀连杆插销是否磨损严重，如磨损严重则应更换。

4.6.4 液位控制器维修保养。

① 检查密封圈、密封胶垫是否损坏，如损坏则应更换。

② 清除压力室内的污物，疏通控制水道。

③ 检查控制杆两端螺母是否紧固，如松弛则应拧紧。

④ 紧固所有螺母。

4.7 潜水泵或排污泵维修保养。

4.7.1 用500伏摇表检测潜水泵或排污泵绝缘电阻是否在0.25兆欧以上，否则拆开潜水泵或排污泵，对线圈进行烘干处理。

4.7.2 检查密封圈是否老化，如老化则应更换。

4.7.3 检查轴承磨损情况，如转动时有明显的异常声响或有阻滞现象，则应更换同型号、同规格的轴承。

4.7.4 清洁潜水泵、排污泵外壳，如锈蚀严重则应在表面处理后重新刷漆。

4.7.5 检查潜水泵、排污泵上所连接的软管是否牢固，如松弛则应紧固。拧紧潜水泵、排污泵上的所有螺母。

4.8 明装给排水管维修保养。

4.8.1 检查支持托架是否牢固，若不牢固则应加强。

4.8.2 检查流向标志是否鲜明醒目，若不是则应整改。

4.8.3 检查保护漆是否完好，如脱漆严重则应重新刷1遍漆。

4.8.4 检查各连接处是否有漏水现象，如漏水则应处理（更换胶垫）。

4.9 每次给排水设施设备的维修保养时间限制在8小时之内，如需延时必须经管理处主任批准后方可进行。

4.10 对于计划中未列出的维修保养工作，应由运行班长尽快补充至计划中。对于突发性的设施设备故障，先经运行班长口头批准后，可以先组织解决，而后写出"事故报告"并上报公司。

4.11 水电工应将上述维修保养工作清晰、完整、规范地记录在"维修保养记录表"内，由水电工整理成册后交机电维修班存档。

4.12 停水管理。给排水设施设备因维修保养等原因需要停水时，应由运行班长填写"停水申请表"，经管理处主任批准后通知有关用户。如因特殊情况突然停水，应在恢复供水12小时内向有关用户做出解释。

5. 记录

给排水设备维修、保养记录表。

【范本4-13】消防系统维修保养标准作业规程 ▸▸

1. 目的

规范消防系统维修保养工作，确保消防系统设备各项性能良好。

2. 适用范围

适用于本公司辖区内消防系统设备的维修保养工作。

3. 职责

3.1 管理处主任负责审核《消防系统维修保养年度计划》并检查计划的执行情况。

3.2 运行班长负责制订《消防系统维修保养年度计划》并组织、监督该计划的具体实施。

3.3 消防员具体负责消防系统的日常保养工作。

4. 程序要点

4.1 《消防系统维修保养年度计划》的制订。

4.1.1 每年12月前，由班长组织制订下一年度的《消防系统维修保养年度计划》报公司审批，并按系统的运行情况拟定小修、中修、大修计划。

4.1.2《消防系统维修保养年度计划》必须具备下列要求。

① 有明确安排设备的大修、中修、小修计划。

② 有具体组织实施维修保养的时间。

③ 有明确的维修保养周期。

④ 有具体的维修经费预算。

4.2 对消防系统进行维修保养时，应严格遵守《消防系统操作标准作业规程》，并按《消防系统维修保养年度计划》进行。

4.3 检查。

4.3.1 日检：每班次在班长的指导下由消防员对火灾报警系统进行下列检查。

（1）每班次均应进行系统设备的外观检查。

（2）火警功能。误报火警时应勘察误报的火灾探测器探头现场有无蒸气、烟雾、粉尘等影响探头正常工作的环境干扰存在，如有其他干扰存在，应设法排除。对于误报频繁又无其他干扰影响探头正常工作的，或探头显示灯不亮、不能接收信号，应及时清洗更换。

（3）自检功能。按自检键后，进行复位，让系统处于正常状态，不能复位时应查明原因。

（4）故障功能。

① 主电源故障，检查输入电源是否完好，熔丝有无烧断、接触不良等。

② 备用电源故障，检查充电装置，电池有否损坏，有无断线。

③ 探测回路故障，检查该回路至火灾探测器的接线是否完好，有无探头取下，终端监控器有无损坏。

4.3.2 月检：每月在班长的指导下，由消防员对消防自动系统进行下列功能检查，并填写"消防系统检查保养记录表"。

① 日检全部内容。

② 测试控制器主要工作电压是否正常。

③ 火灾探测器（温感、烟感、碎玻）安装倾斜度不大于45度，与底座接触否良好，外观是否洁净完好，指示灯是否闪亮。随机抽取5%的烟感喷烟后，消防主机是否收到报警信号。

④ 对楼层消火栓泵进行外观检查，查看外接线是否固定良好，油漆脱落应补刷新漆。

⑤ 检查手动报警按钮、紧急旋钮安装是否牢固，有无破损及丢失。任选两个手动报警按钮进行模拟报警，测试报警功能是否正常。

⑥ 对消防主机、联动柜、动力配电箱、灭火显示器及其附属设施进行擦拭除尘，若线路松动应给予紧固。

⑦ 对主电源和备用电源做自动转换试验。

4.3.3 季检：每季度检查和试验自动报警系统的下列功能，并填写"消防系统保养记录表"。

① 采用专用检测仪器分批试验火灾探测器的动作及确认灯显示。

② 试验火灾报警的声光显示。

③ 试验水流指示器、压力开关等报警功能及信号显示。

④ 对备用电源进行1～2次充放电试验，1～3次主要电源和备用电源自动切换试验。

⑤ 用手动或自动检查防火卷帘的关闭情况，防火卷帘有无变形、扭曲情况。

⑥ 用手动或自动检查消火栓泵、自动喷淋灭火系统的控制设备。

⑦ 对固定式气体灭火器系统进行外观巡视，查看管网系统的密封情况，读出压力表指针数值，用手动或自动检查固定灭火系统的控制设备。

⑧ 用手动检查消防应急广播、火灾应急照明及疏散指示标志灯。

⑨ 从消防联动柜上按强制"消防"开关键使客货梯停于首层试验。

⑩ 在消防管理中心进行消防通信设备对讲通话试验。

⑪ 检查所有转换开关和强制切断非消防电源功能试验。

4.3.4 年检：每年年终由班长及消防员对火灾自动报警系统的功能做下列检查和试验，并填写"消防系统保养记录表"。

① 应用专用检测仪器对所安装的火灾探测器探头（取10%）进行1次实效模拟试验，对电缆、接线盒、设备做直观检查、清理尘埃。

② 进行本规程4.3.3季检内容（①②除外）。

③ 试验火灾应急广播设备的功能。

4.3.5 对本规程4.3.3和4.3.4的检查内容，合同期内由安装厂家指导检查，合同期满后可进行内部检查，也可外委公安消防局（或安装厂家）检查。

4.4 维修保养。

4.4.1 对消防系统设备的外部清洁及部分附件的维修保养由班长指导完成。每班次消防员应对消防设备外部清洁1次，用压缩空气进行吹污、吹尘，再用干的、干净抹布擦拭，保持设备光洁。

4.4.2 消防系统设备故障的维修一般不超过8小时，在8小时内无法解决的，应将其故障原因、解决时间上报管理处主任，并按批准的时间限期解决。

4.4.3 需外委维修的，由管理处申请上报公司批准后，委托安装厂家或公安消防局进行维修保养。

4.4.4 消防泵的维修保养见《给排水设施设备维修保养标准作业规程》相关内容。

4.4.5 消防电动机/风机的维修保养见《机电设备（电动机）管理标准作业规程》

相关要点。

4.4.6 消防系统设备的检查、维修保养均应有完整的记录，分类归档管理。

5. 记录

5.1 消防系统检查保养记录表。

5.2 消防系统年度维修保养计划。

【范本4-14】弱电系统维修标准作业规程

1. 目的
规范弱电系统维修程序，确保高效率、高质量地完成弱电系统的维修工作。

2. 适用范围
适用于辖区内的弱电系统的维修。

3. 职责
3.1 运行班长负责检查弱电系统维修工作的实施情况并组织实施。

3.2 维修员负责弱电系统的维修工作。

4. 程序要点

4.1 维修员注意事项。

4.1.1 应熟悉维修设施的电路原理及功能方框图。

4.1.2 应注意安全操作。

① 确保人身安全：维修时如需带电作业（电压高于36伏时），应做好相应的绝缘措施。

② 确保维修设施的安全：测量某焊点电压时切忌与相邻焊点相碰；维修设施印制线路板底面切忌与金属物件相碰，最好用绝缘板托起；注意合理放置维修工具，以免引起意外。

4.1.3 必须正确判断故障部位、故障元器件，切忌乱换乱拆、胡乱调整。

4.2 基本维修方法。

4.2.1 观察法。

① 有无虚焊、松脱、烧焦的元器件。

② 有无异常的声音。

③ 观察图像效果。

4.2.2 静态测量法。

① 短路电阻测量法。

② 电流测量判断法。
③ 电压测量判断法。

4.3 楼层防盗对讲机。

4.3.1 室内听不到铃声。
① 检查主机按钮开关是否接触良好，否则应更换按钮开关。
② 检查室内分机的转换开关是否接触良好，如接触不良则应整修处理。
③ 通过上述两个步骤如仍不振铃，则应重点检查振铃放大电路，直至故障排除。

4.3.2 不能对讲。
① 检查通话线是否接触良好，如不行则重新焊接。
② 检查室内分机扩音器、扬声器是否正常，如不正常则应更换。
③ 检查室内分机放大电路，重点检查三极管，直至故障排除。

4.3.3 不能开楼下大闸门。
① 检查锁舌部件是否灵活，如阻滞则应加润滑油。
② 检查开锁磁线圈接线是否良好、线圈是否烧坏，如是则应重新接好线头或更换电磁线圈。
③ 检查分机开锁按钮是否接触良好、开锁继电器是否动作可靠、开锁电路有无损坏的元器件，如有问题则应逐一检查并排除故障。

4.3.4 主机无电源。
① 检查桥式整流二极管有无损坏，如损坏则应更换同规格二极管。
② 检查电源变压器是否烧坏，如是则应更换同规格的变压器。

4.4 可视对讲机维修。

4.4.1 无图像、声音，但开锁正常。
① 调节亮度电位器，观察屏幕有无光栅，如有光栅则应检查室内机与门口机的图像信号连接线是否接牢，若不牢固则由应重新接好（烫锡、焊接）。
② 如调节亮度电位器屏幕仍无光栅，此时应检查室内机电路板，包括振荡电路、推动电路、输出电路、图像显示电路等逐级检查，直至故障排除。

4.4.2 通话无声音。
① 检查听筒与室内机的接线是否牢固，否则应重新接好（烫锡、焊接）。
② 调节音量电位器，如扬声器里有交流声发出，则说明室内机的放大电路正常，此时应检查门机上的麦克风，如麦克风损坏则应更换同规格麦克风。
③ 调节音量电位器，如扬声器里什么声音都没有，则说明室内机的放大电路有问题，室内机放大电路包括音频输入电路、前置放大电路、功放电路，此时应逐级进行检查，直至故障排除。

4.4.3 不能开大闸门：按本规程4.3.3条款执行。

4.5 监控系统、停车场收费系统、安防报警系统、消防报警联动柜、烟感器、温感器系统、智能化信息系统由公司专门维修。

4.5.1 每月中央计算机对所有控制设备的设定及运行情况进行监控，并根据环境、用户要求及实际负荷情况对设备运行工况做相应调整，达到节约能源和延长设备使用寿命的目的。

4.5.2 每月调校每个弱电竖井DDC控制箱的元器件，若线路松动应给予紧固，并清洁所有元器件及控制箱。

4.5.3 每月调校设备终端的传感元件，确保继电器运行良好，接线牢固。

4.6 保安监控自动化系统设备的维护保养。

4.6.1 每月调整所监控设备的监控范围及设备功能调校。

4.6.2 清洁监视器、录像机、主机、适配器、扩展器、云台控制器，检查云台转动、镜头伸缩是否灵活，检查所有接线是否松动。

4.7 消防自动化系统设备的维护保养。

4.7.1 每季度抽取不少于5%的烟感头，在喷烟后报警是否正确。

4.7.2 每季度检查手动按钮玻璃有无破损及丢失。每层楼选1个手动按钮进行模拟报警，测试报警功能是否正常。

4.7.3 每季度每层楼开启1处喷淋头测试水阀，检查该层警铃能否响起来，喷淋泵能否启动，主机能否报警。

4.7.4 每季度每层楼选1个消火栓按钮进行模拟试验，看能否正确报警及启动消火栓泵。对各消防分机、主机、联动柜等进行清扫除尘。若线路松动，应进行紧固。

4.7.5 每季度对主机进行自检、消音、复位、屏蔽、解屏蔽、紧急广播、用电源切换等功能进行检测，测试机内主要工作电压。

4.8 智能化设备系统常见的故障分析与排除方法。

4.8.1 引起智能化管理系统故障的原因一般有两个方面：系统运行的外界环境条件和系统内部自身故障。由外界环境条件引起故障的因素主要有工作电源异常、环境温度变化、电磁干扰、机械的冲击和振动等，其中许多干扰对于集散控制系统中分站使用的DDC控制器以及中央站的计算机等设备的影响尤其严重。系统内部的硬件如温度压力传感器、变送器、控制器等可能会发生故障。控制器的故障如元器件的失效、焊接点的虚焊脱焊、接插件的导电接触面氧化或腐蚀、接触松动、线路连接开路和短路等。

4.8.2 检查系统故障常常先从外部环境条件着手，首先检查工作电源是否正常，工作环境是否符合要求，然后再查系统内部产生的故障，如各执行部件是否正常。在检查硬件之前，通常检查相关参数的设定、操作方式（自动、手动）选择是否正确。

4.8.3 根据高层楼宇控制系统的原理、构造,在检查维修时,通常采用以下几种方法进行:模拟测试法、分段检测法、替代法、经验法。

① 模拟测试法:根据2AS编程逻辑设定满足设备运行的条件,测试判断故障点的类型,属于硬件故障还是软件故障。

② 分段检测法:通过模拟测试判断出故障处在某一回路后,将此回路分段检测;通常以DDC控制盘为分段点,这样能迅速确定故障点的范围。

③ 替代法:用运行正常的元器件代替怀疑有故障的元器件来判断故障点,在使用这种方法时,要先确认替代元器件的完好性。

④ 经验法:根据实际的运行维护经验,相关元器件的使用性能及损耗周期等特点,做针对性的检查。

⑤ 在实际检修中,以上几种方法都会交叉使用。

4.9 维修工作结束的收尾工作。

4.9.1 维修员应及时清洁工作场地,把小的垃圾装入塑料袋内,用干净的干抹布擦拭弄脏了的部位。

4.9.2 向住户试验维修后的效果,并向住户说明使用中应注意的事项,如住户有不满意的地方(合理的要求),维修员应及时进行整改直至住户满意为止。

4.9.3 一切正常后请住户在"住户家庭安装/维修(收费)通知单"上签名确认。如住户对此次维修收费有异议,维修员应向住户做出解释。

4.9.4 机电维修班做好"住户家庭安装/维修(收费)通知单"的登记工作。

5. 记录

住户家庭安装/维修(收费)通知单。

第三节 应急维修的管理

尽管前面强调了通过加强设备的计划维修可以确保设备的正常运行,减少设备应急维修的工作量,但是,工程部仍面临着应急维修的管理问题。从某种角度来看,对应急维修的处理是工程部工作效率的一种体现。应急维修的工作效率由两部分构成:一是及时获得需要维修的设备信息;二是对需要维修的设备尽快实施维修工作。

一、设备维修信息的获得

设备维修信息的获得是设备维修管理的重要环节。由于物业设备种类繁多、功能不一、利用状况不同而且分布在物业区域的各个角落,设备维修信息的获得并不是很容易，所以，需要建立设备维修信息获取的有效途径。一般来说，根据发现设备故障的不同途径，设备维修信息的获得主要有以下两种方式。

（一）报修

报修是指设备的使用、操作人员或者业主在发现设备故障后，通过填写"设备报修单"或以电话、E-mail等方式将设备的故障状况通知工程部，由工程部安排人员进行维修。

报修是设备管理中的重要环节，通过报修可以及时获得设备状态信息，使设备及时得到维修，并恢复原有的功能；同时，报修记录是设备定期保养计划制订的基础，也是设备成本控制的基础。

（二）巡检

有许多设备发生故障时，不能及时被发现，这些设备的故障需要通过巡检来发现。巡检是指对设备进行巡视检查，工程部人员根据既定的路线和检查内容对设备逐一进行检查，发现故障及时处理。

巡检也是物业设备维修管理中必不可少的环节，它能够发现设备运行中存在的潜在故障，以消除设备隐患。

二、设备维修的实施

设备维修的实施有两种情况：一种是当设备存在故障时，由管理处的内部维修人员自行修理；另一种是委托外修，由专业公司的维修人员来维修。

三、设备报修单的设计

设备报修单的设计对设备维修管理有着重要的意义，因此报修单的设计直接影响维修管理的效率。有的管理处的报修单非常简单，由报修部门或人员填写报修内容、时间后交到工程部，工程部派遣维修人员前往修理，最后由报修部门签字确认维修工作。从表面上看，维修工作是完成了，但就管理而言，对维修工的工作是失控的。维修工领用了多少材料用于维修？维修工在维修现场花费了多少工时？设备故障为什么会产生？设备维修的质量怎样？等，这些管理问题基本上都不能解决。通过报修单的多样化设计，可以在很大程度上提高维修管理工作的效率。

鉴于上述问题，设备的报修单至少应包含以下三个方面的内容。

（一）设备故障的基础信息

设备故障的基础信息要反映故障设备所在的位置或部门、故障情况描述以及发生故障的时间，这三项内容是设备故障发生部门必须填写的。在此基础上，报修单可以增加一个栏目，即设备故障的原因分析，这一栏由工程部的维修人员填写。对设备故障原因的分析是非常重要的，它最能直接反映设备的运转情况，也是设备维护保养的基础资料和信息，因此工程部应重视这一项目的分析。报修单的故障分析一般由维修工完成。为了提高故障分析的准确性和速度,对故障原因可以事先有一个分类标准,即把经常发生的原因进行分类,维修人员只要进行选择即可。

(二)材料信息

维修使用的材料应有相关的记录。工程部的二级仓库会有材料进出记录,但材料究竟用在哪里不一定清楚,因为材料的进出和使用是分离的,通过报修单将材料和维修工作联系起来,可以有效控制材料的使用。

(三)维修工作信息

维修工作信息主要记录维修人、维修时间以及维修质量。维修时间可以预先做出计划,这样有助于控制维修工作的进程。

为此,报修单应该包括三联:一联在仓库;一联在工程部;一联在报修部门。三联单分别进行整理、统计和归档。

【范本4-15】设备巡视签到表

日期	早班			中班			夜班				系统工程师	
	签名	时间	设备情况	签名	时间	设备情况	签名	时间	设备情况	卫生情况	签名	时间

【范本4-16】空调系统巡视维护表

周期及时间	巡视人	巡视时段	巡视项目							
			主机	水泵	冷却塔	新风机	管道阀门	盘管风机	膨胀水箱	风管
冷却水处理		☐	处理单位:			日期:			备注	
冷冻水处理		☐	处理单位:			日期:			备注	
备注	1.巡视项目正常的画"√",存在问题的画"×" 2.巡视发现问题除在对应的栏内画"×"外,还应在下面注明日期及处理单据									

审核:	日期:	归档:	日期:

【范本4-17】电梯系统巡视维护表

_____年____月

周期及时间	巡视人	巡视时段	巡视项目			
			轿厢及前室	机房及设备	厢顶设施	井底设施
备注	\multicolumn{6}{l}{1.巡视项目正常的画"√",存在问题的画"×" 2.巡视发现问题除在对应的栏内画"×"外,还应在下面注明日期及处理单据}					

审核：　　　　　日期：　　　　　归档：　　　　　日期：

【范本4-18】消防报警系统巡视维护表

_____年____月

周期及时间	巡视人	巡视时段	巡视项目				
			消防主机	联动柜	烟、温感知器	……	湿式报警系统
备注	1.巡视项目包括消防主机,联动柜,烟、温感知器,无源介面,有源介面,警铃,手动报警器,排烟阀,排烟风机,正压风机,消防广播电话,紧急疏散灯,水泵,水流开关,喷淋头,消防箱,电接点压力表,湿式报警系统。实际做表时要将以上项目加到表里 2.巡视项目正常的画"√",存在问题的画"×" 3.巡视发现问题除在对应的栏内画"×"外,还应在下面注明日期及处理单据						

审核：　　　　　日期：　　　　　归档：　　　　　日期：

【范本4-19】气体消防系统巡视维护表

_____年____月

周期及时间	巡视人	巡视时段	巡视项目		
			七氟丙烷气体消防	二氧化碳气体消防	干粉灭火器避雷网
备注	1.巡视项目正常的画"√",存在问题的画"×" 2.巡视发现问题除在对应的栏内画"×"外,还应在下面注明日期及处理单据				

审核：　　　　　日期：　　　　　归档：　　　　　日期：

【范本4-20】供配电系统巡视维护表

_____年____月

周期及时间	巡视人	巡视时段	巡视项目				
			高压环网柜	变压器	低压配电系统	……	大厅照明
备注			1.巡视项目包括高压环网柜、变压器、低压配电系统、电缆沟、竖井、发电机组、UPS、母线槽插接箱、低压配电柜、强电自动切换柜、室内照明、公共照明、大厅照明。实际做表时要将以上项目加到表里 2.巡视项目正常的画"√"，存在问题的画"×" 3.巡视发现问题除在对应的栏内画"×"外，还应在下面注明日期及处理单据				

审核：　　　　　日期：　　　　　归档：　　　　　日期：

【范本4-21】供水系统巡视维护表

_____年____月

周期及时间	巡视人	巡视时段	巡视项目			
			生活泵 消防泵 喷淋泵 稳压泵	供水管道	水管辅件	水池、水箱
备注			1.巡视项目正常的画"√"，存在问题的画"×" 2.巡视发现问题除在对应的栏内画"×"外，还应在下面注明日期及处理单据			

审核：　　　　　日期：　　　　　归档：　　　　　日期：

【范本4-22】排水系统巡视维护表

_____年____月

周期及时间	巡视人	巡视时段	巡视项目		
			排污泵	雨水排放系统	生活污水系统
备注			1.巡视项目正常的画"√"，存在问题的画"×" 2.巡视发现问题除在对应的栏内画"×"外，还应在下面注明日期及处理单据		

审核：　　　　　日期：　　　　　归档：　　　　　日期：

【范本4-23】监控系统巡视维护表

_____年____月

周期及时间	巡视人	巡视时段	巡视项目								
			云台控制器	矩阵主机	画面分割器	操作键盘	录像机	显示器	摄像头	红外线监控装置	监控计算机
备注	\multicolumn{11}{l}{1.巡视项目正常的画"√",存在问题的画"×" 2.巡视发现问题除在对应的栏内画"×"外,还应在下面注明日期及处理单据}

审核:　　　　　日期:　　　　　归档:　　　　　日期:

【范本4-24】避雷系统巡视维护表

_____年____月

周期及时间	巡视人	巡视时段	巡视项目			
			避雷带	引下线	接地线	避雷网
备注			1.巡视项目正常的画"√",存在问题的画"×" 2.巡视发现问题除在对应的栏内画"×"外,还应在下面注明日期及处理单据			

审核:　　　　　日期:　　　　　归档:　　　　　日期:

【范本4-25】停车场管理系统巡视维护表

_____年____月

周期及时间	巡视人	巡视时段	巡视项目		
			主机	道闸机构	读卡器
备注			1.巡视项目正常的画"√",存在问题的画"×" 2.巡视发现问题除在对应的栏内画"×"外,还应在下面注明日期及处理单据		

审核:　　　　　日期:　　　　　归档:　　　　　日期:

【范本4-26】楼宇自控系统巡视维护表

_____年____月

周期及时间	巡视人	巡视时段	巡视项目	
			主机	现场直接控制箱
备注				

备注：
1.巡视项目正常的画"√"，存在问题的画"×"
2.巡视发现问题除在对应的栏内画"×"外，还应在下面注明日期及处理单据

审核：　　　　日期：　　　　　归档：　　　　　日期：

【范本4-27】弱电系统巡视问题处理表

No.:

巡查日期		位置		巡查人	
存在问题记录					

处理意见：

主管签名：
日期：

管理处主任意见：

主任签名：
日期：

处理结果记录：

签名：
日期：

备注：

第五章

Chapter 05

房屋日常养护与管理

> 作为物业管理的重要组成部分，房屋的日常养护对保障房屋使用安全，保持和提高房屋设施的完好程度与使用功能及物业的保值、升值，对物业公司的社会声誉乃至生存有着重要影响。除此之外，物业公司也需要按照国家的规定有序进行房屋完损等级的评定，以确保物业的完好安全。

第一节　房屋的日常养护

房屋日常养护是物业公司房屋修缮管理的重要环节，通过对房屋的日常养护，可以维护房屋和设备的功能，使发生的损失及时得到修复；对一些由于天气的突变或隐蔽的物理、化学损坏导致的突发性损失，不必等大修周期到来就可以及时处理。同时，经常检查房屋完好状况，从养护入手，可以防止事故发生，延长大修周期，并为大中修提供查勘、施工的可靠资料，最大限度地延长房屋的使用年限。同时不断改善房屋的使用条件，包括外部环境的综合治理。

一、房屋养护的原则

① 因地制宜，合理修缮。
② 对不同类型的房屋要制定不同的维修养护标准。
③ 定期检查，及时维护。
④ 加强对二次装修的管理，确保安全，保证正常使用。
⑤ 有效地合理地使用维修基金。
⑥ 最大限度地发挥房屋的有效使用功能。

二、房屋日常养护的类型

房屋日常养护可分为以下两种。

（一）零星养护

房屋的零星养护修理，指结合实际情况确定或因突然损坏引起的小修。

1. 零星养护的内容

① 屋面筑漏（补漏），修补屋面、泛水、屋脊等。
② 钢、木门窗整修、拆换五金、配玻璃；换窗纱、刷漆等。
③ 修补楼地面面层；抽换个别楞木等。
④ 修补内外墙、抹灰、窗台、腰线等。

⑤ 拆砌挖补局部墙体、个别拱圈；拆换个别过梁等。
⑥ 抽换个别檩条；接换个别木梁、屋架、木柱、修补木楼等。
⑦ 水卫、电气、暖气等设备的故障排除及零部件的修换等。
⑧ 下水管道的疏通；修补明沟、散水、落水管等。
⑨ 房屋检查发现的危险构件的临时加固、维修等。

2. 日常零星养护的要求

日常零星养护项目，主要通过维修管理人员的走访、住房和业主（用户）的随时报修两个渠道来进行。零星养护的特点是修理范围广、项目零星分散、时间紧、要求及时、具有经常性的服务性质。

零星养护应力争做到"水电急修不过夜，小修项目不过三，一般项目不过五"。

（二）计划养护

房屋的各种构、部件均有其合理的使用年限，超过这一年限一般就开始不断出现问题。因此要管好房屋，就应该制定科学的大、中、小修三级修缮制度，以保证房屋的正常使用，延长其整体的使用寿命。这就是房屋的计划养护。

例如：房屋的纱窗每3年左右就应该刷一遍油漆进行保养；门窗、壁橱、墙壁上的油漆、油饰层一般5年左右应重新刷一遍；外墙每10年应彻底进行1次检修加固；照明电路明线、暗线，每年检查线路老化和负荷的情况，必要时可局部或全部更换等。这种定期保养、修缮制度是保证房屋使用安全、完好的非常重要的制度。下表所列为建筑设施的保养周期。

建筑设施保养周期

序号	公共建筑设施名称	保养周期	备注
1	屋顶	每2年	及时更换破碎的隔热层面砖
2	外墙饰面	每3年	每年对重点部位进行清洗
3	内墙饰面	每3年	对于裂缝较大的及时予以更换，发现有脱落的及时修补
4	楼梯间	每3年	对粉刷墙面损坏的及时修补
5	门	每1年	对生锈或掉漆的门应及时修理
6	防盗网、花园围栏	每2~4年	根据损坏情况确定刷漆时间
7	窗	每1年	
8	公共地砖	每3年	发现损坏或裂缝严重的应更换
9	吊顶	每3年	发现有破损的应及时更换
10	人行道、车行道	每1年	发现有损坏的应修补
11	管道	每3年	有必要时可以增加刷漆次数
12	污水井	每1年	
13	遮雨棚	每1年	在大雨或台风来临前应增加保养次数
14	玻璃幕墙（玻璃门）	每1年	在大雨或台风来临前应增加保养次数

三、房屋日常养护的内容

房屋日常养护的具体内容如下。

（一）地基基础的养护

地基属于隐蔽工程，发现问题时采取补救措施很困难，应给予足够的重视。主要应从以下几方面做好养护工作。

1. 坚决杜绝不合理荷载的产生

地基基础上部结构使用荷载分布不合理或超过设计荷载，会危及整个房屋的安全，而在基础附近的地面堆放大量材料或设备，也会形成较大的堆积荷载，使地基由于附加压力增加而产生附加沉降。所以，应从内外两方面加强对日常使用情况的技术监督，防止出现不合理荷载状况。

2. 防止地基浸水

地基浸水会使地基基础产生不利的工作条件。因此，对于地基基础附近的用水设施，如上下水管、暖气管道等，要注意检查其工作情况，防止漏水；同时，要加强对房屋内部及四周排水设施如排水沟、散水等的管理与维修。

3. 保证勒脚完好无损

勒脚位于基础顶面，将上部荷载进一步扩散并均匀传递给基础，同时起到基础防水的作用。勒脚破损或严重腐蚀剥落，会使基础受到传力不合理的间接影响而处于异常的受力状态，也会因防水失效而产生基础浸水的直接后果。

4. 防止地基冻害

在季节性冻土地区，要注意基础的保温工作。对按持续供热设计的房屋，不宜采用间歇供热，并应保证各房间采暖设施齐备有效。如在使用中有闲置的不采暖房间，尤其是与地基基础较近的地下室，应在寒冷季节将门窗封闭严密，防止冷空气大量侵入，如还不能满足要求，则应增加其他的保温措施。

（二）楼地面工程的养护

应针对楼地面材料的特性，做好相应的养护工作。通常需要注意以下几个主要的方面。

1. 保证经常用水房间的有效防水

对厨房、卫生间等经常用水的房间，一方面要注意保护楼地面的防水性能；另一方面更需加强对上下水设施的检查与保养，防止管道漏水、堵塞，造成室内长时间积水而渗入楼板，导致侵蚀损害。一旦发现问题应及时处理或暂停使用，切不可将就使用，以免形成隐患。

2. 避免室内受潮与虫害

室内潮湿不仅影响使用者的身体健康，也会因大部分材料在潮湿环境中容易发生不利的化学反应而变性失效，如腐蚀、膨胀、强度减弱等，造成重大的经济损失。所以，必须针对材料的各项性能指标，做好防潮工作，如保持室内有良好的通风等。

建筑虫害包括直接蛀蚀与分泌物腐蚀两种，由于通常出现在较难发现的隐蔽部位，所以更需做好预防工作。尤其是分泌物的腐蚀作用，如常见的建筑白蚁病，会造成房屋结构的根本性破坏，导致无法弥补的损伤。无论是木构建筑还是钢混凝土建筑，都必须对虫害预防工作予以足够的重视。

3.控制与消除装饰材料产生的副作用

装饰材料的副作用主要是针对有机物而言的，如塑料、化纤织物、油漆、涂料、化学黏合剂等，常在适宜的条件下产生大量有害物质，危害人的身心健康，以及正常工作与消防安全。所以，必须对它所产生的副作用采取相应的控制与消除措施，如化纤制品除静电、地毯防止螨虫繁殖等。

（三）墙台面及吊顶工程的养护工程

墙台面及吊顶工程一般由下列装饰工程中的几种或全部组成：抹灰工程、油漆工程、刷（喷）浆工程、裱糊工程、块材饰面工程、罩面板及龙骨安装工程，要根据其具体的施工方法、材料性能以及可能出现的问题，采取适当的养护措施。但无论对哪一种工程的养护，都应满足以下几个共性的要求。

1.定期检查，及时处理

定期检查一般不少于每年1次。对容易出现问题的部位重点检查，尽早发现问题并及时处理，防止产生连锁反应，造成更大的损失。对于使用磨损频率较高的工程部位，要缩短定时检查的周期，如台面、踢脚、护壁以及细木制品的工程。

2.加强保护与其他工程衔接处

墙台面及吊顶工程经常与其他工程相交叉，在衔接处要注意防水、防腐、防胀。如水管穿墙加套管保护，与制冷、供热管衔接处加绝热高强度套管。墙台面及吊顶工程在自身不同工种衔接处，也要注意相互影响，采取保护手段与科学的施工措施。

3.保持清洁与常用的清洁方法

经常保持墙台面及吊顶清洁，清洁时需根据不同材料各自性能，采用适当的方法，如防水、防酸碱腐蚀等。

4.注意日常工作中的防护

各种操作要注意，防止擦、划、刮伤墙台面，防止撞击。遇有可能损伤台面材料的情况，要采取预防措施，如台面养花、使用腐蚀性材料等，应有保护垫层；在墙面上张贴、悬挂物品，严禁采用可能造成损伤或腐蚀的方法与材料，如不能避免，应请专业人员施工，并采取必要的防护措施。

5.注意材料所处的工作环境

遇有潮湿、油烟、高温、低湿等非正常工作要求时，要注意墙台面及吊顶材料的性能，防止处于不利环境而受损。如不可避免，应采取有效的防护措施，或在保证可复原条件下更换材料，但均需由专业人员操作。

6.定期更换部件,保证整体协调性

由于墙台面及吊顶工程中各工种以及某一工程中各部件的使用寿命不同,因而为保证整体使用效益,可通过合理配置,使各工种、各部件均能充分发挥其有效作用,并根据材料部件的使用期限与实际工作状况,及时予以更换。

(四)门窗工程的养护

在门窗工程养护中,应重点注意以下几个方面。

1.严格遵守使用常识与操作规程

在使用时,应轻开轻关;遇风雨天,要及时关闭并固定;开启后,旋启式门窗扇应固定;严禁撞击或悬挂物品;避免长期处于开启或关闭状态,以防门窗扇变形,关闭不严或启闭困难。

2.经常清洁检查,发现问题及时处理

门窗构造比较复杂,应经常清扫,防止积垢而影响正常使用,如关闭不严等。发现门窗变形或构件短缺失效等现象,应及时修理或申请处理,防止对其他部分造成破坏或发生意外事件。

3.定期更换易损部件,保持整体状况良好

对于使用中损耗较大的部件应定期检查更换,需要润滑的轴心或摩擦部位,要经常采取相应润滑措施,如有残垢,还要定期清除,以减少直接损耗,避免间接损失。

4.北方地区外门窗冬季使用管理

如采用外封式封窗,可有效控制冷风渗透与缝隙积灰;长期不用的外门,也要加以封闭;卸下的纱窗要清洁干净,妥善保存,防止变形或损坏。

5.加强窗台与暖气的使用管理

禁止在窗台上放置易对窗户产生腐蚀作用的物体,包括固态、液态以及会产生有害于门窗气体的一切物品。北方冬季还应注意室内采暖设施与湿度的控制,使门窗处于良好的温湿度环境中,避免出现凝结水或局部过冷过热现象。

(五)屋面工程维修养护

屋面防水层在使用过程中需要有一个完整的保养制度,以养为主,维修及时有效,以延长其使用寿命、节省返修费用、提高经济效益。在养护时应注意以下几点。

1.定期清扫,保证各种设施处于有效状态

一般非上人屋面每季度清扫1次,防止堆积垃圾、杂物及非预期植物如青苔、杂草的生长;遇有积水或大量积雪时,及时清除;秋季要防止大量落叶、枯枝堆积。上人屋面要经常清扫。在使用与清扫时,应注意保护重要排水设施(如落水口)以及防水部位(如大型或体形较复杂建筑)的变形缝。

2.定期检查、记录,发现问题及时处理

① 定期组织专业技术人员对屋面各种设施的工作状况按规定项目内容进行全面详

查,并填写检查记录。

② 对非正常损坏要查找原因,防止产生隐患;对正常损坏要详细记录其损坏程度。

③ 检查后,对所发现的问题及时汇报处理,并适当调整养护计划。

3.建立大修、中修、小修制度

在定期检查、养护的同时,根据屋面综合工作状况,进行全面的小修、中修或大修,可以保证其整体协调性、延长其整体使用寿命,以发挥其最高的综合效能,并可以在长时期内获得更高的经济效益。

4.加强屋面使用的管理

屋面使用的管理要注意以下方面。

① 在屋面的使用中,要防止产生不合理荷载与破坏性操作。

② 上人屋面在使用中要注意污染、腐蚀等常见问题,在使用期应有专人管理。

③ 屋面增设各种设备,如天线、广告牌等,首先要保证不影响原有功能(包括上人屋面的景观要求);其次要符合整体技术要求,如对屋面产生荷载的类型与大小会导致何种影响。

④ 在施工过程中,要有专业人员负责,并采用合理的构造方法与必要的保护措施,以免对屋面产生破坏或形成其他隐患,如对人或物造成危害。

5.建议外包给专业的维修保养公司

屋面工程具有很强的专业性与技术性,检查与维修养护都必须由专业人员来负责完成,而屋面工程的养护频率相对较低。所以为减轻物业公司的负担,并能充分保证达到较高的技术水平,更有效、更经济地做好屋面工程养护工作,可以将该项业务外包给专业的维修保养公司。

(六)通风道的养护管理

对通风道的养护中,应注意以下事项。

① 住户在安装抽油烟机和卫生间通风器时,必须小心细致地操作,不要乱打乱凿,对通风道造成损害。

② 不要往通风道里扔砖头、石块或在通风道上挂东西,挡住风口,堵塞通道。

③ 物业公司每年应逐户对通风道的使用情况进行检查。发现不正确的使用行为要及时制止,发现损坏要认真记录,及时修复。

④ 检查时可在楼顶通风道出屋面处测通风道的通风状况,并用铅丝悬挂大锤放入通风道检查其是否畅通。

⑤ 发现通风道出现小裂缝应及时用水泥砂浆填补,严重损坏的在房屋大修时应彻底更换。

(七)垃圾道的养护管理

对垃圾道的平时养护中应注意以下事项。

① 指定专人负责垃圾清运,保持垃圾道畅通。

② 搬运重物时要注意保护好垃圾道,避免碰撞,平时不要用重物敲击垃圾道。

③ 不要往垃圾道中倾倒体积较大或长度较长的垃圾。
④ 垃圾道出现堵塞时应尽快组织人员疏通；否则越堵越严，疏通起来更加费时费力。
⑤ 垃圾斗、出垃圾门每2年应重新刷1遍漆，防止锈蚀、延长其寿命、降低维修费用。
⑥ 垃圾道出现小的破损要及时用水泥砂浆或混凝土修补，防止其扩大。

四、房屋日常养护的程序

（一）项目收集

日常养护的小修养护项目，主要通过以下两个渠道来收集。

1. 走访查房

走访查房是指物业管理员定期对辖区内住户进行走访，并在走访中查看房屋，主动收集住户对房屋修缮的具体要求，对住户尚未提出或忽略的房屋险情及公用部位的损坏要及时记录。为了提高走访查房的实际作用，应建立走访查房手册。

2. 住户的随时报修

为方便住户随时报修，物业管理部门收集服务项目的措施，如下图所示。

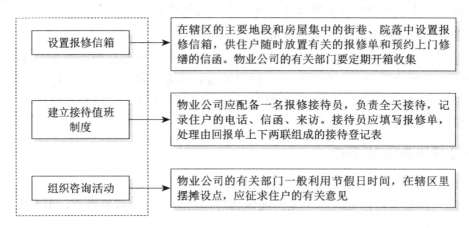

收集服务项目的三大措施

（二）计划编制

通过走访查房和接待报修等方式收集到的修缮服务项目，除室内照明、给水、排污等部位发生的故障及房屋险情等应及时解决外，其余修缮服务项目，均由物业管理人员统一收集，逐一落实。其中属于小修养护范围的项目，应按轻重缓急和维修情况，于月底前编制次月的小修养护计划表，并按计划组织实施。

凡超出小修养护范围的项目，也应于月底前填报中修以上工程申请表。工程部按照申报表，到实地查看，根据报修房屋的损坏情况和年、季度的修缮计划，进行勘估定案，安排中修以上的工程予以解决。

物业管理员对即将进场施工的项目要及时与住户联系，做好搬迁腾让等前期工作；对无法解决或暂不进场施工的，应向住户说明情况。

（三）任务落实

工程主管根据房屋养护计划表和随时需要急修的项目，开列小修养护单；维护人员凭养护单领取材料，根据养护单开列的工程地点、项目内容进行施工。

在施工中，工程主管应每天到施工现场，解决施工中出现的问题，检查当天任务完成情况，安排次日零修养护工作。

【范本5-01】××房屋日常维修养护方案

一、房屋本体日常维修养护方案

（一）房屋本体共用部位维修养护范围周期

房屋本体共用部位维修养护范围周期如下表所示。

房屋本体共用部位维修养护范围周期表

范围 年限/年	房屋承重结构部位			房屋抗震结构部位				外墙面	公共房屋	公共通道、楼梯间、公共墙面
	基础	层面	梁、柱	墙体	构造体	构造梁	墙			
1										
2										
3									△	△	
4											△
5		△		△							
6											
7											
8		☆									☆
9											
10				☆		△					
11											
12									△	△	△
13		△									
14											
15			△	△	△	△	△				
16		☆							☆	☆	☆
17											
18											
19											
20					☆				☆	△	△
21	△										

续表

年限/年 \ 范围	房屋承重结构部位			房屋抗震结构部位				外墙面	公共房屋	公共通道、楼梯间、公共墙面
	基础	层面	梁、柱	墙体	构造体	构造梁	墙			
22										
23										
24		☆						☆	☆	☆
25				△		△				
26										
27										
28								△	△	△
29			△							
30	☆		☆	☆	☆	☆	△			

注：△表示中修；☆表示大修。

（二）房屋本体共用部位日常维修养护方案

房屋本体共用部位日常维修养护方案如下表所示。

房屋本体共用部位日常维修养护方案

序号	项目	内容	计划	方案
1	房屋承重及抗震结构部位	（1）局部受损 （2）施工质量原因造成的结构问题	每周巡查1次，发现问题，立即处理、维修	由于使用不当造成结构局部受损较轻，由工程管理部按房屋修缮规定实施维修；如局部受损较重，应请专家"会诊"，提出方案，委托专业公司实施
2	外墙面	（1）外墙面起鼓脱落 （2）外墙面局部渗漏 （3）外墙面大面积渗漏	每周检查1遍，发现问题，及时维修	由工程管理部按有关修缮规程实施
3	公共屋面	（1）隔热层破损 （2）防水层破损造成屋面渗漏	每月检查，出现问题，及时维修	由工程管理部按相应作业指导书实施维修
4	公共通道、门厅、楼梯间	（1）公用地面的维修改造 （2）公共通道、门厅的墙、天棚维护 （3）楼梯间墙面、扶手、踏步的维护	每周检查1遍，发现问题，及时维修	由工程管理部按相应技术要求实施维修

（三）房屋本体共用部位定期维修养护方案

房屋本体共用部位定期维修养护方案如下表所示。

房屋本体共用部位定期维修养护方案

序号	项目	内容	计划	方案
1	房屋承重及抗震结构部位	（1）局部受损 （2）施工质量原因造成的结构问题	每年对房屋基础进行1次检查，注意白蚁侵害、地基沉降、外力损坏等引起的损害	由于使用不当造成结构局部受损较轻，由工程管理部按房屋修缮规定实施维修，如局部受损较重，应请专家"会诊"，提出方案，委托专业公司实施
2	外墙面	（1）外墙面起鼓脱落 （2）外墙面局部渗漏 （3）外墙面大面积渗漏 （4）外墙面翻新	（1）每2年对较大面积的渗漏外墙应局部翻新，防止面积继续扩大及污染墙面 （2）每年雨季前对窗台进行1次密封检查，防止雨水侵入	由工程管理部按有关修缮规程实施
3	公共屋面	（1）隔热层破损 （2）防水层破损造成屋面渗漏 （3）避雷网脱焊、间断 （4）屋面积水	（1）避雷网每年刷漆1次，防止锈蚀 （2）每年全面修补1次屋面隔热层板；每半年疏通1次屋面雨水口 （3）每年对屋面防水层检修1次	由工程管理部按相应作业指导书实施维修
4	公共通道、门厅、楼梯间	（1）公用地面的维修改造 （2）公共通道、门厅的墙、天棚维护 （3）楼梯间墙面、扶手、踏步的维护	（1）每半年对公共地面维护1次 （2）每年维修1次通道、门厅及楼梯间墙壁、扶手及栏杆 （3）每年全面维护1次楼梯间踏步，对墙面、地面起鼓、开裂、破损等进行修复	由工程管理部按相应技术要求实施维修

（四）房屋本体共用部位维修养护标准

房屋本体共用部位维修养护标准如下表所示。

房屋本体共用部位维修养护标准

序号	项目	养护标准	实施效果
1	房屋承重及抗震结构部位	（1）房屋修缮标准 （2）有关工程施工技术规范	（1）安全、正常使用 （2）功能完好
2	外墙面	（1）房屋修缮标准 （2）外墙面修缮作业规程	无鼓、无脱、无渗水、整洁统一
3	公共屋面	（1）房屋修缮标准 （2）相应修缮作业规程	（1）无积水、无渗漏 （2）隔热层完好无损 （3）避雷网无间断，各种避雷装置焊接点牢固可靠，通雷测试端实测电阻小于4欧
4	公共通道、门厅、楼梯间	（1）相应建筑部分修缮技术流程 （2）房屋修缮标准	（1）整洁，无缺损，无霉迹 （2）扶手完好，无张贴痕迹

二、共用设施设备日常维修

（一）共用设施设备维修养护周期

共用设施设备维修养护周期如下表所示。

共用设施设备维修养护周期表

年限/年 \ 共用设施重大维修工程项目	区内道路	室外照明	沟、渠、池、井	消防设施	批电设备	导视牌	给排水管道
1							
2							
3		△				△	
4			△				
5	△			△		○	△
6		△			△		
7							
8			☆			△	
9		☆					
10	☆			△		○	☆
11							
12		△	△		☆		
13						△	
14							
15		△	△	○		○	△
16			☆				
17							
18		☆			△	△	
19							
20	☆		△	△		○	☆
21			△				
22							
23						△	
24			△	☆		△	
25	△					○	△
26							
27		☆					
28				△	△	△	
29							
30		☆	△	○		○	☆

注：△表示中修；☆表示大修；○表示更换。

（二）共用设施设备日常维修方案

共用设施设备日常维修方案如下表所示。

共用设施设备日常维修方案

序号	类型	项目	日常维修计划	方案
1	广场道路	路面、人行道、道牙	每周检查1遍，随坏随修	由工程管理部按项目维修规程实施
2	室外照明	高柱灯 柱头灯 藏地灯	每天检查1遍，随坏随修	由工程管理部按作业指导实施
3	沟渠池井	雨水口 雨水井 污水井 化粪池 阀门井	每周检查1遍，发现问题，及时维修	由工程管理部按作业指导书规程实施
4	机电设备	变配电设备 给排水设备 空调系统	每天巡视检查，发现问题，及时维修	由工程管理部组织实施
5	消防设备	自动烟感报警系统 消防栓、喷淋系统 疏散指示	每周检查1遍，发现问题，及时维修	由工程管理部按相关维修规程实施
6	给排水管道	管道 阀门	每天检查1遍，发现问题，及时维修	由工程管理部按相关维修规程实施
7	公用标识导视	标识牌 警示牌	每周检查1遍，发现问题，及时维修	由工程管理部按相关维修规程实施
8	其他共用设施	垃圾转运站 大门 围墙	每周检查1遍，发现问题，及时维修	由工程管理部按相关维修规程实施

（三）共用设施设备日常维修标准

共用设施设备日常维修标准如下表所示。

共用设施设备日常维修标准

序号	类别	项目	日常维修标准	日常维修实施效果
1	广场道路	路面、人行道、道牙	(1) 路面修缮质量标准 (2) 人行道铺设修缮标准	平整、无坑洼、无积水、无缺损、完好率达99%以上

续表

序号	类别	项目	日常维修标准	日常维修实施效果
2	室外照明	高柱灯 柱头灯 藏地灯	（1）电气作业安全操作规程 （2）灯具施工技术标准	灯泡正常使用，灯罩完好清洁，灯杆及灯座无破损，完好率达99%以上
3	沟渠池井	雨水口 雨水井 污水井 化粪池 阀门井	（1）井内无积物，井壁无脱落 （2）化粪池出口及分隔池无堵塞 （3）井盖上标志清晰	（1）井盖完好率达100%，标志清晰 （2）无缺损，少污积 （3）无堵塞
4	机电设备	变配电设备 给排水设备 空调系统	（1）变配电设备保养规程 （2）给排水设备保养规程 （3）空调维护保养规程	无故障，设备正常安全运行
5	消防设备	自动烟感报警系统 消防栓、喷淋系统 疏散指示	（1）给排水管道施工技术标准 （2）消防设施施工技术标准	（1）消防设施正常有效 （2）灵敏准确报警
6	给排水管道	管道 阀门	给排水管道维护规程	管道通畅，无渗漏
7	公用标识导视	标识牌 警示牌	（1）标识清楚，无污渍、破损 （2）安放牢固	（1）标志设施完好率100% （2）标志无损坏
8	其他共用设施	垃圾转运站 大门 围墙	（1）无破损 （2）无脱落 （3）外观良好	（1）确保围墙完好 （2）确保垃圾转运站正常使用

（四）共用设施设备定期维修方案

共用设施设备定期维修方案如下表所示。

共用设施设备定期维修方案

序号	类别	项目	定期维修计划	方案
1	广场道路	路面、人行道、道牙	（1）每年对局部损坏严重、修补多次的路面、道牙、人行道板进行翻新 （2）路面翻新面积应控制在每年1‰以内，其他控制在每年5‰以内，逐年递增10%	翻新工作由工程管理部委托有关施工单位实施
2	室外照明	高柱灯 柱头灯 藏地灯	（1）灯杆每年刷漆1次 （2）每月清洁灯具1次 （3）每季度检修线路1遍 （4）对于破损灯具及老化线路的灯具进行更换	由工程管理部按相关作业规程维修

续表

序号	类别	项目	定期维修计划	方案
3	沟渠池井	雨水口 雨水井 污水井 化粪池 阀门井	（1）化粪池每半年清理1次 （2）井盖板每半年刷1次漆，防止锈蚀 （3）每季度清理井内杂物1次 （4）每年全面维修1次	由工程管理部按相应作业规程实施
4	机电设备	变配电设备 给排水设备 空调系统	（1）每周检查控制设备1次 （2）每季度检查开关灵敏度及开关紧固件完好情况 （3）每年保养水泵1次 （4）空调主机每年保养1次	由工程管理部组织实施
5	消防设备	自动烟感报警系统 消防栓、喷淋系统 疏散指示	（1）消防栓及水泵接合器每半年刷漆1次 （2）消防栓每半年排1次水，检修1次 （3）消防系统主要设备每年联动测试1次	由工程管理部按相关维修规程实施
6	给排水管道	管道 阀门	（1）每年刷1次管道油漆 （2）每年检测1次管道固定码 （3）每半年维护1次阀门	由工程管理部负责维修
7	公用标识导视	标识牌 警示牌	（1）每月清洁标识1次，并对标识安放基础稳固情况进行检查维护1次 （2）每年对标识进行维护1次 （3）每5年更换1次标识	由工程管理部组织实施
8	其他共用设施	垃圾转运站 围墙 大门	（1）每年刷漆1遍 （2）每季度检查排水沟通畅情况 （3）每季度检查1次泄水孔疏通情况	由工程管理部按相应作业规程实施

（五）共用设施设备定期维修标准

共用设施设备定期维修标准如下表所示。

共用设施设备定期维修标准

序号	类别	项目	日常维修计划	方案
1	广场道路	路面、人行道、道牙	（1）路面施工质量标准 （2）人行道铺设技术标准	使局部损坏严重的路面通过翻新延长寿命，从而使整个道路保持均衡使用功能
2	室外照明	高柱灯 柱头灯 蔵地灯	灯具施工技术标准	（1）实现良好的灯具外观 （2）照明系统正常有效启用 （3）照明设施线路完好率达99%以上

续表

序号	类别	项目	日常维修计划	方案
3	沟渠池井	雨水口 雨水井 污水井 化粪池 阀门井	（1）化粪池清理作业规程 （2）井盖刷漆防锈作业规程	（1）池内、井内沉积物及时清理，出口顺畅 （2）井盖正常使用，密合 （3）流水通畅，无堵塞
4	机电设备	变配电设备 给排水设备 空调系统	机电设备维护保养规程	（1）无故障停水、停电 （2）空调系统运行正常
5	消防设备	自动烟感报警系统 消防栓、喷淋系统 疏散指示	消防报警系统维护保养规程	（1）设施正常有效使用 （2）外观完好，标识清楚 （3）灵敏、准确报警
6	给排水管道	管道 阀门	给排水管道维护修缮标准	（1）管道通畅，无渗漏 （2）阀门灵活，不漏水
7	公用标识导视	标识牌 警示牌	楼层标识、警示牌制作安装及管理规程	（1）标识清洁美观 （2）按放稳固 （3）标识清晰
8	其他共用设施	垃圾转运站 大门 围墙	垃圾转运站及围墙维护标准	（1）设施完全正常使用 （2）完好美观

第二节　房屋完损等级的评定

房屋的完损等级是指对现有房屋的完好或损坏程度划分的等级，也就是现有房屋的质量等级。

评定房屋完损等级是按照统一的标准、统一的评定方法，对现有整幢房屋进行综合性的完好或损坏的等级评定。这项工作专业技术性强，既有目观检测，也有定量、定性的分析。

根据城乡建设环境保护部1985年制定颁布的《房屋完损等级评定标准》，并结合我公司实际情况，制定对楼宇质量进行评定的标准。

一、房屋完损标准的划分和等级分类

（一）房屋完损标准的划分

各类房屋完损标准是根据房屋的结构、装修、设备三个组成部分的各个项目的完好或损坏程度来划分的。房屋完损标准共分成四个，即完好标准、基本完好标准、一般损坏标准和严重损坏标准。

房屋的结构组成部分分为基础、承重构件、承重墙、屋面和楼地面；装修组成部分分为门窗、外抹灰、内抹灰、顶棚和细木装修；设备组成部分分为水卫、照明、暖气及特种设备（如消火栓、避雷针装置、电梯等）。

（二）房屋完损等级的分类

根据各类房屋的结构、装修和设备等组成部分的完好、损坏程度，房屋的完损状况即房屋完损等级分成下表所示的五类。

房屋完损等级的分类

序号	等级	完好或损毁程度
1	完好房	（1）必须是正规房屋，结构安全可靠、整体性好；屋面或板缝不漏水 （2）装修和设备完好、齐全完整、管道通畅、现状良好、使用正常 （3）虽存在一定的陈旧现象或个别构件有允许值之内的轻微损毁，但不影响居住安全和正常使用，通过小修即可恢复
2	基本完好房	（1）结构构件安全、基本牢固，虽有少量部件的损坏程度稍超过设计允许值，但已经稳定 （2）屋面或板缝局部渗漏、设备的个别部件或零件有影响使用的破损，通过在原有构件或部位上进行修补、涂抹、刷漆等维修即可恢复使用功能
3	一般损坏房	（1）局部结构构件变形、裂缝、腐蚀或老化，强度不足，屋面或板缝局部渗漏 （2）装修局部有破损 （3）油漆老化，设备、管道不够畅通；水卫、照明管线、器具和零件有部分老化、损坏或残缺，需要进行中修或局部大修、更换部件
4	严重损坏房	（1）部分结构构件有明显或严重倾斜、开裂、变形或强度不足，个别构件已处于危险状态 （2）屋面或板缝严重渗漏 （3）设备陈旧、不齐全；管道严重堵塞；水卫、照明的管线、器具和零件残缺及严重损坏；需要局部整修、更新等大修
5	危险房	（1）主体构件强度严重不足、稳定性很差、随时有倒塌的可能，采用局部加固修理仍不能保证安全 （2）已丧失维修价值 （3）因结构严重损坏需要拆除、翻新

二、房屋完好率、危险率的计算

计算房屋完损等级，一律以建筑面积（米^2）为计算单位，评定时以幢为评定单位。

（一）房屋完好率

房屋完好率是指完好房屋的建筑面积加上基本完好房建筑面积之和，占总的房屋建筑面积和的比例（%），即

$$房屋完好率 = \frac{完好房建筑面积 + 基本完好房建筑面积}{总的房屋建筑面积} \times 100\%$$

房屋经过大、中修竣工验收后,应重新调整房屋完好率(但是零星小修后的房屋不能调整房屋完好率)。正在大修中的房屋可暂按大修前的房屋评定,但竣工后应重新评定;新接管的新建房屋,同样应评定完好率。

(二)危房率

危房率是指整幢危险房屋的建筑面积占总的房屋建筑面积的比例(%)。即

$$危房率 = \frac{整幢危险房屋的建筑面积}{总的房屋建筑面积} \times 100\%$$

三、房屋等级评定的部位

评定部位如下。
① 结构部分:主要有地基基础、承重构件、自承重构件、楼地面和屋顶。
② 装修部分:主要有门窗、外抹灰、内抹灰、吊顶、细木装修等。

四、房屋等级评定的期间

房屋完损等级的评定可分定期和不定期两类。

(一)定期评定

定期评定房屋完损等级,一般每隔1~3年对所管的房屋进行一次全面逐幢完损等级的评定,这种评定可以全面、详细地掌握房屋的完损等级情况。

(二)不定期评定

不定期评定,分为以下几种情况。
① 根据气候特征,如雨季、台风、暴风雪、山洪等,应对危险房屋、严重损坏房屋和一般损坏房屋等进行检查,评定完损等级。
② 房屋经过中修、大修、翻建竣工验收以后,应重新进行评定完损等级。
③ 接管新建房屋后,要进行评定完损等级。

五、评定房屋完损等级的步骤

进行评定房屋完损等级,其基本做法大致可以分为准备、实施查勘、统计汇总三个阶段。

(一)准备阶段

这一阶段的重点是制订评定工作计划,建立评定组织,组织评定人员进行培训,做好试点。

1.组织准备

物业公司应成立房屋质量评定领导小组,对评定工作进行全面组织和领导,这个评

定小组要有公司分管领导、管理处、技术等部门的人员参加。

各基层物业管理处应成立评定小组。小组成员一般由5～6人组成，即有经验的管理处负责人1人，水工1人，电工1人，泥工1人，木工1人，电梯1人。

2.培训、试点

组织评定人员进行业务培训，培训要采取理论与实践相结合的方法，把课堂听讲与现场实际相结合起来，还可以把培训和试点结合起来。通过培训以达到理解标准，掌握方法，保证质量的目的。

通过学习了解如何评定房屋质量，明确任务范围，掌握评定的方法；还要学习物业管理的有关政策、业务知识以及如何鉴定等基本常识、统计要求。另外评定工作的纪律也是培训学习的必要内容。

试评时一定要按照《房屋完损等级评定标准》逐项对照确定。通过试评必须达到两个基本目的：一是要达到统一方法、统一口径、统一目光（目测程度）以起样板示范作用；二是要摸索出一套评定房屋完损等级的工作规律，以取得经验，加以推广。

3.物质准备

要根据评定工作的要求做好必要的物质准备，包括查勘工具，评定的各种统计表格。查勘工具包括线锤、直尺、榔头、螺丝刀、试电笔及有关检查设备的仪器、仪表，还有必要的书写用具及安全器具。

各项准备工作要尽量做得细一点。物业公司要对各管理处的评定工作准备认真检查落实，避免临阵忙乱，影响工作，还要建立各级评定人员的各项工作责任制，以保证评定工作的质量。

（二）实施查勘阶段

在充分做好各项准备工作以后，可进入实施查勘阶段。在这一阶段评定领导小组要帮助和指导各管理处做好评定查勘的各项工作，及时掌握情况，抓质量、抓进度、总结经验，发现问题要及时解决。

1.分工明确，职责分清

各管理处的评定小组人员分工明确，各司其职，如泥工负责评定地基基础、钢筋砌体等承重结构，非承重结构、屋面、楼地面、内外饰面等项的完损程度；木工负责评定非承重墙、木地面、门窗、顶棚、细木装修等项的完损程度；水工、电工负责评定水卫、照明、空调和特种设备（电梯除外，电梯由电梯工负责评定）等。

管理处负责人是评定小组的负责人，也是评定工作的技术质量负责人，主要负责安排查勘评定任务、技术指导、质量监察、上下联系，评定房屋完损等级，解决评定过程中遇到的疑难问题，保管评定中的资料和表格。

2.评定顺序

为了使工作有秩序进行，提高工作效率，保证评定工作质量，应按以下顺序进行。

① 在室内先填写好房屋分幢完损等级评定表中的有关资料，如房屋名称、结构类别、建筑面积、现在用途等项。

② 在填写好房屋分幢完损等级评定表中的有关资料以后,实地进行逐幢评定。在评定等级确定并填好表后,评定小组负责人要签注姓名和日期。

③ 房屋分幢完损等级评定工作结束,经复核抽查无误,符合质量要求后,方可进行房屋完损等级汇总和统计汇总工作。

3.评定方法

评定小组先将填好的房屋分幢完损等级评定表带到实地,经核对房屋的名称、幢号后,泥工、木工、水工、电工、电梯工按各自分工进行评定,其方法如下表所示。

房屋完损等级评定方法

序号	方法	操作说明
1	查看:查看时应先查外后查里,先查下后查上	(1)泥工先沿着房屋外形查看一遍,熟悉情况,接着查看外承重墙(柱)、非承重墙、外饰面等项的完损程度,然后进入屋内,按照先查下后查上的原则顺序,查内承重墙(柱)、钢筋混凝土的梁、柱、板、楼地面、非承重墙、内饰面等项的完损程度,再查看屋(楼)面渗漏水迹情况,并查看上屋面完损程度,若遇墙体、柱有倾斜、弓凸等损坏,可以用线锤吊测倾斜、弓凸值,以便进一步确定损坏程度。若承重结构有裂缝、饰面有破损,还可以用尺量测裂缝宽度或饰面破损面积,以进一步确定其完损程度 (2)木工先查看外门窗的完损程度,然后进入屋内,按照先查下后查上的原则顺序,查看非承重墙、木地面、顶棚、细木装修等项的完损程度。查看时可以用螺丝刀探凿腐朽的深度。对遇到顶棚和经常受雨水侵入的部位,一定要详细查看,对于顶棚,一定要钻进去查看 (3)水、电工及电梯工对设备部分的完损程度进行评定,也应按照先下后上的顺序逐间逐层检查,必要时带检查测试仪器来测定设备和性能好坏及电器、线路绝缘情况,据此来确定完损程度 (4)管理处负责人从外到里、从下到上对各评定项目都要目测完损程度,做到心里有数,若遇到危险、严重损坏的承重结构,可以同泥工或木工一起查看完损程度 (5)在查看过程中要按房屋的部位顺序进行,每一处都要看到,不能有遗漏,不走回头路,以节省时间
2	询问	对有些项目的损坏情况查看不到或情况不清楚的,可以询问住户,如白蚁危害,屋(楼)面漏水,水管"跑、冒、滴"等情况
3	报告	泥工、木工、水工、电工、电梯工在各自查看项目后,分别向管理处负责人报出各个项目的完损程度
4	议定	(1)管理处负责人首先根据房屋分幢完损等级评定表上记载的各项完损程度,按照房屋完损等级评定方法,提出整幢房屋应评定完损等级的建议,再经过评定小组评议后确定其完损等级 (2)如果评定小组对评定的完损等级意见不统一时,要进行商议,必要时对争论的项目可进行复查后再确定等级 (3)对评定过程中遇到情况复杂、个人难以确定时,需评定小组集体查看,经商议后再确定
5	记录	(1)管理处负责人把评定小组评定的房屋完损等级记在房屋分幢完损等级评定表中的"评定等级"一栏内,填写时可简明写为"完好"(即完好房)、"基本完好"(即基本完好房)、"一般"(即一般损坏房)、"严重"(即严重损坏房)和"危险"(即危险房) (2)在评定过程中发现危房、严重损坏房和一般损坏房的承重结构损坏的情况,还要在表中"附记"栏内简明记载损坏的内容、程度、数量、部位等,必要时可画图示意,以便复核或作为修理查勘时的依据

4.填写房屋分幢完损等级评定表

房屋分幢完损等级评定表是评定的基础表格,为了保证质量,填写内容要正确,方法要一致。每幢房屋填写一张评定表。一般填写方法如下。

① 名称:指房屋名称。

② 地址:指房屋所在的地点。

③ 编号:编号的目的是为了便于汇总统计和装订资料,防止散失,以供查考,以每张表编一个号码,应按顺序编号。

④ 幢号:同一大厦中有几幢房屋的,应分别按每一幢编写幢号。

⑤ 产别:是根据房屋所有权和管理不同而划分的类别,如公产、代管户、拨用户、私产等。

⑥ 结构类别:如钢筋混凝土或其他结构等。

⑦ 现在用途:如住宅、商场、写字楼、酒店等,是指房屋目前的实际用途,并非房屋原建时的用途。

⑧ 附记:主要记载说明的问题,如承重结构损坏的部位、数量、程度等。

⑨ 评定等级:是指整幢房屋的完损等级。

5.评定工作的质量控制

评定房屋完损等级的目的,是为了使物业公司及管理处掌握房屋的完损情况,并为房屋技术管理和修缮计划的安排提供基础资料和依据。因此要把评定工作的质量放在首位。为了保证质量,必须做到以下几点。

① 加强对评定人员的培训和业务指导,提高业务人员素质,要求每个评定人员掌握房屋完损标准和评定方法,并在实际工作中能正确运用。

② 在评定过程中对出现的特殊情况和疑难问题,要及时汇报上一级评定组织。上级评定组织要经常到现场指导,及时解决评定中存在的问题。

③ 建立工作责任制,评定人员承担评定质量的责任,对质量好的要给予表扬,对质量差的要进行批评,并限期改正。

④ 上级评定组织要严格把关,加强抽查指导,及时发现差错,给予纠正。

检查评定工作质量的方法有两种,如下图所示。

评定小组自查	上级评定组织抽查
评定小组每天实地评定结束后,要及时整理表格,检查是否有遗漏,如有遗漏一定要及时补上。对评出等级要自检一下,是否符合评定方法和评定标准,对不符合者,要及时纠正	上级评定组织要经常派人去基层检查工作,了解进度,抽查质量。抽查质量方法,一是抽查房屋分幢完损等级评定表,从表上检查评定方法是否正确,分析正确程度;二是到实地复查,查一查评定出来的等级是否符合房屋完损的客观实际情况。抽查数量一般在10%左右,允许误差率控制在3‰以内

检查评定工作质量的方法

6. 评定中应注意的事项

① 参加评定工作的人员一定要有高度的责任感，要严格组织纪律，既做房屋质量评定员，又做宣传员；随时向住户宣传房屋评定的目的、意义和方法，取得住户的支持配合。

② 查勘评定工作要做到现场查勘，现场评定，日查、日评、日清。对该幢房屋被评定为"危险房"和"严重损坏房"两个等级时，不要当着住户评定或自作主张随意解答与评定无关的问题，以免产生不必要的麻烦。

③ 在现场查看时，必须注意安全工作，以防止发生意外事故。

④ 在查看时，隐蔽部位有破损的地方，应通过管理处及时安排修补，以免影响住户。

7. 评定员应遵守的纪律

① 评定工作必须到实地，依顺序逐幢进行。若遇住户不在家，应下次再补查，做到不遗漏、不复查。

② 工作时必须佩戴名牌或携带证件，以明确身份，接受住户监督。

③ 对待住户态度和气，尊重住户的风俗习惯，注意文明礼貌。不随意向无关人员传播资料和数据。

④ 妥善保管评定资料和表格，不得遗失、污损，做到日评日清。

⑤ 坚守岗位，不擅离职守，认真执行各种规章制度。

（三）统计汇总阶段

这一阶段的工作重点是抓好汇总统计表的统计质量，做好复核、核正工作，并在做好统计汇总工作的同时，切实做好资料装订工作。

房屋完损等级的汇总统计工作是最后一道工序，也是评定完损等级出成果的阶段。汇总统计采用逐级的、自下而上的方法进行。

1. 房屋完损等级汇总表

"房屋完损等级汇总表"是管理处对建筑面积和各类房屋结构完损等级的汇总，从此表可看出房屋结构和完损等级的情况。

① 此表由管理处汇总。

② 此表是根据"房屋分幢完损等级评定表"在复核无误的基础上进行的汇总。

2. 公司房屋完损等级汇总表

"公司房屋完损等级汇总表"是各管理处房屋完损等级的统计汇总，反映房屋各类结构的面积和完损等级，并用比例（%）表示。

① 此表由公司汇总。

② 此表根据"房屋完损等级汇总表"来统计汇总。

【范本 5-02】房屋分幢完损等级评定表

名称：　　　　　　　　　地址：　　　　　　　　　编号：

房屋情况	完损标准分类	结构部分					装修部分					设备部分			评定等级
		地基基础	承重结构	非承重墙	屋面	楼地面	门窗	外墙面	内墙面	顶棚	细木装修	水卫	照明	特种设备	
房名	完好														
产别	基本完好														
结构类别	一般损坏														
建筑面积	严重损坏														
建筑年代	危险														
附记															

复核人：　　　　　　　　评定人：　　　　　　　　评定日期：

【范本 5-03】房屋完损等级汇总表

单位：　　　　　　　　　　　　　　　地址：

编号	房屋名称	建筑面积/米²	产别	钢筋混凝土结构/米²				
				完好房	基本完好房	一般损坏房	严重损坏房	危险房

复核：　　　　　　　　　制表：　　　　　　　　　日期：

【范本 5-04】公司房屋完损等级汇总表

单位：　　　　　　　　　　　　　　　　　　　　　　　　　　　　　　　____年___月___日

完损等级					钢筋混凝土				
单位	面积/米²	完好面积/米²	完好率		完好房	基本完好房	一般损坏房	严重损坏房	危险房

复核：　　　　　　　　　　制表：　　　　　　　　　　日期：

第六章

Chapter 06

设施设备运维外包管理

> 当设施设备维护项目超出企业自身技术实力时，物业公司一般会将其交由第三方的专业公司来完成。这种外包服务本身是一种优势互补、资源共享的业务协作方式，有利于社会资源的优化配置。但是，外包只是将工作本身转移给第三方，物业公司与业主之间的权利和义务关系并未随之转移及改变，物业公司仍对外包服务的质量负最终责任。因此，对于外包服务的过程跟踪和质量监督，仍是物业设施设备管理的一项重要内容。

第一节 设施设备运维外包概述

一、什么是设施设备运维外包

设施设备运维外包，是指合理利用其外部最优秀的专业化资源如专业电梯维保公司、清洁公司、绿化公司等，从而达到降低物业公司成本、提高效率、充分发挥自身核心竞争力、增强物业公司对环境的应变能力的一种管理模式。

二、设施设备运维外包的好处

① 能够增减人力，准确地满足每天的设施需要，每年花费较少的工时即可完成既定的工作量。这种办法可以避免聘请全职人员应付高峰时的工作，从而减少内部多余的人员，还可以利用季节性的良好天气安排季节性的工作。

② 设施启动时的特殊人力需求得到满足后，就不必在正常运作时配备过多的人员，在启动阶段尽量少加班。

③ 由于承包商的技术工人都经过技术培训，他们比内部一般运作和维护人员的工作效率高。

④ 承包商有足够的人力可用于随意安排设施的小修、大修、改建等工程，更好地适应设施的运作需要。而固定数量的内部员工则无法满足这些要求。在实际可行的范围内利用更多的人员，也可减少设备和系统的停机时间。

⑤ 如果将全部或大部分设施运作和维护服务的责任交付给承包商，则可以让内部人员将更多的时间集中在主要任务上——为物业使用人提供更好的服务。

⑥ 物业公司可将正常设施运作和维护工作以外的运作及维护服务交付给承包商。如果承包商选择恰当，其能对自己的服务提供必要的监督，还可提供重要设备安装、检查和修理等专业领域的中间监督。物业公司也可以将其工作人员保持在稳定水平的同时，随时利用外部人员绘制施工图纸，计划和估算派工单的工作，安排工作，进行设备试验等。

⑦ 可以减少其在设施、建筑、工具和设备方面的投资。不常使用的大型设备可以从

承包商或其他地方租赁，以满足"承包商"或"本物业"运作和维护的需要。如果承包商能提供工具，则可节省这方面的投资。

⑧ 可将运作和维护人员劳资关系的全部责任转交给承包商，而不必对内部人员负责。

⑨ 可在开始时聘请承包商负责运作和维护，如果对其工作感到不满意，再逐步组建内部的运作和维护队伍。如果开始就使用内部人员，以后若想改变就会遇到很大困难。如果对承包商的工作不满意，可以更换承包商。

三、哪些项目容易获得外部资源

物业设施运作和维护工作的外包可以是单项运作、维护或服务的外包，或全套设施运作和维护的外包，包括监督和工程。

设施设备如要获得全面的外包运作和维护服务，则必须设置在有利的地理位置，附近有能够提供这些服务的承包商。目前，容易获得的关于设施设备维护和运作服务方面的外部资源有以下几项。

① 水处理。
② 回流防止器预防性维护。
③ 配电系统预防性维护和试验。
④ 加热和不加热压力容器检验及试验。
⑤ 电梯、自动扶梯维护和修理。
⑥ 能源控制管理系统预防性维护、服务和规划。
⑦ 涡电流试验。
⑧ 火警、灭火器材和喷水消防系统维护及试验。

四、物业设施运作与维护外包形式

外包运作和维护服务一般来说适合于已有设施，尤其适合于将运作和维护服务完全外包出去的情况。在利用外部资源进行外包时，可采用下列方法。

（一）将特殊专业要求的工作外包出去

物业公司拥有自己的运作和维护人员，用以完成全部日常的和高峰负荷时的运作及维护工作，只将某些有特殊专业要求的工作外包出去。目前大多数物业公司采用这种方法。

（二）将高峰期工作量大的工作外包出去

即利用物业公司的运作和维护人员完成日常的工作，而聘请承包商的人员来处理高峰时期工作量大的工作，例如紧急情况、小修、大修等。在这种情况下，承包商可能派遣专业人员来进行设施设备的改造、完善、维护或修理。

（三）自营与外包相互补充

物业公司只聘请最少的运作和维护人员进行部分日常运行及维护工作，而利用承包商的运作和维护服务作为补充来完成其余的日常工作及高峰时的运作与维护工作。

(四)完全外包

物业公司在组织内不设运作和维护人员,而完全依靠承包商派遣所需的全部运作和维护人员,以保证日常工作和高峰时的运作及维护工作。

完全外包是特殊做法,不属于一般情况,根据调查,效率和效益较高的做法是保留少量的工作人员来提供设施设备运作及维护服务、呼叫服务,预防性和预测性维护工作,以及能源经营管理系统的运作和规划。

第二节 编写外包服务工程说明

购买外包服务较好的方法是招标,这就要求有书面招标文件、承包商名单和投标评估。招标文件应包括详细的工程说明,"工程说明"是指用于说明服务要求的"说明书"。

一、工程说明书的形式

工程说明书分为两类:定期型和全包型。定期型工程说明书阐述一段时间内的工程量,例如12月对锅炉工的需要。全包型工程说明书阐述用户要求完成的实际工作。承包商必须为完成工程提供所需的全部资源(人力、监督、器材、工具和设备)。

二、工程说明书编写的要求

为外包服务编写明确的工程说明书是很重要的。好的说明书要规定最低的要求。说明书还应包括供应商能满足用户全部要求的条款。某些工作,如电梯维护、屋顶维修等是容易界定的,最好用非常肯定的"这样做"来说明。但其他工作,如建筑、工程和咨询服务是比较抽象和难以定义的,在这种情况下,通常最适宜的说明方式是实施方法或"我们认为我们想要完成的……"应避免像"包括""类似""良好的工艺""干净的加工"等词句。

三、工程说明的内容

当处理设施规划或建设等复杂的大项目时,一般最好在编制工程说明书前与声誉好的承包商进行协商,以更多地了解他们的服务范围;用户必须确定想要购买的服务。这些服务要求也必须在"说明书"的书面文件中阐述明白;用户还必须确定采用哪种合同类型以及购买这些服务的方法。

购买方法基本上有以下两种。

(一)密封投标

通常认为密封投标是较好的外包方法。这种方法一般可达到最高的竞争水平,得到最低的价格。密封投标的主要目的是给所有具有资质的承包商一个在平等公正的基础上竞标的机会。采用这种方法必须由发包人征求承包(即与征求承包有关的价格和与价格有关的因素），这种征求承包的方法通常称为招标邀约。

招标邀约通常是公开开标并在一个规定期间内有效。除在某些条件外，在开标后报价人不得撤回或修改其投标书。招标邀约的目的是让那些符合要求的最低报价的投标人中标。在这一过程中投标书必须符合招标条件。

（二）洽谈方法

口头投标必须具备以下条件。
① 有充分时间完成这一过程。
② 有充分的竞争力。
③ 有合格的技术要求。
④ 有充分的价格和与价格有关的因素以确定中标者。

若不符合上述条件，则须采取洽商（议标）的购买方法。洽谈方法的建议书不必完全符合招标条件，可以公开开盘，也可以不公开开盘。

在开盘前的任何时间都可撤回建议书。这种招标方式通常称为"征求建议"。

洽谈方式须采用一套预先确定的合理的技术经济评价标准。招标时须告知投标商招标标准的重要性，但并不需衡量每项招标标准的分量。技术标准，一种是限制型的，这些强制性的要求，对于投标商来说只能回答"是"或"否"，如"投标者是否具备5年以上的相关经验"这样的标准；另一种是属于"变量"型的，这种标准按照投标商能够满足要求的程度来打分，比如承包商为了满足说明书的要求而提出的管理计划和准备使用的关键人员的评价标准。技术建议书的评价常常由一个专家组，而不是个人来决定。

四、与工程说明书有关的其他事项

工程说明书若使用统一的格式，可以简化用户与承包商间的交往手续。

> **提醒您**
>
> 在决定采用何人的投标书或建议书之前，应组织一次会议或现场考察，目的是为投标者提供一个讨论和澄清潜在歧义的机会。现场考察使承包商有机会去了解要满足说明书要求可能存在的有利或不利条件。招标过程结束后，须安排与中标的承包商会谈，并通知未中标的投标者招标结果。

第三节　承包商的选择

一、承包商能力的审查

承包商的选择应基于一种长期合同安排。承包商和物业公司在履行合同期间必须以团队的精神配合工作。在这方面还应考虑以下的重要问题。

① 承包商的组织是否健全？
② 承包商的经验。承包商是否与他队伍共同承担过运作和维护工程？是否曾作为劳务经纪人与物业经理共同承担过责任？
③ 承包商经验的广度和深度如何？
④ 承包商能够提供的监督、专业和技术人员的熟练程度如何？

在审查承包商的能力时必须认真考虑以下问题。
① 承包商是否有足够的人员来支持项目工程？这些人在承包运作和维护工程方面是否有经验？
② 承包商选择何人作他的项目经理？此人是否有3年以上的工作经验？承包商是否真正了解自己所推荐的项目经理的能力？该项目经理在监督运作和维护工程方面是否经验丰富并且技术熟练？
③ 承包商能否提供足够熟练的监督员来管理工程？他们的经验和背景如何？他是否会雇佣不了解的人参加这项工程？承包商能否提供足够的辅助或专业监督员？
④ 承包商是否完全了解每个专业技术人员的基本技术、专业技术和能力水平？
⑤ 承包商的公司和主要人员是否受到各工会及工会成员的尊重？
⑥ 承包商是否更喜欢管理短期经费？是否愿意遵守正式的劳务协议？承包商是否在获得劳务协议规定的条件之后仍能公正地对待工会成员？
⑦ 承包商的专业服务是否配套？其服务是否符合你的要求？若不符合，你是否愿意分担工程的责任？承包商是否拥有必要的设备、工具和设施来支持你的运作？

> **提醒您**
>
> 衡量承包商能力的办法是看他的总业绩。他是否曾为本地区的物业完成过同样的运作？他是否在本地区的承包工程中占有相当大的份额？他是否从承包工程中赚取了合理的利润？

二、承包商选择的方法

其具体方法有以下三种。
① 向本地区的其他物业公司了解：他们用过哪些承包商？那些承包商的成绩如何？
② 与现在使用的较高级设备的制造商联系。制造商可能提供其产品的维护和修理服务，也许会推荐一位承包商来承接这项服务。
③ 从指南、名录之类的书上去查各种承包商协会，从中找出符合专业要求的协会，这些协会可提供你所需要的承包商；也可以从电话簿上查找承包商，通过初步的电话联系，然后确定是否需要进一步联系或接触。

三、承包商能力的判断

在采用某一承包商提供的服务之前，需考虑以下几个重要因素。
① 人员的专业技术水平。

② 可获得的地方支持。
③ 服务的声誉。
④ 价格政策。
⑤ 业务经验。
⑥ 财务的稳定性。
⑦ 修理设施（包括工具和材料）和对服务申请电话的反应速度。

【范本6-01】承包商初审记录

承包商名称：		项目名称：		
初审时间：		评审地点：		
参加人员：				
初审内容			合格	不合格
（1）企业资质证书和营业执照有效、齐全				
（2）现有设备、装备及人员素质良好				
（3）组织机构可靠、规章制度健全				
（4）有一定的固定资产				
（5）有同类工程施工经验，以往业绩等情况良好				
（6）成本、工期、质量、安全控制体系完善				
（7）工程中的使用材料质量可靠				
（8）满足合同情况和在同行中有良好的口碑				
工程部经理意见：				
		签名：		日期：
主管副总经理意见：				
		签名：		日期：

注：初审时，只要有一项评审为否，则不能列入合格承包商名单。

第四节 运维外包合同的签订

一、运维外包合同的类型

通常可选择的合同类型有年度预防性维护协议、两年以上预防性维护协议和根据服务需要拟订的协议。其他类型还有特殊设备、特别频繁的服务和应急服务。

二、运维外包合同签订的要求

① 要将设备和系统服务的全部细节写进服务合同中去。物业公司和承包商必须在工程报告的全部规定及承包费用上达成协议。

② 在签订服务合同前需要评价承包商是否有足够的保险总额,而且这一保险额度也应写入合同之中。因承包商人员施工造成的事故应由这一保险赔偿。承包商应有工人赔偿和职业病与劳保责任保险,本物业公司则不必对承包商或公司雇员的意外及设施设备的损坏负责。

③ 签订的合同应保证在合同有效期间,承包商对因其工作质量不好或材料质量不好所造成的损失负责修复,而不需物业公司增加费用。

④ 如果设备或系统的安装有规定的最后期限,建议在合同内写入违期罚金条款,以保护公司利益。罚金条款是一种激励手段,还可以使公司免受拖延工期的损害。但是迫使承包商过于匆忙地赶工期也有不利的地方,例如会降低工程质量。是否写入罚金条款,应根据承包商的声誉和工程的重要性而定。

三、运维外包合同的内容

(一)服务规定、通信责任、器材、设备和公用设施

一旦确定了承包商必须提供的具体服务,对各方的责任和义务就必须有一个确定的了解,例如:由谁负责提供材料、设备和公用设施;哪些费用包括在合同之内;所包括的劳务范围等。

(二)使用合格的外包工程人员

应在合同中规定,现场工作的每个雇员自身的水平都应达到工程所在地区法律法规的要求。要求只使用那些有资质的人员来负责承包协议中规定的服务是绝对必要的。

(三)日程安排和报告要求

① 外包合同必须包括基本的维护运作日程表和按照合同完成维护及运作水准的报告,这种报告要求要"越简单越好"。

② 外包合同应包括一张检验单或与有关监督人员联系的日程表,作为报告要求的一部分。

③ 在任何合同中必须有要求完成并许诺付费的服务项目清单。但是为了避免对条款和要求的误解,最好是同时规定哪些服务项目和哪些零配件与器材不需由承包商提供(例如,是否将磨损的零件包括在合同内),以及哪些协助工作不属于物业公司的工作范畴。

(四)合同执行情况的监督

在外包合同中,对合同执行情况的监督必须由内部人员负责。但要规定监督的性质和范围,以避免发生任何可能的问题。

四、运维外包合同的签订

在最终签订书面合同之前,应安排好合同签订的初始步骤。具体来说,在开始签订合同之前,物业公司必须详细阐明其要求,并将这些要求以招标建议书或承包服务要求形式详细列出。其主要目的是将物业公司的期望让承包商完全明了。而且,所有这类文件必须包括在最终的合同内,或以附录或其他形式附在合同后面。

【范本6-02】电梯保养合同书 ▸▸▸

甲方:××××物业服务有限公司

乙方:

根据国家电梯管理规定和《××市电梯及自动扶梯安全管理条例》《中华人民共和国合同法》,本着确保电梯安全正常运行的目的,甲乙双方经共同协商,一致同意签订以下合同。

一、电梯资料。

有关资料	电梯编号				
	1#	2#、3#	4#、5#	6#、7#	8#、9#
层站数					
电梯类别					
额定载荷/千克					
额定速度/(米/秒)					
生产厂家					
安装地址					
合计数量					

二、保养类别:标准保养。

三、合同日期。

本合同自_____年____月____日至_____年____月____日,合计1年。

四、工程费用

乙方对以上电梯提供保养服务,每月计取保养服务费(含办证、检测)为人民币_____元,全年总计费用(含办证、检测)为人民币_____元。

五、付款方式。

自本合同签订生效之日起,甲方同意每季下月的____日以前按时支付乙方保养费,如出现拖欠现象,按每日的1‰核收滞纳金。付款方式按支票结算的方法办理。

六、甲乙双方的权利和义务。

1. 乙方对上述电梯负责，按国家规定，提供标准的保养服务，即每2周1次的例行保养（保养时间由甲方定），每季度进行1次检查，每年进行1次检修调整（中修）。确保电梯处于良好的运行状态，包括定期性调校、清洁润滑、加注油脂等，检查所在电梯井道、机房、轿厢的线路、部件的正常运行状态。每次检查后认真填写电梯保养记录，甲方签字监督。

2. 乙方对上述电梯提供24小时全天候的紧急故障处理并有两位保养师傅在现场值班，甲方发现电梯有不正常的运行现象时，有责任立即通知乙方处理。乙方接到通知后15分钟内赶到现场，在紧急的情况下（或停电关人时）须在5分钟内赶到现场。

3. 电梯及各种附件机构均为甲方的财物，机房及其他电梯钥匙应由甲方派人管理。乙方人员到现场进行保养工作时需与甲方电梯管理人员办理好交接手续，乙方不负责保管的责任。

4. 对于人为损坏、错误使用或因管理不善而导致水浸造成电梯损坏的，乙方不负任何责任，需进行维修时双方协商或另立维修合同。

5. 乙方不负责任何非维修保养责任引起的意外，同时不负责由不可抗力所造成的一切损失（包括战争、火灾、水浸、风暴及地震等损失）。

6. 电梯年检由乙方派员联系，经有关技术监督部门检测，乙方整改后，报有关部门，并代办年检证（电梯使用合格证）。有关费用由乙方代付。

7. 乙方维修人员必须具备电梯维修保养资格，精于电梯维保技术，熟悉电梯安全知识，确保生命、财产安全。

8. 甲方在合同有效期内，除经乙方许可外，不得许可非乙方工作人员对电梯施行任何工作，否则属违约行为。

9. 电梯使用到一定的年限，需大修时甲乙双方经协商可另立维修合同。

10. 自合同生效后，任何一方不能随意提出终止合同，因不可抗力的原因确实需要终止合同时，提出方必须提前一个月以书面的形式通知对方，并且结清一切费用。否则，违约方须支付相当于3个月的保养费金额的违约金。

11. 凡零部件正常损坏，乙方不能修复需更换时，对于单个零件费用在_____元以下的，乙方负责更换；超过_____元以上的，经甲方同意后方可更换，费用由甲方承担。

12. 对于超过_____元单个零件须要更换时，乙方有义务向甲方陈述阐明，甲方有责任及时对此事做出决定；否则因上述原因造成电梯损坏及任何损失的乙方概不负责。

七、合同签订后，试用期3个月，如甲方发现乙方有违反标书、电梯维保技术规范要求、承诺及本合同条款时，甲方有权随时终止合同；如3个月试用期内甲方对乙方无异议，此合同自然延续到_____年____月____日止。

八、若证实由乙方疏忽或过失责任引致设备损坏，生命、财产损失的，由乙方承担全部责任，同时甲方有权扣除乙方当月的保养费用和不承担因此带来的任何责任。

九、乙方违反本合同第六条第1、2项规定，甲方有权扣除乙方1个月的保养费。

十、乙方免费对甲方××台电梯向××保险公司投保"电梯运行意外第三者责任险"。

十一、负责电梯专业技术维修人员名单是合同不可分割的部分。

十二、每月甲方付款前2日，乙方须提供该月电梯维修记录的书面材料。

十三、乙方在合同期内必须遵循本合同要求及附件（电梯维保技术规范）的内容对电梯进行保养维护。

十四、其他

1. 甲乙双方必须服从监督部门进行安全技术的监督。对于甲乙双方无法确定各自应负的责任时应由市质量技术监督局裁决，双方应服从裁决，各自承担应负的责任。

2. 未尽事宜，双方本着精诚合作、共同协商、妥善解决，必要时可追加补充协议，并具有同等法律效力。

3. 本合同一式四份，甲乙双方各执两份，签字盖章生效。

4. 安全技术监督单位：××市质量技术监督局。

电梯修保现场服务联络方法：

维修部电话：　　　　　　　　　　投诉电话：

24小时服务（抢修）电话：　　　　手机：

【范本6-03】公共机电设备维修保养合同

合同编号：

本合同双方当事人

委托方（以下简称甲方）：_____

受委托方（以下简称乙方）：_____

根据《中华人民共和国合同法》《××市住宅区物业管理条例》及其实施细则等国家、地方有关物业管理法律、法规和政策，在平等、自愿、协商一致的基础上，双方就（物业名称）公共机电设备委托乙方进行维修保养，特制定本合同。

第一条　物业基本情况

座落位置：_____。

物业类型：_____。

占地面积：_____米²；

建筑面积：_____米²；其中住宅_____米²；商场_____米²；写字楼_____米²；地下室_____米²。

第二条　委托维修保养服务项目、内容、范围

1.日常维护保养、一级保养、二级保养、故障维修、中修、大修以《设备工作手册》定义为准。

2.日常维护保养、一级保养、二级保养、中修、大修周期以《设备工作手册》规定的周期为准。

3.日常维护保养、一级保养、二级保养标准应不低于《设备工作手册》所规定的标准。

4.委托维修保养服务项目、级别、范围协议条款见合同附表"委托维修保养服务项目、内容、范围一览表"。

5.本合同委托服务内容不包含设备的中修、大修及更新改造，若甲方有需求另行签订委托合同。

第三条　合同期限

本合同期限为____年，自____年____月____日起至____年____月____日止。

第四条　甲方权利、义务

1.除合同第二条已明确委托乙方负责的工作外，其他工作均由甲方管理处负责。

2.甲方及甲方管理处有根据本公司标准对乙方服务过程及效果进行监督、检查、评分的权利，也有检查乙方工作人员的工作态度、劳动纪律、仪容仪表等是否符合本公司标准的权利。若乙方达不到本公司标准，甲方有要求乙方整改返工、扣减乙方服务费、直至解除合同的权利。

3.甲方有向乙方提供设备技术资料的义务。

4.甲方有审核、批准乙方分包特殊分项的权利。

5.甲方管理处有向乙方无偿提供必要用水、用电接驳点及梯子、台钻、冲击钻等大型工具的义务。

6.甲方有按时支付维修保养费用的义务。

7.甲方管理处有为乙方开展工作给予适当、必要配合的义务。

8.乙方维修养护过程中若需更换设备配件，若配件由甲方支付费用，则甲方管理

处有权对其进行审批、验证。

第五条　乙方权利、义务

1.乙方负责本合同第二条约定的维修养护内容，不无偿承担合同以外的服务内容。

2.经甲方同意后，乙方有将部分特殊分项分包的权利。

3.乙方有提供不低于甲方标准服务的义务。

4.乙方有要求甲方做适当、必要配合的权利。

5.乙方有权要求甲方管理处按期付款。

6.乙方有就约定服务范围内的保养、维修工作制订保养计划、做好维修保养记录的义务。

7.乙方有监督、检查甲方负责的本合同委托服务范围外的维修保养工作质量的权利。

第六条　质量安全要求

1.乙方服务质量符合公司物业服务等级标准，楼检评分（服务范围内的得分率）应达到_____分以上。

2.乙方服务质量满足市优、省优、国优考评要求。

3.乙方必须保证维修保养（第三条规定的）工作期间乙方人员及第三方人员的安全。

第七条　维修养护费用

1.本合同约定范围内的公共机电设备维修、养护费按甲乙双方核定的设备维修、养护单价逐项计费。按月支付，每月合计_____（详见"委托维修保养服务内容、范围一览表"）。

2.乙方在维修养护工作中所耗用的辅材（不构成设备实体的材料，如清洗用的汽油、黄油、棉纱等）费用已包含在本合同价款内，甲方不再支付。

3.维修养护过程中更换的配件，单件价格低于_____元的，由乙方支付（费用已包含在本合同价款内），单价高于_____元的，由甲方支付。

4.本合同约定范围内的公共机电设备维修养护费调整须另行签订协议。

第八条　违约责任

1.因乙方原因造成甲方管理处服务质量未达标或引起业主投诉，一经证实，甲方有权对乙方进行处罚，并要求限期整改，并扣减乙方服务费。

2.因甲方管理处负责范围内的维修养护工作不到位，而引发的乙方服务质量不达标，由甲方负责。

3.如因甲方配合不利等原因造成乙方损失，乙方有权要求甲方给予经济补偿。

4.如双方发生纠纷不能协商一致，可提请仲裁。

第九条　其他事项

1.本合同未尽事宜双方可协商解决。若对本合同的条款进行修订更改或补充，须签订书面补充协议，补充协议与本合同具有同等效力。

2.合同规定的服务期满，本合同自然终止，双方如续订合同，应在合同期满三个月前向对方提出书面意见。

3.本合同执行期间，如遇不可抗力，致使合同无法履行时，双方均不承担违约责任。

4.本合同的附件均为合同有效组成部分；本合同及附件内，空格部分填写的文字与印刷文字具有同等效力。

5.本合同一式三份，甲、乙方及甲方管理处各执一份，具有同等法律效力。

6.本合同自双方代表签字之日起生效。

甲方签章：　　　　　　　　　　　　乙方签章：
代　表：　　　　　　　　　　　　　代　表：
_____年____月____日　　　　　　　_____年____月____日

【范本6-04】楼宇对讲管理系统维保维护合同

甲方：　　　　　　　　　　　　　　乙方：

甲乙双方经友好协商达成以下协议。

一、由乙方为甲方的小区内楼宇对讲管理系统进行硬件故障排查、硬件维保维护服务，详细服务内容见合同附件。

二、服务的年收费总价为_____元。

三、结算方式：费用分三次支付，即甲乙双方签订合同生效日后七日内由甲方按合同总额的50%向乙方支付（即_____元）；剩下的20%（即_____元）待全年维保结束后____个工作日内向乙方支付。

四、合同有效时间：合同自____日止，有效时间为____年，在此期间，甲乙双方解除合同须提前一个月通知对方，在合同终止之前，甲乙双方必须完成在合同终止之前的所有合同责任。

五、乙方在与甲方签订合同后将在一个星期内完成对系统硬件的熟悉工作。

六、乙方不承担因硬件超过自然寿命期而失效或人为破坏造成的事故所引发的后果及维保责任，在正常情况下只承担50元以内小部件的费用支出（单次购买），50元以上的（单购）归甲方负责。

七、乙方保证严守甲方楼宇系统设备布局秘密，严防外界人员恶意侵犯。

八、本合同一式三份，甲方执两份，乙方执一份，具有同等法律效力。

九、如在合同执行期间，双方有异议，可协商解决，协商不成时向甲乙双方所在地人民法院提起诉讼。

甲方：	乙方：
地址：	地址：
联系电话：	联系电话：
开户行：	开户行：
账号：	账号：
代表：	代表：
签订日期：	签订日期：

合同附件如下。

一、楼宇门禁对讲管理系统硬件设备一次性逐户故障排查及维护服务（不含入户排查及维护），如果故障由用户家中引起，则应将此用户线路拔掉（待用户家中处理好之后方可恢复），但需做好记录。排查后进行故障处理。

二、建立系统维护档案，其内容包括所有硬件配置及变动记录，以保证维护人员对该系统有清晰、全面的了解。

三、为楼宇门禁对讲管理系统提供智能化系统方面的咨询，并对智能化系统的优化、运行状态的检测等方面提供专业的建议、方案和服务。

四、硬件系统在正常使用的情况下发生故障时，负责故障的诊断排除及恢复其正常工作。

1. 当现场不能维修时，负责将损坏设备送修及送回，运费及交通费由乙方承担，超出50元的维修材料费由甲方承担。

2. 如果因设备彻底损坏或设备属厂家已淘汰产品导致无法维修，超出50元的设备由甲方购买同类产品以作更换。

3. 进行硬件设备、配件等更新/升级/采购时，将向甲方做书面报告，包括提出合理化建议并给予技术帮助和支持。

五、服务方式及形式：派送1~2名技术人员做跟踪服务。

第五节　运维外包服务的监控

一、指定专人负责

当利用外部资源时，在物业公司内部需指定专人负责承担这些职责。若条件允许，在编写说明书时可聘用咨询顾问。谨慎的做法是聘用一位熟悉合同法和设施运作维护问题的律师帮助编写所需的合同文件。例如，合同应包含保护物业公司利益的条款。这类条款包括但不限于设施管理机构为了自身的方便而修改、扩充和终止合同的权力。

此外，设施管理机构还应任命一个拥有特定权力和责任的人代表它参与并管理外包服务合同的执行。管理合同的目的如下。

① 准备开工会议。
② 安排和协调承包商的活动。
③ 有效地贯彻质量保证计划。
④ 保证符合合同的全部规定、条款和条件。
⑤ 审批支付单据。
⑥ 按时支付承包商已按照合同条款完成的工程款项。
⑦ 保留对完工工程和有关费用的审计权。
⑧ 保证在预算安排之内完成工程。

二、监控运维外包服务情况

① 承包商要按照国家专业技术规范和合同要求，提前制订设施设备维修维护计划（月度、季度及年度维保计划），并于执行前一周报告物业公司。

② 物业公司对外包单位的计划检修和临时故障维修，要按照管理包/作业标准规定派人配合监督，检查并考核维修内容、维修质量、故障处理情况、报修响应时间、完成时间等内容，按规定填写"设备故障处理记录表"。

③ 物业公司要按照管理包/作业标准规定派人定时对设施设备进行巡视检查，检查设备运行状况，对设施设备故障原因、频率做出比较科学的分析判断，按规定填写"设施设备维修保养记录表"。

④ 物业公司在监督外包单位维修更换设备材料时，要按照管理包/作业标准和外包合同规定，检查确认更换配件是否为原机型配件，对外包单位无法按合同规定采购更换的配件，须经我方同意后，方可使用其他品牌配件。

⑤ 公司工程部要对外包单位运行管理、维修维护工作实际情况，定期听取物业公司的汇报，还要进行不定期抽查，并做出考核评定。

⑥ 公司工程部对各物业项目的外包监管工作、日常巡视工作、维修记录以及与外包单位工作配合等方面进行不定期督导和检查。对未尽到外包业务监管职责、未按照公司有关规定认真执行的人员，将依照管理制度做出批评、通报和处罚。

三、定期监管考评

(一)建立考核机制

物业公司工程部应建立外包服务商考核机制,确定考核的内容、权重及要求,通常考核可分为以下内容。

1. 物业公司月度考核

物业公司对委外维保单位在本项目维保工作的月度考评得分,是整个考评的基础。各物业公司按照各个外包项目的监督管理规程,如《电梯外包维修监督管理规程》《供配电设备运行管理及维修维护外包监督管理作业指导书》《消防外包维修监督管理规程》等文件规定内容,认真做好日常检查、巡查、监督工作,如实填记"巡查表",及时做出该项维修工作的评定记录。物业公司每月使用设备外包维修保养月度考核表,对各考核内容随机抽样3项检查,再结合平时记录表的记录,采用扣分制办法,计算出各项目外包维修月度考评得分,并于每月5日前报公司工程部审核备案。

2. 公司工程部季度考核

公司工程部按照工作计划定期到项目进行实地督导检查,与物业公司进行沟通,了解和掌控各维保单位实际工作情况。根据外包合同,从外包单位维修工作的响应速度、处理时效、维修质量、服务质量四个方面进行季度考评,使用"外包单位维修保养工作季度考核表",对各考核内容随机抽样3项检查,计算出公司工程部对各外包维修单位的维修季度考核得分。

3. 季度综合考评

由"物业公司月度考核"和"公司工程部季度考核"两部分成绩加权综合评定组成,计算方法如下。

$$季度综合考评 = (项目外包维修月度考评得分之和 \div 月份数) \times 60\% \\ + 公司工程部外包维修季度考评得分 \times 40\%$$

4. 年末综合测评

由公司工程部成立测评小组,组织各相关项目工程主管参与,根据各外包维修单位全年在各项目的运行保养工作开展情况综合考虑测评打分。以外包维修单位全年月度考评得分之和为主要依据(占年末测评得分80%权重);测评小组测评为辅(占年末测评20%权重),汇总综合得出年末成绩。计算办法为

$$某外包维修单位年末测评得分 = (某外包维修单位全年月度考评之和 \div 12) \times 80\% + \\ (测评小组成员评分之和 \div 测评小组参与打分成员人数) \\ \times 20\%$$

(二)考核成绩的运用

对于每一次考核成绩都要进行充分运用,考核才能真正地发挥作用。

1. 月度考核成绩运用

① 月度考核低于80分及70分以上者，公司工程部将给予口头警告，促进工作改进。

② 月度考核低于70分及60分以上者，公司工程部将分析原因，针对存在的问题提交书面整改意见，限期整改。

③ 月度考核低于60分以下者，公司工程部将依据维修保养合同相关规定，向××公司提交处罚建议书，直至终止合同。

2. 季度综合考评运用

公司工程部从培育战略合作伙伴的需求出发，定期与外包维修单位负责人开会协调沟通。对考评得分低于70分以下的维修单位，指出存在的问题，限期整改。

3. 年终综合考评运用

年终综合考评结果将记入外包维修单位招投标评审意见表内，作为来年外包单位竞标定标的重要参考依据。对得分低于60分和存在严重问题的维修单位，原则上来年合同招标中将被淘汰出局，不予续签合同。

【范本6-05】电（扶）梯维保外包监督管理制度

1. 目的

保证电（扶）梯外包维保质量达到合同要求的质量标准，确保电（扶）梯良好运行，延长电梯使用寿命，特制定本制度。

2. 适用范围

适用于××管理有限公司所管理辖区内电（扶）梯维保外包工作监督检查。

3. 职责

① 工程部经理负责电（扶）梯维保外包监督检查工作的实施情况。

② 设备维修工具体负责电（扶）梯的运行检查及维保外包监督检查工作。

4. 程序要点

4.1 巡视检查

4.1.1 设备维修工每天应对所有电（扶）梯的主要部位至少巡视一次。

4.1.2 巡视检查的主要内容如下。

4.1.2.1 电梯。

① 曳引机有无异常噪声或气味，是否温度过高（烫手），曳引机轴承是否需要加注润滑油，螺栓是否松动。

② 减速箱是否需要加注润滑油，油色、油位是否正常，联轴器是否牢固可靠，螺栓有无松动。

③ 指示仪表、指示灯是否正确，各继电器、接触动作是否正常，有无异常声响。

④ 变压器、电阻器、电抗器温度是否正常，有无过热现象。

⑤ 制动器动作是否正常，制动线圈是否过热，制动轮上是否有油污。

⑥ 曳引轮、曳引绳、限速器、机械选层器、测速机等运行是否正常，有无异常声响。

⑦ 通信设施是否灵敏畅通，指示牌、标志牌是否完好，盘车手轮、开闸扳手等救援工具是否已放置在指定位置。

⑧ 轿厢照明是否正常，厅外轿内指层、指令及指示灯是否正常。

⑨ 厅门及轿门踏板是否清洁干净。

⑩ 轿厢和对重导靴油盒的油量是否足够。

⑪ 电梯运行有无异常振动或声响，舒适感有无明显变化。

⑫ 开关门有无异常（顺畅），轿厢内应急灯是否可靠。

⑬ 底坑限速器、张紧装置、开关和碰铁距离是否异常。

⑭ 补偿链是否有异响。

⑮ 底坑有无积水或脏物。

4.1.2.2 扶梯。

① 主机的油位与温升是否正常，运行时有无异响、振动和漏油。

② 梯级或踏板支架表面有无破损、固定是否良好，运行时有无过大的横向摆动。

③ 梯级或踏板之间的间隙是否在6毫米以内，啮合是否正常，有无摩擦、碰撞、异响。

④ 扶手带有无刮伤、破损。

⑤ 扶手带的松紧与梯级是否同步。

⑥ 各安全保护开关是否有效。

⑦ 梳齿板的梳齿是否断裂2个以上。

4.1.3 对于电（扶）梯巡检情况，应完整、规范地记录在"电（扶）梯及机房巡检记录表"内，于每月的3日前将上一个月的记录整理成册后交工程部存档，保存期为2年。

4.1.4 巡检过程中如发现上述情况有不正常时，设备维修工应及时通知电梯维保公司予以解决，并做好"电（扶）梯故障处理记录表"。

4.2 维保监督检查

4.2.1 设备维修工按照合同的规定对维保公司周、月、季、年度保养工作内容进行确认，并将确认的"电梯维修保养记录表"留存，每季整理成册后交工程部存档，长期保存。

4.2.2 设备维修工与维保公司衔接具体的保养工作时间，保养工作时间不能影响本物业的经营和服务。

4.2.3 若电（扶）梯发生故障，设备维修工必须及时通知维保公司到场处理，同时在电梯厅门处悬挂"电梯停用、正在检修"的标志牌，并通知客户服务部，由客户服务部做好客户解释工作。电（扶）梯故障处理完后，设备维修工将故障处理情况记录在"电（扶）梯故障处理记录表"中。

4.2.4 设备维修工在巡检过程中不认真检查或漏检，造成电（扶）梯运行不良或缩短电（扶）梯使用寿命，应承担连带责任，并作为设备维修工绩效考核的依据。

4.2.5 每季度由工程部经理根据"电梯维修保养记录表""电（扶）梯及机房巡检记录表""电（扶）梯故障处理记录表"的内容以书面形式评价维保公司是否按合同约定的内容执行，凭此评价报告作为付款的依据。

5. 记录

① 电梯维修保养记录表。
② 电（扶）梯及机房巡检记录表。
③ 电（扶）梯故障处理记录表。

【范本6-06】消防系统外包维保考核评分表

（　）年（　）季度

一、计划管理、安全文明管理（5分）

序号	项目	工作内容	周期	维保标准	评分
1	计划管理	应及时提交月度、季度、年度保养计划；保养计划应按分系统、分区域对计划时间内需完成的维保内容进行详细说明；应及时提交维保记录表格，记录中应详细注明设备名称、区域、编号、维保情况、跟进整改情况等	月	提交保养计划及时（月度提前一周、季度和年度提前一个月），保养计划内容全面、完整，维保记录表格真实有效，能反映事情的本质和处理结果	
2	安全文明管理	施工现场整洁，有围挡措施，不影响租户正常营业及办公；遵守安全操作规程，有必要的安全措施，未发生安全事故	季	维保工人着装整洁，有计划并征得同意进出租户区，未引起租户投诉；文明施工未造成物品损坏；按照安全操作规程进行作业，未造成严重人身伤害、财产损失	
扣分总计（维护发现并修复的不扣分）					

二、火灾自动报警系统（30分）

序号	项目	工作内容	周期	维保标准	评分
1	火灾报警控制器	对火灾报警控制器做外观检查，清除积尘和异物，紧固接线；检查控制器运行有无过热、异常噪声的现象；检测火灾报警功能、消音复位功能、故障报警功能、火灾优先功能、显示与记录打印功能、自检功能、隔离（屏蔽）功能，并有检查保养记录	月	系统运行正常无故障，接线牢固，各功能键控制灵活，控制箱内清洁、无积尘，标识清晰	
2	管理系统软件	对程序进行备份	季	每季度结束后5个工作日内提交上季度消防主机程序及消防CRT图文工作站的数据备份光盘	
3	CRT图文中心工作站	对系统自检，清洁除尘，打印运行报告，查看工作站操作系统运行情况	季	工作站报警主机通信正常，工作站无故障，正确显示每个消防设备所在位置	
4	智能模块箱	对智能模块箱做外观检查，清除积尘和异物、紧固；检查模块端子接线有无异常	季	智能模块工作正常，接线牢固、整洁、无故障	
5	烟/温感	对烟/温感做外观检查，清洗或清除积尘和异物；对烟/温感报警设备的重点部位抽查10%以确保重点部位零故障	月	探测器工作正常，接线牢固、无故障	
6	消防电话	检查现场消防电话与电话主机通话是否正常，清洁、紧固接线，对地电阻进行测试	季	接线牢固，通话声音清晰、无杂音	
7	手动报警按钮	对手动报警按钮做外观检查，清除积尘和异物，紧固接线，对其进行地电阻测试和回路电阻测试，以及报警功能测试	季	手动报警按钮工作正常，接线牢固、无故障	
8	警铃	对警铃做外观检查，清除积尘和异物，紧固接线；对警铃进行测试，查看警铃响声是否正常	季	警铃工作正常，接线牢固、无故障	
9	主机供电	检查电池性能，检查主备电源切换功能、接线端子连接牢固情况，检查供电部分电压及电池供电是否正常	季	接线牢固、供电正常可靠	
10	维修及时率	除例行检查、保养外，如系统发生故障时，乙方在接到甲方通知后，20分钟内赶到现场进行处理，一般故障30分内处理完毕。遇突发性故障自接到乙方通知，在4小时内全力以赴，尽快处理，恢复正常。如不能按期完成维修工作须告知甲方原因；严重故障应该在12小时内修复。当超过12小时尚无法修复时，需书面通知甲方，甲方将增加日常管理人员与维保单位工作人员一同做好维修期间的安全防范，同时维保方增加技术力量，尽快修复故障	季	维修及时率为98%	

续表

序号	项目	工作内容	周期	维保标准	评分
11	设施设备完好率	消防主机因设备原因造成的故障及屏蔽点数量应为0,如出现故障,乙方应第一时间处理	季	设施设备完好率为98%	
12	记录	对火灾自动报警系统维修保养进行记录	季	记录及时、完整(当天做记录并有双方参与人员签字认可)	
扣分总计(维护发现并修复的不扣分)					

三、联动控制系统及主要联动设备(10分)

序号	项目	工作内容	周期	维保标准	评分
1	联动程序	在探测器报警后,检查测试火警联动设备是否按正确指令打开	季	在收到探测器报警信号后,程序能正确联动相关设备,并能正常显示联动关系	
2	联动柜	对消防联动柜进行清洁除尘,紧固所有接线端,更换生锈螺栓,对联动柜所控设备进行手动或自动启动测试。联动24伏电源检测,以及进行线路回路电阻和对地电阻测试	季	联动柜运行正常,连线牢固、应答正确,如能直接启动风机、迫降卷帘与电梯等	
3	联动启动喷淋水泵	检查喷淋水泵与CRT系统的联动功能(注意水泵房留1人观察水压,点动即可)	季	功能正常,运行可靠	
4	联动启动消火栓水泵	检查消火栓水泵与CRT系统的联动功能	季	功能正常,运行可靠	
5	联动启动送、排风机	检查送风、排烟与CRT系统的联动功能	季	功能正常,运行可靠	
6	气体灭火反馈信号	检查气体灭火系统信号反馈功能	季	气体灭火信号反馈正常	
7	联动防火卷帘	检查防火卷帘与CRT系统的联动功能	半年	气体灭火工作正常,无故障	
8	联动警铃和紧急广播	检查火警情况下联动警铃和紧急广播功能	季	功能正常,运行可靠	
9	记录	对联动控制系统有维修保养记录,系统测试有记录		记录及时、完整(当天做记录并有双方参与人员签字认可)	
扣分总计(维护发现并修复的不扣分)					

四、消防水系统(20分)

序号	项目	工作内容	周期	维保标准	评分
1	湿式报警阀及组件	检查报警阀有无损坏;检查报警阀连接管及主水管有无损坏;检查所有阀门是否挂有"常开"或"常闭"标志牌;检查报警阀排水操作	月	动作灵敏、运行正常,压力表显示正常、水压正常	

续表

序号	项目	工作内容	周期	维保标准	评分
2	水流指示器	检查水流指示器有无损坏；检查内部接点及功能是否正常；检测水流指示器在排水操作时有否火警反馈信号	季	功能正常，运行可靠	
3	压力表	检查各压力表外观，压力显示是否正常。管网压力是否在正常范围内	月	外表清洁，显示正常，清晰，螺栓无松动	
4	控制阀	检查各控制阀门是否灵活，关闭密封	月	阀门灵活，关闭密封，明杆闸阀的阀杆应加油	
5	设备外表	检查设备外表是否清洁，有无锈蚀	月	油漆无脱落，无锈蚀	
6	消防水泵、控制箱及组件	检查消火栓按钮及线路并做远控试验；测试水泵控制箱的输入/输出信号显示及联动控制；检查水泵的入水管/出水管（包括闸阀、止回阀、隔沙器、伸缩接头及其他配件）有无损坏；清洁水泵及控制柜；水泵盘动试验；检查接地线有无松动、锈蚀；检查水泵轴承润滑是否正常、运行有无噪声、风扇运转是否正常、有无擦边现象，清理电动机表面灰尘	月	功能正常，接线牢固；控制箱整洁、美观；水泵转动灵活，运行无异响；系统运行可靠；电动机试运行1～2分钟，温升应在正常范围内；水泵轴封无渗漏；水泵主轴应灵活；控制信号准确，无错误信号	
7	电动机及电源线绝缘性能	检验电动机及电源线绝缘性能	季	电动机及线路绝缘值不可小于2兆欧	
8	水泵控制柜内主供电线路	检查水泵控制柜内主供电线路	月	接线头压接良好、色标清晰、绝缘良好、无烧焦现象	
9	消防栓测试	对最不利点消火栓进行放水试验，检查管网压力	季	确保管网压力正常	
10	水泵点动试验	进行水泵点动试验	季	应无异常噪声，电动机温升应在正常范围内	
11	接地电阻	检测接地电阻	季	阻值不可大于4欧	
12	测量电动机三相电流	测量电动机三相电流	季	三相电流平衡，数值稳定，无摆动，运行无异常噪声	
13	减压阀	检查减压阀工作是否正常	月	减压应稳定，灵活，可靠，压力正常无超压现象	
14	泄压阀	泄压阀排洪试验	季	超设定压力0.5兆帕泄压，到设定压力时可以停止泄压	
15	水池	检查供水及水量是否正常	月	工作正常，无故障	
16	记录	对消防水系统有维修保养记录		记录及时、完整（每月28日如实提供月、季相关保养记录给物业，记录要经给排水班组人员签字确认）	
扣分总计（维护发现并修复的不扣分）					

五、防排烟系统（10分）

序号	项目	工作内容	周期	维保标准	评分
1	送/排烟机	检查风机外观，添加润滑油；检查控制功能：自动启动、远程启动、现场启动功能；风机电流检测；信号反馈；检查接地线有无松动、锈蚀；检查传动皮带；送/排风机叶轮	月	轴承润滑正常，运行应无噪声；风扇运转应正常，无擦边现象；电动机试运行30分钟，温升应在正常范围内；清理电动机表面灰尘；工作正常，无故障；皮带松紧度合适，无打滑现象，对磨损严重已不符合使用的应时更换；风机叶轮应无擦边，无噪声，无灰垢现象	
2	风机电流检测；电动机及电源线绝缘性能	风机电流检测，检验电动机及电源线绝缘性能	季	三相电流平衡，数值稳定，无摆动，运行无异常噪声；电动机绝缘值不可小于0.5兆欧，电动机二次回路绝缘电阻不应小于1兆欧	
3	电动机及风机轴承	检查电动机轴承、电动机散热风扇，轴承固定螺栓有无松动，给轴承添加润滑脂，各紧固螺栓加油防锈	季	轴承应无异常噪声，轴承固定螺栓应无松动	
4	送/排风机进出口风管电动阀或手动阀	检查电动风阀控制电路，自动启动、远程启动、现场启动、手动复位功能，风阀机构清洁，加油润滑	月	开与关应灵活可靠，无阻滞现象；传动机构运转正常，转动部位添加润滑脂；工作正常，无故障	
5	送/排风排烟口防火阀风口百叶	检查各送/排风排烟口防火阀风口百叶	季	风阀开关位置正确（状态应处于正常状态），动作灵活、可靠，转动部位添加润滑油；风口百叶无缺片或损坏	
6	风机的支承机座、防震弹簧	检查风机的支承机座、防震弹簧	季	无锈蚀现象，功能良好	
7	风管软接头	检查风管软接头	季	应无破损，螺栓应紧固，无松动现象	
8	风管各接合面间的垫片和填料	检查风管各接合面间的垫片和填料	季	风管与风机进出口连接接合面应牢固无漏风现象	
9	风管	检查风管状态	季	风管应无变形，表面应无锈蚀，风管支承架牢固、无锈蚀，在风机运行时应无异常杂声	
10	过流、过热保护装置	测试过流、过热保护装置	月	装置联锁保护应有效可靠	

续表

序号	项目	工作内容	周期	维保标准	评分
11	接地线	检查接地线，进行对地电阻测试	季	接地电阻阻值不可大于4欧。线路应无松动、无锈蚀	
12	控制箱	检查箱内一次回路和二次回路线，清洁箱内灰尘。主供电线路：检查电源空气开关；检查继电器、交流接触器；检查按钮、转换开关；检查仪表、指示灯；检查接线端压接是否良好、标号清晰、绝缘值符合规定，线路有无烧焦老化现象；检查按钮、转换开关标志是否清晰、固定可靠、转换灵活	月	空气开关应触点充好，把手操作良好，线耳压接牢固，端子排压线及标志无松动、脱落、烧焦现象；继电器、交流接触器触点充好，无过热烧坏、无噪声现象，外表清洁；仪表、指示灯显示正常、清晰，螺栓无松动	
13	记录	对正压送风及防/排烟系统有维修保养记录		记录充整（每月28日如实提供月、季相关保养记录给物业，记录必须经空调班组人员签字确认）	
扣分总计（维护发现并修复的不扣分）					

六、防火卷帘系统（10分）

序号	项目	工作内容	周期	维保标准	评分
1	防火卷帘外观	防火卷帘外观检查，是否收到位，不影响租户	半年	收卷到位	
2	防火卷帘控制箱	检查紧固线路、自动控制功能、手动控制功能、火灾报警功能、信号反馈功能、延时功能、手动急停优先功能、故障报警功能	半年	接线牢固，箱内无灰尘，工作正常，无故障	
3	帘布、帘片、门楣、电动机、轨道等	检查帘布是否有破损、帘片是否挤压变形，是否有卡阻及刮门楣现象，检查轨道是否变形、轨道沿线有无障碍物阻挡帘的前进；对机械活动件添加润滑油，就地和远程联动测试	半年	帘片、帘布完好，手动和联动测试卷帘门运行顺畅，无卡阻现象	
4	记录	对防火卷帘门系统维修保养有记录，测试有报告（每月逐层对卷帘进行试验）		记录及时、完整（当天做记录并有双方参与人员签字认可），测试报告描述准确	
扣分总计（维护发现并修复的不扣分）					

七、气体灭火系统（5分）

序号	项目	工作内容	周期	维保标准	评分
1	现场探测器	检查报警系统是否灵敏，外观是否完好，是否处于工作状态	季	气体灭火工作正常，无故障	

续表

序号	项目	工作内容	周期	维保标准	评分
2	喷嘴	检查喷嘴有无变形、损伤、锈蚀、脱落松动,检查开孔是否杨通,有无灰尘黏结	季	气体灭火工作正常,无故障	
3	灭火剂储存容器	检查有无腐蚀和脱落现象,容器是否符合数量,压力是否符合设计要求	季	气体灭火工作正常,无故障	
4	容器阀、管道	检查容器阀有无松动变形、损伤,集流管有变形、腐蚀、损伤,设备吊支架固定、各螺纹连接部分有无松动,检查驱动装置压力不少于设计存储压力90%	季	气体灭火工作正常,无故障	
5	气体灭火控制器	检查电气接线是否完整,端子有无松动损伤;模拟试验时各信号反应应正常	季	气体灭火工作正常,无故障	
6	记录	对气体灭火系统维修保养有记录		记录及时、完整(当天做记录并有双方参与人员签字认可)	
扣分总计(维护发现并修复的不扣分)					

八、燃气报警系统(2分)

序号	项目	工作内容	周期	维保标准	评分
1	报警探测器	检查报警系统是否灵敏,外观是否完好,是否处于工作状态	季	工作正常,无故障	
2	报警主机	检查电气接线牢固、标识是否完整,端子有无损伤	季	工作正常,无故障	
3	记录	对燃气报警系统维修保养有记录		记录及时、完整(当天做记录并有双方参与人员签字认可)	
扣分总计(维护发现并修复的不扣分)					

九、紧急广播及背景音乐系统(5分)

序号	项目	工作内容	周期	维保标准	评分
1	广播喇叭	检查广播喇叭的声响是否正常	季	工作正常,无故障,并有巡查记录	
2	广播主机设备	清洁除尘、检查主机设备、线路,紧固各接线端子	季	工作正常,无故障	
3	中央控制机	检查设备控制功能是否正常	月	工作正常,无故障	
4	记录	对背景音乐及紧急广播系统维修保养有记录		记录及时、完整(当天做记录并有双方参与人员签字认可)	
扣分总计(维护发现并修复的不扣分)					

十、消防疏散指示与应急照明系统（2分）

序号	项目	工作内容	周期	维保标准	评分
1	疏散指示牌	清洁、检查标示字体完整度，方向指示正确	半年	符合国标，满足人员紧急疏散指示要求，测试、检查记录及时、完整	
2	模拟控制		半年		
3	记录	对消防疏散指示与应急照明系统维修保养有记录		当天做记录并有双方参与人员签字认可	
扣分总计（维护发现并修复的不扣分）					

十一、消防水炮（4分）

序号	项目	工作内容	周期	维保标准	评分
1	主机	水炮控制器状态是否正常（自检功能、消声功能、故障等）		符合国标相关要求，测试、检查记录及时、完整	
2	末端控制	水炮自动旋转定位、报警后是否可自动启动电磁阀，水炮喷嘴自动旋转定位功能是否正常			
3	水系统	水炮自动旋转定位、报警后是否可自动启动水泵		当天做记录并有双方参与人员签字认可	
扣分总计（维护发现并修复的不扣分）					

十二、其他（2分）

序号	项目	工作内容	周期	维保标准	评分
1	文档提交及时性	月工作计划、维保月报告、季总结报告		每月30日前提交下月工作计划；每月7日前提交上月维保月报告；在每季度前5个工作日内提交上季度总结和季度设备运行维保分析报告	
2	二次装修消防配合	编程工作（其中包括CRT点位的删减和增加、点位地址上传主机等）；每次消防编程完成后提交二次装修后的消防变更图纸	月	租户提出编程，1天内报出价格（按合同确认价格编程）给二次装修负责人和租户，确认后7天内完成编程。第3天，要求提供电子件图纸及盖章确认的纸件和电子文档备份	
3	租户服务	租区内维修保养及整改	季	无有效投诉	
扣分总计（维护发现并修复的不扣分）					
综合得分					

物业负责人签字　工程经理：　　　　　　　　　____年____月____日
　　　　　　　　　分管负责人：　　　　　　　　____年____月____日

消防维保负责人：　　　　　　　　　　　　　　　____年____月____日
部门负责人签字：　　　　　　　　　　　　　　　____年____月____日
副总经理/总经理签字：　　　　　　　　　　　　 ____年____月____日

说明：服务达标综合评价结果如下。

☐ 良好（85分以上）

☐ 不符合｛扣服务费＝服务总费×［1－综合所得考评分值（%）］｝

如有重大工作失误或违约行为，招标人有权扣除全部服务费，但并不排除按合同条款做出相应处理。

【范本6-07】电梯外包月度考核表（管理处工程组）

项目名称：　　　　　　　　外包单位：　　　　　　　　考核得分：

序号	工作内容	检查考核内容	分值/分	得分
1	按计划按要求对电梯进行维修、保养	（1）维保单位未编制周、月、季度、年度保养计划每次扣4分 （2）每周未对电梯进行安全装置检查和加润滑油每次扣4分 （3）保养记录不齐全或记录有偏差每次扣4分 （4）发现故障或隐患未及时处理每次扣4分 （5）各台电梯月故障率控制在2次以下，超出一次扣4分	20	
2	控制屏、曳引机维修保养	（1）未对控制屏主回路继电器、接触器触点及接线进行紧固每次扣4分 （2）每年未检查曳引机蜗轮箱内油质、油位及蜗轮、蜗杆的啮合情况每次扣4分 （3）每月未对曳引机复绕轮、过桥轮加油每次扣4分 （4）未检查曳引机制动器手动松闸凸轮并紧固每次扣4分 （5）未检查紧固曳引机座和箱体螺栓及曳引机清洁每次扣4分	20	
3	电梯机房环境整洁，无杂物、灰尘，符合设备安全要求	（1）电梯机房严重不清洁每次扣4分 （2）平层标识不齐或标示不准确每次扣4分 （3）未设防小动物措施每次扣4分 （4）未对电梯进行快慢车调试检查每次扣4分 （5）电梯机房人员进出未登记每次扣4分	20	
4	电梯安全运行管理	（1）在电梯进行保养检修时，未在各层厅门前摆放"电梯保养、检修"告示牌每次扣5分 （2）电梯突发故障时、维保单位未按合同规定及时到场处理每次扣5分	20	

续表

序号	工作内容	检查考核内容	分值/分	得分
4	电梯安全运行管理	（3）当电梯停电或发生故障造成停梯困人时未按《电梯困人救援办法》进行救援每次扣5分 （4）电梯机房无消防设施每次扣5分		
5	配备电梯维修专业人员，严格执行维修保养规程	（1）电梯维修人员没有按要求持证上岗每次扣5分 （2）电梯维修人员未统一着装，佩戴标志每次扣5分 （3）专业技术人员工作不规范，作业不严谨扣10分	20	

考核人：　　　　　审核人：　　　　　考核时间：

【范本6-08】消防系统外包月度考核表（管理处工程组）

项目名称：　　　　　外包单位：　　　　　考核得分：

序号	工作内容	检查考核内容	分值/分	得分
1	消防系统维修、保养	（1）维保单位未按月、季度、年度保养计划对消防系统进行定期保养每次扣4分 （2）每月未对消防系统进行设备检查每次扣4分 （3）保养记录不齐全或记录不实每次扣4分 （4）发现故障或隐患未及时处理每次扣4分 （5）消防系统日误报频率控制在2次以下、超出一次扣4分	35	
2	消防系统的运行管理	（1）监控中心发生消防报警信号误报、维保单位未及时核查处理每次扣4分 （2）维保单位未按规定对消防系统进行联动试验每次扣4分 （3）维保单位未对消防联动试验过程中发现的问题进行整改处理每次扣4分 （4）维保单位在保养工作过程中未遵守消防安全操作规定每次扣4分	35	
3	消防设备机房环境整洁，无杂物、灰尘，符合设备安全要求	（1）设备机房严重不清洁每次扣4分 （2）普消和自消管路标示不清楚或不准确每次扣4分 （3）设备房未设防小动物措施每处扣4分 （4）设备房未配备消防器具每处扣4分 （5）设备房人员进出未登记每次扣4分	30	

考核人：　　　　　审核人：　　　　　考核时间：

【范本6-09】供配电系统外包月度考核表（管理处工程组）

项目名称：　　　　　外包单位：　　　　　考核得分：

序号	工作内容	检查考核内容	分值/分	得分
1	巡查高压室、配电柜、发电机房，记录有关运行数据，检查配电房各进出线接头	（1）未按规定每2小时巡查每次扣4分 （2）没有运行记录数据每次扣4分 （3）数据记录不齐全或记录有误每次扣4分 （4）发现故障或隐患未及时处理每次扣4分 （5）未按规定检查各进出线接头每次扣4分	20	

续表

序号	工作内容	检查考核内容	分值/分	得分
2	按计划定期对设备进行维护保养、测试	（1）未按计划对设备进行保养每次扣5分 （2）未做保养测试记录每次扣5分 （3）未按要求定时抄表每次扣4分 （4）故障检修工作效率低下每次扣10分	20	
3	高低压配电动机房环境整洁，无杂物、灰尘，无鼠、虫害发生，符合设备要求	（1）配电房严重不清洁每次扣4分 （2）安全消防警示标识不齐备扣4分 （3）未设防小动物措施每处扣4分 （4）人员进出无登记每次扣4分 （5）缺少消防设施扣4分	20	
4	发电机的维护、保养	（1）运行或保养记录不完整每次扣4分 （2）发电机油路、水路有"跑、冒、滴、漏"每次扣4分 （3）发电机不能随时启用、附属设施不完整每次扣4分 （4）蓄电池电压低于15伏以下扣4分	20	
5	配电专业技术人员严格执行操作规程	（1）操作人员未按要求持证上岗每次扣5分 （2）配电室值班人员擅自脱岗，精神不振，干其他非工作事务，每次扣5分 （3）技术人员工作不规范、工作不严谨扣10分	20	

考核人： 审核人： 考核时间：

【范本6-10】外包维修保养季度考评表（工程部）

外包单位： 考核总得分：_____

考评分类	考评内容	得分/分	评分标准
响应速度	外包单位接项目通知后，能按规定时间到达维修现场，及时维修： 电梯：接到召修电话后30分钟到达现场 消防：接到召修电话后1小时内到达场 供配电：接到通知后15分之内到达现场	20	随机抽样3次检查，在规定时间内 超出1小时内：15分 超出1~4小时：10分 超出4小时以上：0分
处理时效	（1）一般故障在1小时之内维修完成 （2）重大故障在8小时之内维修完成 （3）特大故障在48小时之内维修完成	20	随机抽样3项检查，故障处理完成时间 合理：20分 一般：15分 不合理：0分
维修质量	依照公司管理内容（委外项目监管规程、作业指导书）和国家标准，检查各类设施设备维修质量抽样率为各类设备30%	30	合格：30分 基本合格：20分 不合格：0分
服务质量	（1）维修人员穿统一工作制服，佩戴工作牌 （2）特种操作证书在有效期内 （3）具备较高的专业工作操作技能 （4）安全文明施工，保持施工现场整洁与畅通 （5）按照合同相关条款内容维修服务	30	随机抽样3次检查不合格，每项扣5~10分

【范本6-11】承包商评价表

管理处：　　　承包方：　　　主管：　　　工程部经理：　　　年　　月　　日

项目	内容、评分标准	应得分/分	管理处评分	工程部评分	备注
合同履约情况	是否按时报计划，迟报一天扣1分	5			
	是否按计划进行保养，每推迟一周扣1分，每漏保养1台设备扣1分	10			
	设备保养质量是否符合标准，一处不符合扣0.5分	10			
	保养记录填写是否正确、真实、及时，发现一处错误扣0.5分	5			
	故障维修是否及时，未按约定时间前来，发生一次扣1分	10			
	乙方提供的辅材、配件，质量是否符合要求，若为"三无"产品，扣完	5			
	维修成功率：每发生一次无能力维修，扣1分	5			
	月检设备部分得分率是否符合合同要求，得分率每低1%，扣1分	10			
	服务质量是否满足市优、省优、国优考评要求，达不到分数线，扣完	10			
	有无因设备维修保养问题不到位、不及时而引发的业主投诉，每发生一次有效投诉，扣2分	5			
	对不合格维修是否及时进行返工、返修处理。若不是，每发生一次扣1分	5			
	合同期满，是否及时办理有关手续，若不是，扣完	5			
作业情况	是否擅自停电、停水、停机，每发生一次扣1分	5			
	维修现场是否有安全警示，若没有，发现一次扣1分	5			
	有无违章作业行为，发现一次，扣完	5			
	有无安全防护措施，发现一次，扣完	5			
	固体、液体、气体废物是否妥善处理，发现一次扣1分	10			
	有无事故发生，发生一次，扣完	10			
	作业是否对大厦某些部位造成不良影响或损坏，发现一处，扣2分	5			
	维修人员是否积极肯干，若不是，发现一次扣1分	5			
	仪容仪表是否符合要求，若不符合，发现一次扣1分	5			
	有无迟到早退现象，发现1人/次，扣1分	5			
	是否使用文明礼貌用语，若不是，发现1人/次，扣1分	5			
	承包方领导是否能定期来现场解决重要问题，若不能，缺一次，扣1分	5			
	完成维修前、后是否与管理处沟通，若不是，缺一次，扣0.5分	5			

续表

项目	内容、评分标准	应得分/分	管理处评分	工程部评分	备注
设备技术状态	设备有无异常噪声、振动，是否运行不平稳，发现一处，扣1分	5			
	设备工作温度、环境温度是否正常，若不是，发现一处，扣1分	5			
	机械部分磨损情况，若严重，发现一处，扣2分	5			
	机械部分润滑情况，未润滑，发现一处，扣1分	5			
	绝缘老化、触点氧化情况，发现一处，扣1分	5			
	设备精度下降、出力下降情况，发现一处，扣1分	5			
	分包方原因造成设备超负荷、极轻负荷情况工作，发现一处，扣2分	5			
	设备是否经常出现故障，发现一次，扣1分	5			
	设备丧失部分功能，发现一处，扣1分	5			
供方质量体系	营业执照等资质证书是否有效，若过期，扣完	5			
	以往业绩情况，若没有，不得分	5			
	是否有设备管理方案，若没有，扣完	5			
	维修装备是否满足维修需求	5			
	维修保养人员技术能力是否满足要求	5			
	配件储备是否能满足维修需求	5			
	内部检查是否健全，若不健全，扣一半；若没有，扣完	5			
	承包方的质量标准是否低于甲方标准，发现一处，扣1分	5			
	服务质量是否持续改进，若没有，扣完	5			
合计					
得分率					
计权得分率					

项目名称：　　　　承包方：　　　　主管：　　　　工程部经理：　　　　年

【范本6-12】设备故障问题转呈单

_____公司：　　　　　　　　　　　　　　　　　No.：_____

现_____装置/设备发生故障，请于____年____月____日前进行维修养护。

序号	存在的问题及位置	检查人	处理结果	复查人

____年____月____日　第一联：专业公司　　第二联：管理分公司　　第三联：工程部

第七章

Chapter 07

物业设施设备管理质量提升

> 现代物业的价值不但取决于坐落位置、建筑结构、空间布局和室内外装潢，而且在很大程度上还取决于物业设施设备的品质性能、系统结构和运行状况。因此，物业公司需要致力于采取质量管理的措施和方法，致力于提升物业设施设备管理的质量。

第一节 质量目标与标准设定

一、物业设施设备管理质量目标

质量目标的定义是："在质量方面所追求的目的"。有目标才有方向。对于物业设施设备方面的目标指标通常有：房屋完好率，房屋零修（急修）及时率，维修工程质量合格率，道路车场完好率，化粪池、雨水井、污水井完好率，排水管、明暗沟完好率，路灯完好率，大型及重要机电设备完好率，公共文体设施、休息设施及小品雕塑完好率，消防设施设备完好率等，如下表所示。

物业设施设备管理质量目标

序号	项目	承诺目标/%	参考目标/%	实施措施
1	房屋零修、急修及时率	100	98	接到维修通知后10分钟内到达现场，临修及时完成，急修不过夜，并按有关制度进行回访及记录
2	大、中修工程质量合格率	100	98	分项检查，按照有关制度进行回访，确保维修质量，满足顾客需求
3	公共设施完好率	98	98	安全巡逻岗负责公共设施的巡视，维修人员负责对公共设施使用功能的检查，确保公共设施完好、发挥正常使用功能
4	机电配套设备完好率	99.8	98	安全巡逻岗负责对天台、小区机电设备的巡视，维修人员负责机房内设备的维修养护，各机电设备管理责任到人，建档管理，定期进行保养维护，保证各种机电设施设备完好无损、良好运行，保持供水供电24小时、制冷工作时间正常，停水停电提前通知，电梯运行安全可靠
5	房屋本体完好率	99	98	定期对房屋本体进行检查，发现问题及时维修
6	房屋维修工程质量合格率	99	98	严格控制施工流程，对工程竣工实行双层验收，控制工程质量
7	各类标识完好率	99.8	98	根据房屋使用要求，制作相关标志牌，并登记在册，安全巡逻岗负责公共标志的巡视，维修人员负责机电设备标志的巡视，确保标志完好、发挥正常标志功能
8	装修无违章现象	0	5	装修严格按照装修管理规定，实行登记制度，对出入人员必须办理出入证，防止安全事故的发生

续表

序号	项目	承诺目标/%	参考目标/%	实施措施
9	房屋外观整洁率	100	98	加强宣传并及时进行巡视,发现有影响外观的现象,及时处理
10	停车场设施完好率	99	98	加强宣传并及时进行巡视,发现有影响外观的现象,及时处理

二、物业设施设备质量标准的制定

(一)不同等级物业的设施设备管理标准

《住宅物业服务等级规范》将物业服务分为三个等级,即一级、二级、三级,等级越高,服务的要求也越高。不同的等级对物业设施设备的要求也不一样。

1. 一级物业对设施设备的管理要求

一级物业对设施设备的管理要求

序号	项目	服务要求
1	房屋维修养护	(1) 对房屋共用部位进行日常管理和维修养护,有检修记录和保养记录 (2) 根据房屋实际使用年限,适时检查房屋共用部位的使用状况。如需要维修,属于小修范围的,及时组织修复;属于大、中修范围或者需要更新改造的,提出报告与建议,按规定组织实施 (3) 每周巡查1次小区房屋单元门、楼梯通道以及其他共用部位的门窗、玻璃等,做好巡查记录,并及时维修养护 (4) 定期巡视房屋共用部位的楼地面、墙面、顶棚等,发现破损应及时修补 (5) 按照有关规定,每年进行1次房屋避雷检测,符合避雷规范要求 (6) 保持小区各组团、栋及单元(门)、户标志清晰 (7) 对危及房屋结构安全的行为及时告知和劝阻,对拒不改正的,要报告行政主管部门 (8) 按照有关规定使用、管理人防工程和普通地下室
2	共用设施设备运行及维修养护	(1) 对共用设施设备进行日常管理和维修养护,共用设施设备保持正常运行和使用 (2) 建立共用设施设备清册档案(设备台账),有设施设备的运行、检查、保养、维修记录 (3) 制定并执行设施设备操作规程及保养规范 (4) 对共用设施设备适时组织巡查,做好巡查记录。若需要维修,属于小修范围的,及时组织修复;属于大、中修范围或者需要更新改造的,提出报告与建议,按规定组织实施 (5) 属于特种设备的,按照有关规定,进行运行、养护、维修和定期检验检测 (6) 设备房保持整洁,无鼠害现象 (7) 庭院灯、楼道灯损坏应及时修复 (8) 公共区域内的雨水、污水管道每半年检查、疏通1次;雨水、污水井每半年检查、清掏1次;雨水、污水管道发生堵塞应及时疏通;化粪池清掏每年1次,每季度检查1次,防止外溢(由专业机构负责的除外,但发现问题应及时通知有关部门) (9) 有可能危及人身安全的设施设备有警示标志和防范措施
3	电梯服务	(1) 无人值守电梯,主梯24小时不间断运行;有人值守电梯6:00~24:00不间断运行,0:00~6:00呼叫运行 (2) 电梯工夜间值班,在首层候梯厅及轿厢内公布值班电话和房号 (3) 设有高峰梯的,在高峰期6:00~8:00、17:00~19:00与主梯同时运行

续表

序号	项目	服务要求
3	电梯服务	（4）电梯出现故障时，电梯报修后维修人员应在20分钟内到达现场。主梯维修时，有备用梯的，用备用梯运行 （5）电梯出现事故，应迅速启用紧急救援预案，组织救助，并报告有关部门委托其他单位提供电梯维保等服务的，应与受托单位签订书面协议，明确并监督受托单位落实责任
4	二次供水管理	（1）二次供水设施设备正常运行 （2）水箱按要求使用紫外线消毒灯（器）并按规定清洗消毒，进行水质化验，取得卫生许可证，水质符合国家生活饮用水卫生标准，水箱盖上锁，钥匙有专人保管 （3）操作人员应取得生活饮用水健康体检合格证
5	装饰装修服务	（1）按照有关规定和管理规约（临时管理规约）约定，建立住宅装饰装修服务制度 （2）受理业主或使用人的装修申报登记，与业主或使用人、施工单位签订装修服务协议，告知业主或使用人有关装饰装修的禁止行为和注意事项 （3）装修期间，每天巡查1次装修施工现场，有记录。发现影响房屋外观、危及房屋结构安全及违规拆改共用管线、消防设施等行为，及时劝阻，对拒不改正的应报告主管部门 （4）装修结束后，应进行检查。对违反装修服务协议的当事人应按照约定处理，问题严重的应报告主管部门 （5）指定装修垃圾存放点并设有围挡，装修垃圾及时集中清运、不得外溢

2. 二级物业对设施设备的管理要求

二级物业对设施设备的管理要求

序号	项目	服务要求
1	房屋管理	（1）对房屋共用部位进行日常养护维修和管理，预防安全事故的发生，有检修记录和保养记录 （2）根据房屋实际使用年限，适时检查房屋共用部位的使用状况。如需要维修，属于小修范围的，及时组织修复；属于大、中修范围或者需要更新改造，要提出报告与建议，按规定组织实施 （3）每周对楼内公共区域巡视2次，巡视有记录，并及时维修养护 （4）保持公共部位玻璃、门窗配件完好，开闭正常，需要维修的5个工作日内完成；照明设施的一般故障（损坏的灯座、灯泡、开关等）24小时内修复，其他故障5个工作日内完成，保持楼道照明灯具能够正常使用；内墙面、顶面粉刷层发现剥落或污损，应每半年集中安排1次修补、除污；步行梯、地面、屋面等，保持基本完好，需要维修的，每半年集中1次进行修补维修。门禁和楼宇对讲系统完好，出现一般性故障及时修复，暂时修复应有相应解决措施 （5）按照有关规定，每年进行1次房屋避雷检测，符合避雷规范要求 （6）保持小区各组团、栋及单元（门）、户标志清晰 （7）对违反规划、危及房屋结构安全的行为及时告知和劝阻，对拒不改正的，要报告行政主管部门 （8）按照有关规定使用、管理人防工程和普通地下室
2	共用设施设备运行养护维修	（1）对共用设施设备进行日常运行养护维修和管理，共用设施设备保持正常运行和使用，预防安全事故的发生 （2）建立共用设施设备清册档案（设备台账），设施设备的运行、检查、保养、维修记录 （3）制定并执行设施设备操作规程及保养规范 （4）对共用设施设备适时组织巡查，做好巡查记录。若需要维修，属于小修范围的，及时组织修复；属于大、中修范围或者需要更新改造的，提出报告与建议，按规定组织实施

续表

序号	项目	服务要求
2	共用设施设备运行养护维修	（5）属于特种设备的，按照有关规定，进行运行、养护、维修和定期检验检测，并符合相关规范 （6）设备房保持整齐清洁，安全设施符合规范，无鼠害，无"跑、冒"现象，无堆积杂物；有设施设备铭牌、标志；操作规程、保养规范，管理制度在显著位置张贴公示；各类管线有分类标志和流向标志；各类记录本、登记簿（运行、保养、维修、交接班等）齐全，记录完整；监控记录可保存1周，并能正常回放 （7）每周对小区路面、景观、小品、围墙（护栏）、窨井、健身休闲设施、儿童娱乐设施、照明设施、门禁、周界报警、监控系统等巡视2次。发现故障和损坏及时修复，不能及时修复的，要有提示标志或防范措施 （8）公共区域内的雨水、污水管道、沟槽每半年检查、疏通1次；雨水、污水井每半年检查、清掏1次；雨水、污水管道、沟槽发生堵塞应及时疏通；化粪池每年清掏1次，每季度检查1次，防止外溢（由专业机构负责的除外，但发现问题应及时通知有关部门）。 （9）有可能危及人身安全的设施设备有警示标志和防范措施 （10）建立设施设备巡视制度，有专人巡视。锅炉房、热力站、空调机房、高压配电室等在运行期间有专人24小时值守 （11）设立日常消耗物料、备件仓库，物品分类码放 （12）使用中水系统的，确保水质达到规定的中水水质标准（由专业机构负责的除外，但发现问题及时通知有关机构）
3	电梯服务	（1）无人值守电梯，主梯24小时不间断运行；有人值守电梯6:00～24:00不间断运行，0:00～6:00呼叫运行 （2）电梯工夜间值班，在首层候梯厅和轿厢内公布值班电话和房号 （3）设有高峰梯的，在高峰期6:00～8:00、17:00～19:00与主梯同时运行 （4）有1名驻场电梯维修工 （5）有对电梯保养进行监督的制度，每周检查1次并做记录 （6）无人值守的高层电梯三方对讲、轿厢内监控24小时正常运行，发现故障24小时修复 （7）电梯出现故障时，电梯报修后维修人员应在20分钟到达现场。主梯维修时，有备用梯的，用备用梯运行 （8）有发生紧急情况时的处置预案，发生电梯停电关人、夹人等危险情况，迅速组织救助，同时进行电话安慰、指导、自我保护等措施 （9）电梯发生一般故障，专业维修人员20分钟内到达现场修理 （10）电梯出现事故，应迅速启用紧急预案，组织救助，并报告有关部门
4	二次供水	（1）二次供水设施设备正常运行，有"跑、停"水处置预案 （2）水箱按要求使用紫外线消毒灯（器）并按规定清洗消毒，进行水质化验，取得卫生许可证，水质符合国家生活饮用水卫生标准，水箱盖上锁，钥匙有专人保管 （3）建立水泵房专人定期巡视制度，每日巡视3次，有巡视记录，确保供水设施设备无故障和无安全隐患运行 （4）采用一用一备（或一用两备）水泵的供水系统，要定期切换二次供水水泵的运行 （5）遇紧急情况需停水时，需张贴通知 （6）操作人员应取得生活饮用水健康体检合格证
5	水景观	（1）水景观开启时间明确公示 （2）每周巡视检查2次喷水池、水泵及其附属设施，需要维修的在5日内修复 （3）每周清洁2次水面，每年定期清洁池底1次，有防止滋生蚊蝇的管理措施，水质无异味 （4）水景观设有安全提示标志 （5）水下用电设施设备、线路要有防漏电管理措施

3. 三级物业对设施设备的管理要求

三级物业对设施设备的管理要求

序号	项目	服务要求
1	房屋管理	（1）对房屋共用部位进行日常养护维修和管理，预防安全事故的发生，有检修记录和保养记录 （2）根据房屋实际使用年限，适时检查房屋共用部位的使用状况。如需要维修，属于小修范围的，及时组织修复；属于大、中修范围或者需要更新改造的，要提出报告与建议，按规定组织实施 （3）每日对楼内公共区域巡视1次，巡视有记录，并及时维修养护 （4）保持公共部位玻璃、门窗配件完好，开闭正常，需要维修的3个工作日内完成；照明设施的一般故障（损坏的灯座、灯泡、开关等）12小时内修复，其他故障3个工作日内完成，保持楼道照明灯具能够正常使用；内墙面、顶面粉刷层发现剥落或污损，应每季度集中安排1次修补、除污；步行梯、散水、地面、屋面等，保持基本完好，需要维修的，每季度集中1次进行修补维修。门禁和楼宇对讲系统完好，出现一般性故障及时修复，暂时修复应有相应解决措施 （5）按照有关规定，每年进行1次房屋避雷检测，符合避雷规范要求 （6）保持小区各组团、栋及单元（门）、户标志清晰 （7）对违反规划、危及房屋结构安全的行为及时告知和劝阻，对拒不改正的，要报告行政主管部门 （8）按照有关规定使用、管理人防工程和普通地下室
2	共用设施设备运行养护维修	（1）对共用设施设备进行日常运行养护维修和管理，共用设施设备保持正常运行和使用，预防安全事故的发生 （2）建立共用设施设备清册档案（设备台账），设施设备的运行、检查、保养、维修记录 （3）制定并执行设施设备操作规程及保养规范 （4）对共用设施设备适时组织巡查，做好巡查记录，若需要维修，属于小修范围的，及时组织修复；属于大、中修范围或者需要更新改造的，提出报告与建议，按规定组织实施 （5）属于特种设备的，按照有关规定，进行运行、养护、维修和定期检验检测，并符合相关规范 （6）设备房保持整齐清洁，安全设施符合规范，无鼠害，无"跑、冒、滴、漏"现象，无堆积杂物；设施设备铭牌、标志，规范、统一、完整；操作规程、保养规范、管理制度在显著位置张贴公示；各类管线有分类标志和流向标志；各类记录本、登记簿（运行、保养、维修、交接班等）齐全，记录完整；监控记录可保存2周，并能正常回放 （7）每日对小区路面、景观、小品、围墙（护栏）、窨井、健身休闲设施、儿童娱乐设施、照明设施、门禁、周界报警、监控系统等巡视1次。发现故障和损坏及时修复，不能及时修复的，要有提示标志或防范措施 （8）公共区域内的雨水、污水管道、沟槽每半年检查、疏通1次；雨水、污水井每半年检查、清掏1次；雨水、污水管道、沟槽发生堵塞应及时疏通；化粪池每年清掏1次，每季度检查1次，防止外溢（由专业机构负责的除外，但发现问题应及时通知有关部门） （9）有可能危及人身安全的设施设备有警示标志和防范措施 （10）建立设施设备巡视制度，有专人巡视。配电室、排污泵等每日巡视，有巡视记录。锅炉房、热力站、空调机房、高压配电室等在运行期间有专人24小时值守 （11）设立日常消耗物料、备件仓库，保证日常维修的及时性。仓库有完善的管理制度，专人管理，物品分类码放 （12）使用中水系统的，确保水质达到规定的中水水质标准（由专业机构负责的除外，但发现问题及时通知有关机构）
3	电梯服务	（1）无人值守电梯，主梯24小时不间断运行；有人值守电梯6:00～24:00不间断运行，0:00～6:00呼叫运行

续表

序号	项目	服务要求
3	电梯服务	(2) 电梯工夜间值班，在首层候梯厅及轿厢内公布值班电话和房号 (3) 设有高峰梯的，在高峰期6:00～8:00、17:00～19:00与主梯同时运行 (4) 有2名住场电梯维修工 (5) 有专人对电梯保养进行监督，每周检查1次并做记录 (6) 无人值守的高层电梯三方对讲、轿厢内监控24小时正常运行，发现故障24小时修复 (7) 电梯出现故障时，电梯报修后维修人员应在20分钟到达现场。主梯维修时，有备用梯的，用备用梯运行 (8) 有发生紧急情况时的处置预案，发生电梯停电关人、夹人等危险情况，迅速组织救助，同时进行电话安慰、指导、自我保护等措施 (9) 电梯发生一般故障，专业维修人员20分钟内到达现场修理 (10) 电梯出现事故，应迅速启用紧急预案，组织救助，并报告有关部门
4	消防设备	(1) 消防设施设备完好，可随时启用；消防通道畅通 (2) 消防设施有明显标志，定期对消防设施进行巡视、检查和维护，并有记录 (3) 设有消防箱，备存紧急消防物资；设有消防监控中心的24小时有专人值守 (4) 公共消防设施和器材、消防安全标志、疏散通道、应急灯、安全出口等设施符合相关规定，专人负责，每月集中进行检查1次，发现问题及时维修 (5) 消防泵每月攀车，每季点动试泵1次并记录，每季度保养1次，每年进行检修1次。对探测装置（烟感、温感等）分批每年检查检验1次，每3年清洗1次。消火栓箱封闭管理，每周循环检查1次，其各种配件完好，可正常使用，无渗漏，无积尘；每半年开箱检查1次消火栓，阀杆处加注润滑油，消防水池、水箱定期检查，保证水位达到规定标准 (6) 灭火器每年进行1次年检，确保灭火器有效
5	二次供水	(1) 二次供水设施设备正常运行，有"跑、停"水处置预案 (2) 水箱按要求使用紫外线消毒灯（器）并按规定清洗消毒，进行水质化验，取得卫生许可证，水质符合国家生活饮用水卫生标准，水箱盖上锁，钥匙有专人保管 (3) 建立水泵房专人定期巡视制度，每日巡视5次，有巡视记录，确保供水设施设备无故障和无安全隐患运行 (4) 采用一用一备（或一用两备）水泵的供水系统，要定期切换二次供水水泵的运行 (5) 遇紧急情况需停水时，需张贴通知，采取送水等措施保证业主基本生活饮水 (6) 操作人员应取得生活饮用水健康体检合格证
6	绿化养护	(1) 绿化充分，无裸露土地 (2) 树木生长健壮，生长超过该树种该规格的平均生长量，树冠完整、美观，修剪适当，主侧枝分布匀称，内膛不乱，通风透光，无死树和枯枝死杈；在正常条件下，无黄叶、无焦叶、无卷叶、无落叶；被啃咬的叶片最严重的每株在5%以下；无蛀干害虫的活卵、活虫；介壳虫危害不明显；树木缺株在2%以下；树木无钉拴、捆绑现象 (3) 绿篱生长健壮，叶色正常，修剪造型美观，无死株和干枯枝，有虫株率在2%以下；草坪覆盖率达到95%以上，修剪及时，整齐美观，叶色正常，无杂草；宿根花卉管理及时，花期长、花色正，无明显缺株 (4) 绿地整洁，无杂树，无堆物堆料、搭棚、侵占等现象；设施完好，无人为损坏，对违法行为能及时发现和处理；绿化生产垃圾及时清运
7	停车服务	(1) 有机动车、非机动车停（存）车管理制度和管理方案 (2) 引导进出小区车辆有序通行 (3) 小区主要道路及停车场有交通标志 (4) 停车收费的还应符合以下要求 ① 小区内机动车辆凭证出入，临时进入小区的机动车辆进行登记 ② 机动车停放有序，24小时有专人巡视 ③ 定期存放的，应签订停车服务协议，明确双方的权利义务

续表

序号	项目	服务要求
7	停车服务	④ 地下停车场照明、给排水、通风等系统正常运行，各类指示标志清晰 ⑤ 交通设施（道闸、挡车器材、交通标志）能正常使用 ⑥ 停车场地面每日清扫1次。地下停车场地面、车位地面2周清拖1次 ⑦ 停车场服务人员着装整齐干净，语言文明；地下停车场服务人员统一穿着反光服 （5）设立非机动车存车处，非机动车停放有序，凭证存放
8	水景观	（1）水景观开启时间明确公示 （2）每日巡视检查1次喷水池、水泵及其附属设施，需要维修的在3日内修复 （3）每日清洁1次水面，每年定期清洁池底2次，有防止滋生蚊蝇的管理措施，水质无异味 （4）水景观设有安全提示标志 （5）水下用电设施设备、线路要有防漏电管理措施

（二）制定个性化的质量标准

物业公司要根据物业项目的实际情况对物业设施设备的质量标准、巡视维护周期、要点做出规定，以指导具体工作的进行。

第二节 开展物业服务检查

工程部门应当制定一套详细的质量管理规章、检查清单以及每种服务的指南。工程部应实施一系列相关联的质量管理检验，由不同级别的人员去完成。

一、检查的方式

1. 按检查周期分

按检查周期分，有日检查、周检查、月检查、季度检查、突击检查等。日检查是必须天天进行的检查，如环境保洁、车辆停放等；周、月、季检查是根据需要可以相对间隔一段时间的检查，如某些设备点检等。检查的周期哪些长、哪些短可以根据实际情况制定。

2. 按检查等级分

按检查等级分，有班组检查、部门检查、管理处检查、公司检查等。最基础的是班组检查，因为所有工作的基础都在班组，只有班组检查做好了，其他的检查才有意义。

3. 按检查手段分

按检查手段分，有人工检查和利用技术手段检查。其中人工检查是大多数，是基础。某些项目，如保安的自动巡更仪，利用现代信息技术，将保安巡逻到位的情况进行自动记录，管理者可通过计算机检查保安人员是否尽职尽责。利用自动监控摄像设备，可以检查部分岗位的工作状况。

4.按检查内容分

按检查内容分,有抽样检查和全面检查。全面检查耗时较多,一般间隔时间长一些进行1次。

5.按检查者身份分

按检查者身份分,有内部检查和外部检查。内部检查是公司内部人员组织进行的检查,外部检查是外聘质检员检查,其中包括行业与主管部门组织的检查,如下图所示。

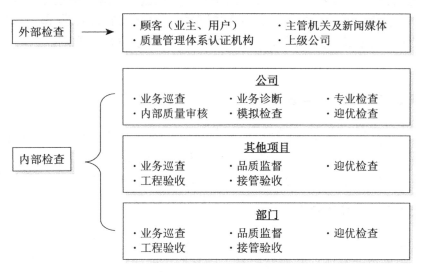

按检查者身份划分

二、检验的方法

有几种技术和方法可用以辅助质量管理检验。
① 通过技术专家设计的设施设备专用检验单。
② 用预防性维护工程完工报表。
③ 目测检验、服务调查报告和派工单数据。

三、检验的项目

质量管理需要检验的项目应包括预防性维护工程、服务申请电话和紧急求助电话、发出的和完成的派工单、业主意见、巡查和观察报告和记录、能源控制管理系统报告和数据以及修理历史记录。

四、缺陷的处理

发现缺陷时,应将其记录在派工单和预防性维护表内,工程部经理应为记下质量管理缺陷,安排补救措施。

五、巡检报告

巡检报告是一种鉴定不合格维护作业的实用方法。质量管理问题应尽快处理。检验报告和排除故障措施应形成文件予以保存,方便将来查阅。

> **提醒您**
>
> 除设施检验外,工程部经理和专业技术人员在进行质量管理检验时还应审阅预防性维护派工单、服务申请和派工单完成记录。已发现的缺陷或质量管理修理在服务申请记录、人工或计算机记录上的时间越久,排列次序应越靠前。

六、缺陷原因的分析与措施

由质量检验员报告或鉴定的缺陷应最终形成补救措施派工单。与其他派工单一样,这种质量缺陷补救工作也应根据工作的紧迫性和重要性进行安排,然后通过公司的计算机维护管理系统进行追踪。此类派工单应视作质量管理补救工作。

(一)分析缺陷产生的原因

除补救已报告的问题或用其他方法查出的问题外,还必须检查是否有偶然因素导致工程缺陷。如果不能发现这些偶然因素,则它们可能导致重复出现缺陷和重复补救工作,这样就会降低生产率,浪费人力资源。

有些方法可以避免这一问题,例如,可将质量管理报告副本由工程部门送到公司工程处,报告中的数据可以摘录后输入数据库进行分析。这样可做出发展趋势或"根本原因"的分析,供公司的工程技术人员用以探究工程质量问题的根源。当某一工程阶段、建筑物区域、设备或系统的质量变化趋势可以查明时,确定这一趋势的根源就会比较容易了。一旦找到了根源,就可以采取长期的补救措施。

(二)保证补救措施完成的方法

为确保补救措施能更好地被执行,可采取以下措施。
① 将质量标准写入员工工作任务书中。
② 员工集体或个人培训、监理培训。
③ 对员工完成任务情况进行全过程监督。
④ 举行圆桌会议,向员工征集改进工作的方法和解决顽固质量问题的意见。

第三节 全面质量管理计划(运作和维护专用)

工程部门的全面质量管理计划应与物业公司的全面质量管理计划一致,达到有效、高效和节约的运作与维护支持。

一、全面质量管理计划的目的

① 通过更加重视如何做而不是做什么来提高服务质量。
② 不增加人员和经费而提高服务质量。
③ 在工程部门,应将全面质量管理视为长期工作。

二、全面质量管理的方法

为达到这些目的,可使用某些全面质量管理方法,如下所示。
① 要求监督员采用替代方法或新方法来完成任务。
② 要求监督员认真倾听设施使用者的意见,使提供的服务符合他们的要求并高效地提供服务。
③ 允许非监督人员为改善工作提供意见,并在取得成功时使其获得利益。
④ 根据数据而不是猜测来做出运作决策。
⑤ 将所有为了同一目的的任务集中安排。
⑥ 以成立全面质量管理小组作为汇集技术、人才、知识和智慧,并同时获得对同一任务不同见解的手段。

三、全面质量管理的首要目标

全面质量管理的首要目标是过程而非结果,即要使拥有同一目标的工作依顺序组织安排为一个过程,例如服务申请完成过程。服务申请完成过程包括了从接到申请、完成工作到将工作数据输入计算机维护管理系统的服务申请模块的每一步行动。在评价某项业务的业绩时,应考虑以下因素。
① 完成过程中每一步行动所需准备的时间。
② 完成的每项工作的质量。
③ 减少对使用者活动干扰的方法。
④ 反应时间。
⑤ 用户对完成工程的满意度。

全面质量管理的另一个重要特点是利用工作小组。很少有人能具有一项任务或过程各阶段的全部知识,因此,要达到质量和生产率的要求,常常组建工作小组,将全组人员的技术才能和知识集中起来完成整个过程。

小组工作还有一个胜过个人工作的明显优势:小组成员间的互相支持。在一项重要工程上,在一起高效率工作的成员之间的协作精神通常足以保持人们的热情和支持,即使在困难时期也如此。项目小组的成员应有一定的时间在一起研究工程部门服务工作的全过程,即预防性和预测性维护、服务申请、修理、库存管理、保证管理、能源控制管理系统等。全面质量管理小组应从以下来源吸收人才。
① 公司的管理人员和专业技术人员。
② 工程部门的职工。
③ 业主和用户代表。

【范本7-01】物业工程部服务品质提升方案

一、形象

序号	工作项目	工作目标	衡量标准	关键流程节点
1	办公环境（办公设备、桌椅、档案柜、上墙制度、报刊栏等）	办公环境整洁、干净、整体视觉良好	每日由客服领班对办公环境进行"5S"检查，符合"5S"标准	（1）首先掌握《5S管理作业指导书》的主要内容 （2）每日上班前用5分钟进行检查并记录，要求相关人员5分钟内整改完毕 （3）每月统计此类信息，≥5次者扣除月度绩效4分
2	客服仪容仪表（着装、表情等）	整洁大方的仪容仪表，给客户留下良好的形象	每日由客服领班对办公室工作人员进行"5S"检查，符合"5S（着装、精神风貌）"标准	
3	公共区域宣传栏、广告、楼层各类标示	干净整洁、标识完好、内容有效（无过期、无盖章、无残损、无脱落等）	每周由客服领班牵头进行的督导小组对此项工作进行现场督导检查，符合"5S"标准	每周五下午14:00～16:00由客服领班牵头进行督导检查，记录检查结果，要求相关方整改，复查结果
4	宣传类工作	提升工作形象、信息透明度，拉近与业主之间的关系	以《信息宣传工作指引》为衡量标准	（1）由客服主管按照《信息宣传工作指引》计划性安排宣传内容 （2）任何宣传内容均有客服领班进行审核，项目负责人批准 （3）宣传内容及发布的审核批准记录必须保存完整

二、内部工作服务质量

① 电梯

序号	工作项目	工作目标	衡量标准	关键流程节点
1	电梯开启与关闭	确保电梯正常开启、关闭，无任何因此而造成的安全事件	（1）物业客梯24小时开启 （2）每天早上营业前10分钟开启商业广场扶梯 （3）每日闭店后10分钟内关闭商业广场各扶梯	（1）在开启自动扶梯前，须确认无人时才能启动及关闭 （2）业务特殊要求需专享用梯的，工程领班批准后方可进行 （3）工程领班每周抽检1次扶梯开关时间是否正确 （4）填好"自动扶梯运行日巡查记录表"中的内容
2	电梯运行巡查	确保电梯不带故障、安全运行	（1）每周对直梯机房巡视1次（室内温度、卫生、各电气动作情况、曳引机运行情况） （2）每日巡视电梯运行状态3次（轿厢运行状况、声响、平稳性、平层精度等） （3）每月查看直梯底坑1次	（1）巡视时发现问题能及时解决的，及时解决；不能及时解决的，通知维保方并做好记录 （2）工程领班每周抽检1次 （3）巡视人员填好"电梯运行日巡查记录表"和"自动扶梯运行日巡查记录表"中的内容

续表

序号	工作项目	工作目标	衡量标准	关键流程节点
3	电梯维保、检修	确保电梯不带故障、安全运行	（1）外包单位每半个月进行1次维保，相邻两次维保不少于15天，电梯维修技工必须现场跟踪 （2）维修保养人员在对电梯进行保养、检修时，应先在各层厅门前挂上"电梯保养、检修"告示牌 （3）检修完成后做好现场卫生	（1）外包单位工作人员工作前须到工程组值班室签到 （2）"维修工作单"须得到工程领班签字确认 （3）发现违规维修保养时，报项目经理对其下发整改通知 （4）扶梯的一般性维保工作须在闭店后进行；垂直电梯的一般性维保可在不影响客户使用的情况下进行 （5）维保单位提供维修记录，由工程领班确认维修效果
4	电梯紧急故障处理	确保电梯紧急故障处理时措施得当，无任何再生性安全事件发生	（1）电梯技工发现紧急故障须立即通知工程领班，同时上报项目经理 （2）工程领班立即通知维保单位进行检查	（1）扶梯停机由电梯技工进行重新启动 （2）重启失败时，汇报领班并通知维保单位 （3）直梯停机时先停止直梯电源 （4）启动直梯因人解救预案注意事项：维保单位进入检修程序并完成后，电梯技工及工程领班检查、确认，并填写"特别事件报告"上报项目经理

② 给排水系统

序号	工作项目	工作目标	衡量标准	关键流程节点
1	给水系统备巡查	确保给水系统不带故障、运行正常，满足客户使用功能	（1）每天对水泵、水泵变频控制柜、水箱的水位巡视1次 （2）每日对浮球阀检查1次 （3）每月抄读水表数据时，对主要的管道及阀门进行检查 （4）对上述检查形成记录	工程领班每周抽查1次水泵房并检查记录表单
2	给水系统维保、检修	确保给水系统不带故障、运行正常，满足客户使用功能	（1）每周对水泵房卫生清洁1次 （2）每年对电动机轴承加油1次 （3）给水系统发生故障时，由工程领班组织相关人员现场查看故障情况、制订维修计划并组织维修	工程领班每周抽查1次水泵房并检查记录表单，维修记录必须填写完整，与其维修计划、采购文件、维修照片等一起存档、保存
3	排水系统巡查	确保排水系统正常，避免因无法排水而造成次生灾害发生（漏水、损坏电梯等）	（1）每天对污水泵、污水坑巡视1次 （2）特殊天气（暴雨、台风）时每小时对地下室出口排水情况进行检查 （3）查看现场的巡查记录	工程领班每周抽查1次污水泵、污水坑巡视效果及对应的记录
4	排水系统维保、检修	确保排水系统正常，避免因无法排水而造成次生灾害发生（漏水、损坏电梯等）	（1）每季度对止回阀进行检查并清理周围杂物 （2）排水系统发生故障时，由工程领班组织相关人员现场查看故障情况、制订维修计划并组织维修	工程领班每季度抽查1次污水泵维保效果及对应的记录

续表

序号	工作项目	工作目标	衡量标准	关键流程节点
5	雨排系统巡查	确保雨排系统正常，避免因积水造成渗漏影响业户及用电安全	（1）每天对屋面雨排口巡视检查1次 （2）特殊天气时每小时对天面雨排排水情况检查	（1）工程领班每周抽查并检查对应的记录表格1次 （2）特殊天气时工程领班必须安排专人对雨排系统情况随时跟踪

③ 供配电系统

序号	工作项目	工作目标	衡量标准	关键流程节点
1	供配电系统巡查	确保供配电设施设备安全正常运行	（1）每隔4小时（8:30～18:00）将各变电所高压、低压运行数据抄录在"高低压变配电运行巡查记录表"上 （2）特殊情况下，每小时巡视各配电房1次 （3）工程领班每天对前日运行数据进行分析，发现数据异常应及时向项目经理报告 （4）每月末日对所辖区域的各个电表数据进行抄录 （5）每月对各楼层的强电井进行抽查	（1）按照时间规定巡查高低压供配电房，并填写"高低压变配电运行巡查记录表" （2）工程领班每周检查抄录数据及运行情况内容 （3）工程领班每周对地下室照明情况检查1次 （4）项目经理每周对地下室照明情况抽查1次
2	供配电运行操作	操作规范、正确，确保操作人员安全及设施设备安全	（1）运行人员获得工程领班以上领导授权后，10千伏配电室倒闸操作按《高压操作制度》进行 （2）对停电回路开关及时悬挂"禁止合闸"警示牌 （3）低压操作按照《低压操作制度》进行	（1）在指定时间内，并填写"供配电运行巡查记录表" （2）工程技术员每天检查抄录数据 （3）工程领班每周检查抄录数据及值班记录表 （4）项目经理每月检查抄录数据及值班记录表 （5）工程领班每周对地下室照明情况抽查1次
3	供配电系统维保（高压柜）	确保供配电设施设备安全正常运行	（1）每月对电柜外观清洁1次 （2）每半年对直流屏紧固、除尘1次 （3）每年对配电柜停电检查，并进行除尘、紧固1次 （4）每年对配电柜进行高压试验1次	（1）工程领班检查配电柜外观清洁情况 （2）工程领班制订配电柜停电检修计划，并跟踪检修过程
4	供配电系统维保（低压柜）	确保供配电设施设备安全正常运行	（1）每月对配电柜外观清洁1次 （2）每年对低压配电室停电检查，并进行除尘、紧固1次	
5	供配电系统维保（干式变压器）	确保供配电设施设备安全正常运行	（1）每月对变压器外观清洁1次 （2）每年对变压器停电检查，并进行除尘、紧固保养1次 （3）每年对变压器进行直流电阻试验、耐压绝缘试验1次	

续表

序号	工作项目	工作目标	衡量标准	关键流程节点
6	供配电系统检修	确保检修顺利进行、及时完成，保障供配电的功能正常	（1）供电系统发生故障时，由工程领班组织相关人员现场查看故障情况 （2）由工程领班编制维修计划并经项目经理审批 （3）维修人员将检修内容、范围告知运行人员 （4）运行人员在值班记录表中填写故障情况 （5）维修人员、运行人员做好相应的安全保护措施并进行维修	（1）维修完毕后，由运行人员试运行 （2）维修人员将试运行内容、范围告知运行人员 （3）运行人员试运行时，维修人员应观察运行情况，由工程领班确认维修效果 （4）告知运行人员可投入使用 （5）由工程领班填写维修记录及工作日志 （6）运行人员做好故障维修记录
7	供配电紧急故障处理	确保紧急故障处理有序，保证人身及设备安全	（1）发现紧急故障时，立即切断故障电源 （2）运行人员通知工程领班级项目经理 （3）启动备用电源 （4）相关记录填写于"值班记录表" （5）保护现场 （6）做好必要的隔离 （7）由工程领班与客服组、安管组沟通，并告知受影响业户	（1）禁止违规操作 （2）在操作时，保证人身及设备安全 （3）做好相应设备警示措施

④ 弱电系统

序号	工作项目	工作目标	衡量标准	关键流程节点
1	停车场收费系统	确保系统功能正常	（1）工程技术人员每天对系统设备工作状态进行巡视1次 （2）每天用干布擦拭卡机、道闸1次（保洁员完成） （3）每月测试1次卡机、道闸的性能 （4）每季度对道闸进行加油保养	（1）工程领班每天对系统设备工作状态进行巡视1次 （2）工程技术人员接到停车场系统故障信息后，及时赶往现场处理 （3）不能及时维修时，向安管员解释原因，并向工程领班、项目经理汇报 （4）工程领班抽查相关记录，并检查故障处理情况及效果
2	监控系统	确保监控系统正常，发挥安全监控作用	（1）每月测试1次监控系统 （2）发现故障时及时维修	发现问题时尽可能在一天内解决，如超过一天的，则及时与安管组沟通
3	闭路监控系统	确保闭路监控系统正常，发挥安全监控作用	（1）每日对摄像头进行检查工作 （2）每月对硬盘录像机、降温风扇等进行除尘清洁1次 （3）每半年对各弱电井内控制箱进行紧固、清洁1次 （4）每季度擦拭摄像头防尘罩1次，并检查室外摄像系统的防风、防雨、防尘罩的密封性 （5）填写相关记录	工程领班每月检查1次闭路监控系统的保养状况和保养记录

续表

序号	工作项目	工作目标	衡量标准	关键流程节点
4	门禁对讲系统	规范门禁对讲系统运行、维护管理,确保可视对讲系统的保持正常的使用功能	(1)每年对接线端子及音频、视频线路进行检查、维修,以便确认端子无松动,接触良好,各导线完好无破损 (2)每季度查看主机面板按键是否无阻滞,通断良好 (3)每季度主机选呼是否音质清楚、无杂音,画面清晰 (4)每季度修改密码1次	工程领班负责维修保养工作指导、检查监督及外委修理的联络工作,督促工程技术人员的日常检查、维护工作是否正常进行并查看相关记录
5	背景音乐系统	确保背景音乐系统正常,发挥特殊时期的使用功能	(1)每月对功放机进行调试1次 (2)每月对终端的音箱进行抽检1次 (3)每季对机柜内进行除尘清洁1次 (4)填写相关记录	工程领班每月检查1次设施设备状况及工做记录

⑤ 房屋建筑及附属物管理

序号	工作项目	工作目标	衡量标准	关键流程节点
1	建筑本体巡查、检修	保证建筑物本体的完好率,发现问题及时维修,确保房屋建筑本体100%完好率	(1)每周对区域内道路地砖、外广场地砖、地下停车场地面以及楼栋内区域的砖、踢脚线、门、灯光等巡查1次 (2)每季度综合维修技工对建筑附属物、商铺门、出入口、道路侧石、停车位、灯杆进行1次检查 (3)每半年综合维修技工对门、窗、外墙面、屋顶女儿墙、屋顶隔热层/防水层、屋顶排水沟、屋顶通风口进行1次全面检查 (4)每年度综合维修技工对楼层地面、踢脚线、踏步、台阶、楼梯扶手进行1次全面检查 (5)每次检查形成检查记录	(1)工程领班根据巡查结果,编制对应的局部检修计划,大修计划需会同项目经理一起编制 (2)工程领班每周对检查记录中损坏的项目进行统计分类,并落实维修工作 (3)项目经理每月度会同督导小组全面检查此项工作的巡查、统计、检修及验收工作
2	紧急故障处理	确保紧急故障处理有序,保证人身及建筑构筑物安全	(1)发现有重大隐患时,及时通知安管员进行现场警戒隔离 (2)通知工程领班现场处理,项目经理组织协调 (3)保护现场,由工程领班与客服组沟通,并告知受影响业户 (4)按建构筑物检修要求实施	(1)必须首先保证人身安全 (2)必须做好警示措施 (3)立即展开维修工作
3	上门维修服务	确保15分钟内上门为业主提供维修服务,并给业主良好的整体形象	(1)接到客服组报修通知后,15分钟内必须领取"报修单"上门提供服务 (2)上门维修服务人员必须按照《维修服务管理作业指导书》要求执行	(1)工程领班每周抽查1次 (2)项目经理每月抽查1次

续表

序号	工作项目	工作目标	衡量标准	关键流程节点
3	上门维修服务	确保15分钟内上门为业主提供维修服务，并给业主良好的整体形象	（3）实施维修前应告知业户对维修地点附近的家具进行临时转移或遮挡保护 （4）对于不能及时解决的维修项目，上报工程领班由班长向业户解释 （5）维修完毕后及时清理工作场地，礼貌地请业户在"报修单"上签字确认并道别	（1）工程领班每周抽查1次 （2）项目经理每月抽查1次
4	公共区域设施巡查、检修	确保公共区域设施的完好率达到98%以上	（1）泛光照明开启后，工程技术人员确定照明情况，并记录关闭后，安管员巡查照明关闭情况，并记录 （2）每周全面巡查1次各配电间、电梯机房等设备间 （3）每周巡视1次夜间区域公共照明情况 （4）每2个月全面对楼层内各个强电井、弱电井、空调机房设施进行巡查1次	（1）工程领班每周检查1次 （2）项目经理每月检查1次
5	二次装修管理	确保二次装修符合本公司的管理要求，不影响外立面、防水工程合格	（1）工程人员负责装修材料的审核，特别是进出小区的石材、钢材、铝合金窗、地毯等材料，接到安管信息后立即到现场查验、审核 （2）装修现场必须每日巡查1次，发现问题立即制止并反馈至客服开具"整改通知单" （3）装修的验收必须仔细查验，特别是对于防水要求的查验必须做闭水试验，不低于48小时	（1）安管、工程人员每日巡查1次 （2）装修材料入场时安管门岗负责控制车辆的进入，工程人员负责确认材料，材料无误时方可放行 （3）安管、工程人员及客服发现的问题统一报送客服，发放"整改通知单"给相关责任方

三、内部管理

序号	工作项目	工作目标	衡量标准	关键流程节点
1	作业工具管理	规范工程技术人员作业工具配备标准及使用，确保作业工具无丢失、非正常损坏等情况发生	（1）工程领班编制《工程技术人员作业工具配备标准》，每年1月份修订1次 （2）按标准配备2~3套工具箱（含工具）给工程技术人员，必须按照规定要求使用、保存，每半年盘点作业工具 （3）公共作业工具必须存放在指定地点，一旦不能正常使用时立即报告工程领班处理，外来人员借用个人工具或公共工具时必须填写"借用单" （4）作业工具报废时，使用人应填写"资产报废申请单"，个人工具以旧换新时，属于非人为因素损坏的，由工程领班进行处理	（1）工程领班做好共用工具的管理工作，对工程技术人员配备的工具箱（含工具）每月进行1次检查，形成值班记录 （2）工程领班必须适时要求使用人维护使用工具，必要时可对大型工具或重要工具进行维护 （3）项目经理每季度抽查1次工具的管理、使用、维护情况

续表

序号	工作项目	工作目标	衡量标准	关键流程节点
2	材料管理	规范材料管理、确保账实一致	（1）工程领班每月25日前，根据仓库材料存量情况编制好"月采购计划表" （2）工程技术人员根据"维修单"领用材料并必须填写"领用记录表" （3）更换的可利用材料返回仓库登记并入库，无利用材料必须统一存放，不得随意废弃、私自处理 （4）每月25日前工程领班必须对领用的材料进行盘点，保证账实相符	（1）领用材料应以旧换新并应进行记录，领用记录必须对应维修单号 （2）每月度盘点仓库材料，包括回收的废料
3	分包方管理	完善供方信息、严格供应商监督、确保供应商遵守公司制度、施工结果符合甲方要求	（1）建立合作单位信息一览表，定期更新，对合作单位的现场负责人证照留底 （2）对合作方单位人员进行安全交底并形成安全交底记录 （3）监督合作方施工结果或效果及过程的安全实施 （4）落实施工结束后场地及设施的检查	（1）必须对合作方人员进行管控，出入项目施工区域内的合作方人员必须到办公室签到，建立"分包维保单位人员签到表" （2）合作方未按要求实施的，将按照约定要求对其进行处罚，若无任何改进效果的，经批准，可以停止合作服务 （3）对合作方完成的工作进行监督、检查并记录，每月度定期进行评价，将其结果反映到相应的费用结算中
4	能源管理	适时掌握能源消耗动态数据，达到节能管控目的	（1）供配电、弱电操作人员按照相关管理规定按时开闭相关能源 （2）工程技术人员每日抄录供配电数据 （3）工程领班每周统计主要能源消耗数据，掌握能源消耗情况，每月末全面抄录能源消耗数据 （4）工程领班每月5日前集中收集能源数据并进行统计、分析，项目经理每季度会同工程领班编制能源分析报告	（1）当发现单项能源消耗异常时，必须进行立项调查，并由工程领班提出改进措施，经批准后实施 （2）当数据异常时，由工程领班组织人员召开能源分析会，评估数据异常情况，并形成报告报项目经理
5	员工培训	提升员工素质及业务技能，保证服务的优质	（1）工程领班对入职的新员工进行上岗前的安全技能培训及考核 （2）工程领班对还在考核期内的员工进行岗位技能培训及考核 （3）工程领班对转岗员工进行换岗技能培训及考核 （4）在重大设备检修前由工程领班进行技术交底 （5）工程领班每年督办特种作业上岗证审、换证工作	（1）行政人事负责人员定期进行抽查 （2）部门经理参与工程领班的培训及考核工作，并提出改进要求，督促工程领班落实此项工作

续表

序号	工作项目	工作目标	衡量标准	关键流程节点
6	档案资料管理	规范档案资料的管理，保证完整性及查询便利性	（1）新增设备时及时造册，对已完成的设备档案进行整理，当重要设备进行维修、保养或停止运行后，必须填写设备档案 （2）设备运行记录、巡检、保养等记录每月3日前由工程领班进行收集 （3）工程图纸、设备资料由工程领班按档案资料管理规定及保管期限进行管理 （4）工程领班负责所有工程资料的整理、归档，建立档案索引目录	（1）设备的大修、更换信息及时录入档案资料 （2）施工方应移交的图纸技术资料应收集完整 （3）将所有的档案资料归类存储，建立电子档案目录，每季度定期盘点、适时更新

【范本7-02】物业工程服务质量检查标准

一、高压变电系统

项目	服务要求	服务标准
高低压变配电房	（1）所有非值班人员进入都须登记，严禁非工作业务人员进入 （2）工作人员进入变配电房应按要求提醒检查，严禁穿拖鞋上班 （3）变配电房内严禁吸烟 （4）定期清洁与通风 （5）工程部经理定期巡视检查变配电房工作情况 （6）配备专用灭火器	（1）变配电房各项规章制度、记录表格完善且上墙公示 （2）非工作人员，未经许可禁止进入变配电房，抽检合格率达到99% （3）工作人员进入变配电房时应保持头脑清醒，服装整齐 （4）变配电房内地面无杂物堆放，抽检合格率达到99% （5）门窗完整，光洁、明亮、照明、通风良好，抽检合格率达到98% （6）温湿度正常，雨天无漏雨、积水现象，抽检合格率达到98% （7）变配电房内设备及地面无明显灰尘，无渍，无蜘蛛网，抽检合格率达到98% （8）模拟显示屏应正确显示各开关实际开合状态 （9）每班须对变配电房巡视2次 （10）工程部经理定期巡视检查变配电房工作情况
日常运行	（1）严禁违规违章指挥与操作 （2）操作应填写工作票与操作票，具体内容必须与实际情况相符合 （3）设备运行记录符合规范要求	（1）变配电房内无异常声响，电压、电流计表运行指示正常，抽检合格率达到98% （2）除紧急情况外，未经上级批准不得随意拉闸停电 （3）突发性停电，应确定原因或可操作方式后方可复电 （4）无违规违章指挥与操作 （5）配备专职运行值班人员，每4小时抄表1次，运行记录符合规范要求，抽检合格率达到98% （6）所有操作都应填写工作票与操作票，具体内容必须与实际情况相符合，抽检合格率达到98% （7）操作工具应放在特定的位置，标志明显且便于取用 （8）及时、规范记录设备运行各参数

续表

项目	服务要求	服务标准
标志系统	完好，每日2次巡查	（1）合闸、分闸、启动、停止及其他具体指示牌齐全，抽检合格率达到98% （2）系统图及设备标志完整、清晰、明了，抽检合格率达到98% （3）导向及警示标志准确、清晰，抽检合格率达到98% （4）每班须对标志系统巡视检查2次，抽检合格率达到98%
维修保养	维修保养时，禁止带电工作，并应做好技术与安全措施，设专人监护	（1）设备完好率在98%以上 （2）设备故障维修及时，抽检合格率达到98% （3）每年应按设备年度保养计划进行1次全面保养，并填写相关记录 （4）设备发生故障应及时报告相关领导，并认真记录设备事故报告

二、低压配电系统

项目	服务要求	服务标准
低压配电控制柜、控制箱、消防应急配电控制柜	（1）设备标志完整、清晰、明了 （2）设备电路控制图清晰、完整 （3）设备保养计划完整，计划执行情况完全	（1）配电控制柜、箱标志完整、清晰、明了，抽检合格率达到98% （2）设备电路控制图清晰、完整（含二次电路控制图），抽检合格率达到98% （3）配电控制柜、箱无杂物堆放，抽检合格率达到98% （4）配电控制柜、箱无明显灰尘，无渍，无蜘蛛网，抽检合格率达到98% （5）配电控制柜、箱各电气接线端子无松动、虚脱现象，发现一处扣该项分值0.5分，三处及以上扣所属该项整体分值 （6）配电控制柜、箱电器配件无损坏，更换及时，抽检合格率达到99%
日常运行	（1）配备专业的操作人员 （2）设备配件表面无灰尘 （3）设备外观观感好	（1）配电控制柜、箱非电气附件无损坏、故障，抽检合格率达到99% （2）配电控制柜、箱体表面无脱漆、锈蚀现象，抽检合格率达到98% （3）消防应急配电柜系统蓄电池置于充电状态，并定期进行充放电 （4）按设备年度保养计划对配电控制柜、箱进行保养
维修保养	（1）维修保养时，应做好技术与安全措施，设专人监护 （2）设备检修时必须将电源开关切断	（1）维修保养时，应做好技术与安全措施，设专人监护或挂警示牌，抽检合格率达到98% （2）设备检修时必须将电源开关切断，抽检合格率达到98% （3）设备保养计划制订科学、全面，认真按照计划进行保养工作，规范记录保养过程
巡视检查		（1）定期对配电控制柜、箱设备进行巡视，某些重要部位应加强频次 （2）对配电控制柜、箱设备进行巡视检查，应有相应的检查记录，记录应规范

三、给排水

项目	服务要求	服务标准
水泵房	（1）所有非值班人员进入都须登记，严禁非工作业务人员进入 （2）设备运行记录符合规范要求 （3）定期清洁与通风	（1）保持良好的通风及照明状况，门窗开启灵活，无破损，抽检合格率达到98% （2）生活水泵房各管道、阀门及各连接处部件、螺栓保养完好，无锈蚀，抽检合格率达到98% （3）消防设施设备应保持完好 （4）保持机房地面干净整洁，无积尘，不得堆放杂物，抽检合格率达到99% （5）水箱观察孔应加盖并上锁，钥匙由值班人员专人管理；透气管（孔）应用不锈钢网包扎 （6）非工作人员未经许可禁止进入生活水泵房，抽检合格率达到99% （7）水泵房各项规章制度、记录表格完善且上墙公示，设备运行记录内容符合规范要求（设备各运行参数真实、全面），抽检合格率达到99% （8）每班须对水泵房巡视2次，抽检合格率达到99%
排污泵	雷雨天气加强对排污泵、污水井的巡视检查，确保其正常运行	（1）排污泵控制箱上转换开关应打在"自动"位置，排污泵每月转换1次，并有相关记录 （2）每月应手动点动操作1次，抽检合格率达到98% （3）按年度设备保养计划对排水泵、潜水泵每半年进行1次全面保养并真实、规范填写记录
水池（箱）	清洗单位应持有"二次供水设施清洗消毒许可证"	生活水箱应每年至少清洗消毒1次，全面记录清洗过程存档备查
运行	（1）设备运行正常，无泛水、跑水 （2）阀门、管网无"跑、冒、滴、漏"，无锈蚀，阀门转动灵活。机房无积水、浸泡	（1）水泵房的设备运行由持证专业人员负责操作，其他人不得擅自操作 （2）控制柜上转换开关，无特殊情况应打在"自动"位置 （3）巡视检查中应仔细观察水泵运行系统压力及配电系统电压、频率与水泵控制状态，及时如实记录，抽检合格率达到98%
生活水泵保养		按年度设备保养计划规定每季进行1次保养，每年进行1次全面保养，并填写规范记录

四、闭路监控系统

项目	服务要求	服务标准
摄像机镜头	每季度进行1次除尘处理，清扫玻璃上的灰尘，并用镜头纸擦拭干净镜头，清理降温风扇	（1）主机操作系统的各项操作功能正常 （2）摄像机的安装立杆稳固，立杆表面无锈迹，并进行防腐处理（如刷防锈油漆等） （3）摄像机护罩紧固且保持密封，护罩内、外壳及玻璃上无灰尘，且干净清洁
后端设备	不定期进行调试与保养，保证各项监控设备24小时正常运行，能清楚显示出入人员的面部特征和车辆的车牌号，录像功能正常	（1）系统设备的各调节旋钮能正常进行调节 （2）录像回放清晰，图像资料保存时间合理并满足物业管理要求 （3）系统各设备的机壳干净 （4）系统设备巡视、维保记录等清楚、详细与及时，记录保存完全

五、周界防范报警系统

项目	服务要求	服务标准
	（1）不定期进行调试与保养 （2）中心控制室能通过显示屏、报警控制器或电子地图准确地识别报警区域，收到警情时，能同时发出声光报警信号	（1）主机报警准确、及时 （2）主机内外及控制键盘清洁干净 （3）系统能进行正常布防、撤防以及消除声、光报警等功能操作 （4）报警探头安装准确且紧固、牢靠，密封程度良好，能及时准确报警 （5）探头内外壳及镜面无灰尘，干净清洁 （6）系统设备巡视、维保记录等清楚、详细与及时，记录保存完全

六、门禁、楼宇对讲系统

项目	服务要求	服务标准
门禁、楼宇对讲系统	（1）不定期进行调试与保养，选呼功能、对讲（可视）功能正常，语音（图像）清晰，开锁功能、闭门器自动闭门功能正常 （2）控制主机应能准确显示报警或故障发生，并同时发出声光报警信号	（1）主机安装牢固，解码器等内外无灰尘，干净清洁 （2）监控中心管理机及住户家分机能正常振铃、对讲通话、开锁及可视画面清晰 （3）主机操作系统的各项操作功能正常 （4）门禁读卡器能正常读卡，控制器开锁及时无误 （5）闭门器或地弹闭门灵活准确，力度适当 （6）门禁系统的机械部分灵活轻便，无脱落、松动现象，外观清洁，无污迹、锈斑等 （7）系统设备巡视、维保记录等清楚、详细与及时，记录保存完全

七、电子巡更系统

项目	服务要求	服务标准
电子巡更系统	根据需要设定巡更路线、时间，不定期地进行调试与保养	（1）主机操作系统的各项操作功能正常并稳定 （2）系统主机与数据采集器能正常通信 （3）现场的巡更信息点安装稳固，无破损、松脱等 （4）系统设备外观清洁干净 （5）系统设备巡视、维保记录等清楚详细，记录保存完整

八、车辆出入管理系统

项目	服务要求	服务标准
车辆出入管理系统	不定期进行调试与保养	（1）系统主机与控制器能正常通信 （2）发卡器、读卡器能正常工作，读卡、发卡准确无误 （3）闸机及控制器内外无灰尘及油污等，干净清洁 （4）电动闸杆启闭正常，机械部分润滑加油并灵活 （5）主机操作系统的各项操作功能正常 （6）车辆视频监视镜头安装牢固，焦距调节准确，视频信号能正常传输给计算机控制主机 （7）监控的镜头、防护罩等干净清洁，视频图像清晰 （8）系统设备巡视、维保记录等清楚详细，记录保存完全

九、空调系统

项目	服务要求	服务标准
空调机房	（1）所有非值班人员进入都须登记，严禁非工作业务人员进入 （2）定期清洁与通风 （3）配备专用灭火器	（1）各项规章制度齐全、规范且上墙公示，非工作人员未经许可禁止进入空调机房，抽检合格率达到99% （2）工作人员进入空调机房时应保持头脑清醒，服装整齐 （3）机房内地面无杂物堆放，抽检合格率达到98% （4）门窗完整，光洁、明亮、照明、通风良好，抽检合格率达到98% （5）温湿度正常，雨天无漏雨、积水现象，抽检合格率达到98% （6）机房内无明显灰尘，无渍，无蜘蛛网，抽检合格率达到98% （7）维修运行记录真实、规范，记录及时、完整
空调运行	（1）确认情况正常后方可开机 （2）按规定顺序开机 （3）按规定顺序停机	（1）机房内无异常声响，电压、电流、温度表指示正常，抽检合格率达到98% （2）无违规、违章指挥与操作 （3）空调运行时值班员每隔2小时巡视1次中央空调机组及每班须对空调机房巡视2次
维护保养	按设备年度保养计划执行	按年度设备保养计划的要求，于开机前和停机后，每年进行2次全面保养，并填写规范记录

十、电梯系统

项目	服务要求	服务标准
电梯系统	委托专业维修保养单位进行定期保养，有专人对电梯保养进行监督，并对电梯运行进行管理。每年进行安全检测并持有有效的"安全使用许可证"	（1）电梯24小时正常运行，轿厢内按钮、灯具等配件保持完好，轿厢整洁并有相应记录 （2）规章制度健全、规范，运行记录真实、完整 （3）按日常保养计划和年度设备保养计划对电梯设备进行保养。一台次未维护保养，扣该项分值0.5分；累计三台次及以上扣所属该项整体分值 （4）电梯发生一般故障的，专业维修人员2小时内到达现场修理。发生电梯困人或其他重大事件时，管理处人员须在5分钟内到现场应急处理，专业技术人员须在15分钟内到现场进行救助，并及时填写设备故障记录 （5）按月统计电梯运行状况，并形成报表存档备查

十一、消防设施设备

项目	服务要求	服务标准
消防联动台	安全部巡检，工程部维保	（1）各类指示灯（含电源、信号）指示正常，抽检合格率达到98% （2）各类开关处于开启或自动状态，抽检合格率达到98% （3）各电源、信号线导线无破损、烧焦现象，抽检合格率达到98% （4）控制台表面及内部无灰尘，抽检合格率达到98%

续表

项目		服务要求	服务标准
火灾报警器		安全部巡检，工程部维保	（1）电源指示灯指示正常，抽检合格率达到98% （2）直流电源电压指针指示在正常范围（如24V、±5V等），抽检合格率达到98% （3）目检功能主机上所有灯闪亮，回路工作电流正常，抽检合格率达到98% （4）信号（电源）线导线无破损、老化，抽检合格率达到98% （5）表面及内部无尘，抽检合格率达到98%
火灾探测器		安全部巡检，工程部维保	（1）感烟探测器运行正常，抽检合格率98%以上 （2）感温探测器运行正常，抽检合格率98%以上 （3）手动报警按钮运行正常
防火卷帘门		安全部巡检，工程部维保	（1）控制箱内部各电器元件接线端子无烧伤或松动 （2）机械部分（齿轮、锋条）无锈蚀且表面涂有润滑油 （3）卷帘门门体无锈蚀 （4）升降按钮动作灵活，到位准确，安全部对升降控制器有机玻璃护板和锁具进行巡检，工程部维保完好，发现一处缺损，扣该项分值0.5分；三处及以上，扣所属该项整体分值
防火门		安全部巡检，工程部维保	（1）防火门玻璃完好无损 （2）防火门弹簧铰链完好，弹性适度 （3）消防通道、防火门消防通道畅通，防火门开闭自如
排烟系统	排烟风机	安全部巡检，工程部维保	（1）排烟风机房设备表面无尘及地面卫生干净 （2）控制柜电源指示灯、电源指示灯明亮，控制柜控制启停正常 （3）控制柜一、二次电路控制图完整，排烟风机房所有设备按年度保养计划定期进行保养，并有相关记录，未维护保养一处，扣该项分值0.5分；三处及以上扣所属该项整体分值
	排烟阀	安全部巡检，工程部维保	（1）微动开关机内部接线端子无松动、微动开关固定良好 （2）导轮、钢丝、转轴复位按钮控制无误，排烟口开启灵活 （3）风机、排烟阀手动、自动功能试验，手动、自动功能正常
加压送风系统		安全部巡检，工程部维保	（1）加压送风机房设备表面无尘及地面卫生干净 （2）控制柜电源指示灯明亮，控制柜控制启停正常 （3）控制柜一、二次电路控制图完整，送风机房所有设备按年度保养计划定期进行保养，并有相关记录，未维护保养一处，扣该项分值0.5分；三处及以上，扣所属该项整体分值 （4）送风口百叶位置正确
管道及附件		安全部巡检，工程部维保	（1）各消防阀门开启自如，不漏水，消防管道、管路无渗漏或锈蚀 （2）各减压阀、排气阀排气正常、不漏水，减压阀工作正常管道、阀门及附件按保养计划定期进行保养，并有相关记录，未维护保养一处，扣该项分值0.5分；三处及以上，扣所属该项整体分值
应急照明		安全部巡检，工程部维保	（1）疏散指示灯明亮且处于等待状态，安装牢固，无松动、损伤，表面无灰尘 （2）按测试键后，应急灯亮，且充放电正常，一处不合格，扣该项分值0.5分；三处及以上，扣所属该项整体分值

续表

项目		服务要求	服务标准
风机房		安全部巡检，工程部维保	机房内照明完好、电话通话正常
灭火器材	推车式灭火器	安全部巡检，工程部维保	完好无损，压力显示在正常范围，表面洁净
	手提式灭火器	安全部巡检，工程部维保	压力正常，指针指在绿色安全区内，配件齐全，表面洁净
室内外消火栓系统	水泵	每年进行1次全面保养	每半月应手动点动操作一次，确保消防泵在紧急状态下的正常使用，转轴转动灵活，抽检合格率达到98%
		根据需要添加盘根	点动时，漏水在正常范围内，抽检合格率达到98%
		每季度加润滑油1次	水泵运转灵活，抽检合格率达到98%
		根据需要给水泵、电动机除尘	无尘，抽检合格率达到98%
室内外消火栓系统	消火栓	安全部巡检，工程部维保	消火栓各阀门开启自如，不漏水，一处不合格，扣该项分值0.5分；三处及以上，扣所属该项整体分值
	配件		水带、接扣、消火栓按钮及其他配备齐全，水带不发霉、水喉不漏水、按钮盒完好
	功能试验		消火栓泵启动时在管网顶部试消火栓出口喷水射程达6米以上，抽检合格率达到100%
自动喷淋系统	水泵	每年进行1次全面保养	每半月应手动点动操作一次，转轴转动灵活，抽检合格率达到98%
		根据需要添加盘根	水泵添加盘根点动时，漏水在正常范围内，抽检合格率达到98%
		每季度加润滑油1次	水泵运转灵活，抽检合格率达到98%
		根据需要给水泵、电动机除尘	水泵、电动机表面无尘，抽检合格率达到98%
	阀门及水流指示器	安全部巡检，工程部维保	（1）自动喷淋各阀门开启自如，不漏水，压力指示正常，抽检合格率达到98% （2）放水阀压力表指示正常，开启自如，抽检合格率达到98% （3）信号阀关闭时有电信号在中控室显示，98% （4）水流指示器在中控室有电信号显示，抽检合格率达到98%
	喷淋头	安全部巡检，工程部维保	喷淋头表面油灰不可过多
气体灭火系统		安全部巡检，工程部维保	（1）空气压缩机启停控制正常，压缩机油传正常 （2）执行元件电磁阀、放气阀、瓶头阀、分配阀气压正常，各阀无泄漏，放气阀、瓶头阀、分配阀能正常工作，抽检合格率达到98%

续表

项目	服务要求	服务标准
气体灭火系统	安全部巡检，工程部维保	（3）气体控制箱触点无锈蚀、无松动，模拟功能正常，抽检合格率达到98% （4）各气瓶气压正常，瓶体表面无尘
消防应急广播	安全部巡检，工程部维保	（1）主机各电源、控制信号及音量调节器信号指示正常，音量调节位置合适 （2）各切换器、控制器转换工作正常 （3）各放大器音质、音量良好 （4）磁带机、CD机磁头表面无粉尘 （5）各层扬声器接线是否牢固、纸盒是否完好、各扬声器接线牢固、纸盒无破损
对讲电话系统	安全部巡检，工程部维保	（1）主机柜内除尘无尘 （2）主机、固定电话、插孔之间通话音质清楚、无杂音 （3）主机按键无阻滞，通话良好
设备维护保养	按年度保养计划要求进行	按设备年度保养计划要求进行，并有相应记录

十二、其他

项目		服务要求	服务标准
上门维修	上楼维修时限	同服务标准	接到维修要求，按约定时间上楼维修，紧急维修的15分钟内赶到现场
	维修服务态度	同服务标准	热情、谦虚、使用文明用语
	维修服务时间	同服务标准	视工艺复杂情况而定，一般不超过8小时，最多不超过72小时
	服务对象满意率	同服务标准	应达到95%
	用具漏水	同服务标准	应达到原先标准，经反复试用，不漏水，服务对象满意
	用具下水堵塞	同服务标准	达到畅通标准，维修时间不超过2小时
	楼上水漏到楼下	同服务标准	尽快找到漏水原因，以达到不漏水为标准，并对墙、地面等污染清理干净
	房间无电	同服务标准	以恢复房间正常用电为标准，在维修完毕后应尽量保持原状
	维修记录管理	规范填写、归档等	记录准确、真实、规范、全面，业主确认明确、真实
公共部位	上人屋面	同服务标准	对损坏的面层及时进行修补，屋面无渗漏
	外墙饰面	同服务标准	按要求进行清洗、修补、更换，外墙粉刷
	内墙饰面	同服务标准	按要求进行（瓷砖）更换、粉刷
	楼面、地面	同服务标准	按要求进行（瓷砖）更换、修理
	天棚	同服务标准	按要求进行抹灰层空鼓处理，天棚重新粉刷，装修吊顶的调平、破损的处理
	室外道路（地面）	同服务标准	按要求进行大理石地面、广场地面及其他地面裂缝、缺角系统修补

续表

项目		服务要求	服务标准
公共部位	门窗	同服务标准	按要求进行闭门器、门锁调校，变形复位，防腐防蛀处理
	防盗网、围栏	同服务标准	根据损坏情况刷油漆
	沟、井、池、渠	同服务标准	及时疏通、清淤、井盖、箅子定期刷漆
	挡雨棚	同服务标准	及时清洗、加固
	玻璃幕墙	同服务标准	根据需要每年清洗1～2次
	休闲椅、凉亭、雕塑、景观小品	每日巡查1次，发现损坏立即修复	保持原有面貌，保证其安全使用
	室外健身设施、儿童乐园等	每日巡查1次，发现损坏立即修复	保证器械、设施的安全使用
	安全标志等	每月检查1次	保证标志清晰完整，设施运行正常
	避雷设施	每年检查避雷装置2次，18层以上的楼宇每年测试1次	保证其性能符合国家相关标准
	水景（动力）	每周巡视1次检查，损坏部位及时修复	保证其正常运行
	综合要求	同服务标准	公共部位各类设施设备安装标准、牢固，无松动、污渍、缺损，保证正常使用，巡视检查责任落实到人，检查记录完整规范，发现问题按照规程及时维修，记录完整，抽查每发现5项次扣1分，直至该综合分值全部扣除
资料管理		同服务标准	文件标志规范统一、清晰完整，质量记录应标准化，符合质量管理需要
人员管理		员工对应知应会内容对答准确，理解确切	员工能正确回答应知应会问题，并能准确理解掌握和使用。抽检时每发现一人回答错误或回答不知道扣除综合分值0.5分（每次检查最多抽查员工6人）

【范本7-03】工程部服务质量检验标准及评分细则

一、管理及素质

序号	检验标准	规定分值/分	检验方法	评分细则
1	建立健全各项管理制度，建立健全各岗位工作标准 完善具体的作业规程和内部考核办法	6	检查记录20%以上	（1）物业管理服务工作程序不熟练、不正确每处扣0.5分 （2）质量记录不规范填写每处扣0.5分 （3）不合格项未正确处理每处扣0.5分 （4）无岗位职责扣0.5分 （5）未制定具体落实措施扣0.5分 （6）未制定考核办法扣0.5分

续表

序号	检验标准	规定分值/分	检验方法	评分细则
2	实行现代化管理	2	实地检查	（1）未使用计算机管理扣1.0分 （2）维修管理软件应用不熟练扣0.5分 （3）资料录入不完整扣0.5分
3	房屋及其共用设施设备资料管理完善	6	随机抽查	（1）房屋总平面图、地下管网、竣工图 （2）房屋数量、种类、用途分类统计成册 （3）房屋及共用设施设备大中修记录 （4）共用设施设备的设计安装图纸资料和台账 以上存档管理不完善每处扣0.2分
4	统一着装，佩戴工牌	2	随机抽查	（1）未着工装每人次扣0.5分 （2）未戴工牌或佩戴不正确扣0.5分
5	培训	3	随机抽查	（1）培训缺席、考核不及格扣0.5分 （2）培训迟到或其他违纪扣0.2分 （3）未持证上岗0.1分
6	工作规范，用语文明，作风严谨	6	随机抽查	（1）工作时举止不文明（如随地吐痰、扔垃圾、跷二郎腿坐、上门服务时抽烟、言行不当等）每次扣0.2分 （2）故意不接听电话每次扣0.2分 （3）用语不规范每次扣0.5分 （4）与客户冲突每次扣0.5分 （5）收受客户钱财每次扣1.0分 （6）服务态度被客户投诉每次扣2.0分 （7）出入无法追踪每人次扣0.2分
7	设备房"5S"	5	实地检查	5个要素不符处每处扣0.2

二、面向客户的服务

序号	检验标准	规定分值/分	检验方法	评分细则
1	24小时值班制 对客户的报修、问询、求助、投诉反应及时	5	随机抽查	（1）值班制度不符合扣0.5分 （2）重要事项漏记录扣0.5分 （3）20分钟未到达的每次扣0.5分 （4）对客户意见无反馈每次每处扣0.5分
2	支持公司进行客户满意度及需求调查活动 维修服务满意率达85% 努力改进，降低客户投诉	3	按程序文件规定进行	（1）不支持客户意见调查每人次扣0.5分 （2）客户合理意见未及时整改每处扣0.5分 （3）每单真实投诉扣2.0分 （4）满意率未达要求按《目标考核方案》处理
3	收费合理	3	按事件处理	（1）私自乱收费、不找零扣1.0分 （2）有偿服务管理不当或被投诉每次每处扣0.2分

续表

序号	检验标准	规定分值/分	检验方法	评分细则
4	建立并落实便民维修服务承诺 零修、急修及时率100%，返修率不高于2% 适当回访统计	5	检查记录20%以上	（1）记录不完整每处扣0.2分 （2）处理报修不及时每次扣0.5分 （3）零修返修率每超1%扣0.5分 （4）对客户意见无反馈每次每处扣0.5分
5	协助装修技术性审批	2	随机抽查	审批不当扣0.2分

三、设施设备维护管理

序号	检验标准	规定分值/分	检验方法	评分细则
1	巡查，不合格的及时处理	5	检查样本20%	每处不符合扣0.2分
2	重大、突发事件处理正确	3	以事件考核	处理不当扣0.5分，引起事故扣2.0分
3	公共设施维修、养护 施工的防护：对施工队的监管、危险警示、清理现场	4	随机抽查	（1）室外共用管线统一入地或入公共管道，无架空管线，无碍观瞻 （2）道路通畅，路面平整；井盖无缺损、无丢失，路面井盖不影响车辆行人通行，有明显不通畅、不平整、积水现象 发现井盖缺损而无处理每处扣0.2分 丢失而无处理每处扣0.5分 路面井盖影响通行每处扣0.5分 其余每处不符合扣0.2分
4	安全施工、安全防范 动用消防水应取得审批	3	随机抽查	每处不符合扣0.2分 消防水使用不当每次扣2.0分
5	保修项的监管、协调	2	以事件考核	被客户投诉每处扣0.2分
6	设备检修、保养	6	随机抽查	（1）设备运行未按规定记录每处扣0.2分 （2）有事故隐患每处扣0.5分 （3）未遵守操作规程每次每处扣0.6分 （4）未遵守保养规范每处扣0.1分 （5）设备标识清楚，责任分明，不符合每处扣0.1分
7	供配电管理	6	随机抽查	（1）供配电管理措施执行不当每处扣0.5分 （2）巡查维护记录不规范、不完善每处扣0.2分 （3）供配电设备维护保养不当每处扣0.2分 （4）配电室管理不当每处扣0.2分 （5）公共照明设备有报修、无处理每处扣0.2分 （6）停电应急处理不当每次扣0.5分

续表

序号	检验标准	规定分值/分	检验方法	评分细则
8	给排水管理	7	随机抽查	（1）无巡查记录每处每次扣0.2分 （2）渗漏缺损无处理每处扣0.2分 （3）停水应急处理不当每次每处扣0.5分 （4）供水设备维护保养不当每处扣0.2分 （5）二次供水未按规定清洁化验每次扣0.2分 （6）堵塞外溢无处理每处扣0.2分 （7）排污泵等设备无巡查维护每处扣0.2分
9	电梯管理	4	检查20%以上	（1）电梯运行中有事故隐患每处扣0.2分 （2）维护保养巡查不当、记录不完整每处扣0.2分 （3）机房保养清洁不当每处扣0.2分 （4）应急处理不当每次扣0.5分
10	智能化系统：功能完好，软件动作良好，辅件硬件工作正常，设备清洁无积尘，环境条件良好，按规定维护保养	4	随机抽查	每处不合格扣0.2分
11	制冷系统：各指示器显示正常，各部分器件连接正常，定期清洁保养，运行检查；水泵各显示部分正常，无"跑、冒、滴、漏"现象，设备清洁，无积尘，环境条件良好，按规定维护保养	4	实地检查	每处不合格扣0.2分
12	道闸系统：读卡、开、闭灵活，无卡阻、异声，控制器、感应器工作正常，软件良好、硬件动作正常，按规定维护保养，无脏乱局面	4	随机抽查	每处不合格扣0.2分 带病运作扣1.0分
		100		

第八章

智慧楼宇建筑设备管理系统

Chapter 08

> 建筑设备管理系统（Building Management System，BMS）是智慧楼宇不可缺少的重要组成部分。它采用计算机、网络通信和自动控制技术，将建筑物或建筑群内的冷源、热源、照明、空调、送排风、给水排水等众多分散设备的运行、安全状况、能源使用状况及节能管理实行集中监视、管理和分散控制，以达到舒适、安全、可靠、经济、节能的目的，为用户提供良好的工作和生活环境，并使系统的各个设备处于最佳化运行状态，从而保证系统运行的经济性和管理的智能化，为大厦的管理者提供方便的管理手段，为大厦的经营者减少能耗并降低管理成本，为物业管理现代化提供物质基础。

第一节 建筑设备管理系统概述

建筑设备管理系统利用先进的计算机监控技术对智能建筑的机电设备进行集中、实时监控，为用户提供舒适便捷的环境，并在此基础上通过资源的优化配置和系统的优化运行达到节约能源及人力的目的。

一、建筑设备管理系统的功能

建筑设备管理系统应具有下图所示功能。

功能一	基于对建筑设备综合管理的信息集成平台，具有各类机电设备系统运行监控信息，互为关联和共享应用的功能，以实施对建筑机电设备系统综合管理
功能二	确保各类设备系统运行稳定、安全及满足物业管理的需求
功能三	具有对建筑耗能信息予以数据化管理，并实施降耗升效的能效监督方式。实现对建筑设备系统运行优化管理及提升建筑节能功效，从而对建筑物业提供科学管理的依据
功能四	综合应用智能化技术，在建筑生命期内，实现对节约资源、优化环境质量的综合管理，确保达到绿色建筑整体建设目标
功能五	与建筑内火灾自动报警系统、安全技术防范系统等其他智能化专业设备系统互联，实现科学有效的建筑设备综合管理

建筑设备管理系统的功能

二、建筑机电设备监控的要求

此外，建筑机电设备监控还应符合以下要求。

① 监控范围包括冷热源、采暖通风和空气调节、给水排水、供配电、照明和电梯等建筑机电设备系统。

② 系统对建筑机电设备采集的监测信息种类应包括温度、湿度、流量、压力、压差、液位、照度、气体浓度、电量、冷热度等，以及其他建筑设备运行状况的基础物理量。

③ 对建筑机电设备系统的监控模式应符合建筑设备系统的运行工艺要求，并应符合对建筑机电设施系统运行的实时状况监控、管理方式实施及具体管理策略持续优化完善等要求。

④ 系统应根据建筑设备系统状况，确定系统管理范围及配置相关管理功能。

总之，建筑设备管理系统是为实现绿色建筑的建设目标，而对建筑的机电设施及建筑物环境实施综合管理和优化功效。随着智能建筑技术的发展，智能建筑的数量越来越多，为了实现智能建筑的有效运行和实际建设需求，建筑设备管理系统应表现出较强的适用性，从而对提高建筑物的设备管理质量起到积极的促进作用。

建筑设备管理系统在运行过程中，能够实现对整个建筑物设备的有效管理，不但能覆盖建筑物的所有重要设备，还能提高建筑设备的管理效果，发挥建筑设备的积极作用，充分满足建筑的实际需要。从建筑技术的实际发展来看，建筑设备管理系统提升了建筑技术的发展速度，对建筑技术的发展产生了直接的促进作用，建筑设备管理系统正逐步成为建筑智能化系统工程营造建筑物运营条件的保障设施。

三、建筑设备管理系统的计算机控制技术

计算机控制技术在过程控制中的应用主要体现在以下几个系统中：直接数字控制系统（DDC）、计算机监督控制系统（SCC）、分布式控制系统（DCS）和现场总线控制系统（FCS）。

（一）直接数字控制系统（DDC）

DDC用一台计算机对多个被控参数进行实时数据采集，再根据设定值和一定的控制算法进行运算，然后输出调节指令到执行机构，直接对生产过程施加连续调节作用，使被控参数按照工艺要求的规律变化。DDC利用计算机的分时处理功能直接对多个控制回路实现多种形式控制。它既能独立监控有关设备，又可通过通信网络接受来自中央管理计算机的统一控制与优化管理。在这类系统中，计算机输出直接作用于控制对象，故称直接数字控制。

DDC作为系统与现场设备的接口，通过分散设置在被控设备的附近收集来自现场设备的信息，并能独立监控有关现场设备。同时，它还通过数据传输线路与中央监控室的中央管理监控计算机保持通信联系，接受其统一控制与优化管理。

建筑设备管理系统利用计算机网络和接口技术将分散在各子系统中不同区域、不同用途的现场直接数字控制器（DDC）连接起来，通过联网实现各子系统与中央监控管理级计算机之间及子系统之间相互的信息通信，达到分散控制、集中管理的功能模式。系统组成主要包括：中央操作站、分布式现场控制器、通信网络和现场就地仪表。其中，

通信网络包括网络控制器、连接器、调制解调器、通信线路。现场就地仪表包括传感器、变送器、执行机构、调节阀、接触器等。

(二) 计算机监督控制系统 (SCC)

SCC采用两级计算机模式，该系统用计算机按照描述生产过程的数学模型和反映生产过程的参数信息，实时计算最佳设定值并送于DDC计算机或模拟控制器，由DDC计算机或模拟控制器根据实时采集的数据信息，按照一定的控制算法进行运算，然后输出调节指令到执行机构。执行机构对被控参数按照工艺要求的规律变化，确保生产工况处于最优状态。

SCC系统较DDC系统更接近生产实际的变化情况，是操作指导系统和DDC系统的综合与发展。它不但能进行定值调节，而且也能进行顺序控制、最优控制和自适应控制。

(三) 分布式控制系统 (DCS)

DCS又称集散控制系统。该系统采用分散控制、集中操作、分级管理、综合协调的设计原则，从上到下将系统分为现场控制层、监控层和管理层。在同层次中，各计算机的功能和地位是相同的，分别承担整个控制系统的相应任务，而它们之间的协调主要依赖上一层计算机，部分依靠与同层其他计算机数据通信。

(四) 现场总线控制系统 (FCS)

FCS是连接现场智能仪表和自动控制系统的数字式、双向传输、多分支结构的通信网络。FCS是控制系统最底层的通信网络，它以串行通信方式取代传统的DC4-20毫安模拟信号，能为众多现场智能仪表实现多点连接，支持处于底层的现场智能仪表，利用公共传输介质与上层系统互相交流信息，具备双向数字通信功能。

第二节 冷热源系统监控

一、冷源装置

在智能建筑中，冷源主要应用于空气调节、食品冷藏、某些低温生产工艺这三个方面。

(一) 常用的制冷方式

在中央空调系统中，目前常用的制冷方式主要有压缩式制冷和吸收式制冷两种形式。

1. 压缩式制冷

低压制冷剂蒸气在压缩机内被压缩为高压蒸气后进入冷凝器，制冷剂和冷却水（用来带走制冷剂热量的水）在冷凝器中进行热交换，制冷剂放热后变为高压液体，通过热力膨胀阀后，液态制冷利压力急剧下降，变为低压液态制冷剂后进入蒸发器。在蒸发器中，低压液态制冷剂通过与冷冻水（送至空调空气处理机组用作冷媒的水）的热交换而发生气化，吸收冷冻水的热量而成为低压蒸气，再经过回气管重新吸入压缩机，开始新一轮制冷循环。很显然，在此过程中，制冷量即是制冷剂在蒸发器中进行相变时所吸收的汽化潜热。

从压缩机的结构来看，压缩机制冷大致可分为往复压缩式、螺杆压缩式和离心压缩式三种类型。近年来，新研究的涡旋压缩式制冷机也开始在一些小型机组上应用。

2.吸收式制冷

吸收式制冷与压缩式制冷一样，都是利用低压制冷剂的蒸发产生的汽化潜热进行制冷。

（二）两种制冷方式的区别

两者的区别：压缩式制冷以电为能源，而吸收式制冷则是以热为能源。在大型民用建筑的空调制冷中，吸收式制冷机组所采用的制冷剂通常是溴化锂水溶液，其中水为制冷剂，溴化锂为吸收剂。因此，通常溴化锂制冷机组的蒸发温度不可能低于0摄氏度，这也说明溴化锂制冷的适用范围不如压缩式制冷，但在高层民用建筑空调系统中，由于要求空调冷水的温度通常为6～7摄氏度，因此还是比较容易满足的。

溴化锂吸收式制冷机的基本原理：冷水在蒸发器内被来自冷凝器减压节流后的低温冷剂水冷却，冷剂水自身吸收冷水热量后蒸发，成为冷剂蒸气，进入吸收器内，被浓溶液吸收，浓溶液变为稀溶液。吸收器里的稀溶液，由落液泵送往冷剂凝水热回收装置、低温热交换器、热回收器、高温热交换器后温度升高，最后进入高温再生器，在高温再生器中稀溶液被加热，浓缩成中间浓度溶液，中间浓度溶液经高温热交换器，进入低温再生器，被来自高温再生器内产生的冷剂蒸气加热，成为最终浓溶液。浓溶液流经低温热交换器，温度降低，进入吸收器，滴淋在冷却水管上，吸收来自蒸发器的冷剂蒸汽，成为稀溶液。另一方面，在高温再生器内，经外部蒸汽加热溴化锂溶液后产生的冷剂蒸气，进入低温再生器，加热中间浓度溶液，自身凝结成冷剂水后，经冷剂凝水热回收装置，温度降低，和低温再生器产生的冷剂蒸气一起进入冷凝器被冷却，经减压节流，变成低温冷剂水，进入蒸发器，滴淋在冷水管上，冷却进入蒸发器的冷水。

以上循环反复进行，最终达到制取低温冷水的目的。

从溴化锂制冷机组制冷循环可以看出，它的用电设备主要是吸收液泵，功率为5～10千瓦，这与压缩式冷水机组相比是微不足道的。与压缩式冷水机组相比，它只是在能源的种类上不一样（前者消耗矿物能，后者消耗电能）。因此，在建筑所在地的电力紧张而无法满足空调要求的前提下，溴化锂吸收式冷水机组是一种值得考虑的选择。如果当地的电力系统允许的话（当然，作为建设单位，还要考虑各地不同的能源政策），还是应优先选择压缩式冷水机组的方案。

二、热源装置

楼宇的供热方式大体有两种：一种是集中供热，其热源来自热电厂、集中供热锅炉房等；另一种是由分散设在一个单位或一幢建筑物的锅炉房供热。

热源装置分类表

分类方法	类别	说明
按热源性质分类	蒸汽	蒸汽热值较高，载热能力大，且不需要输送设备。其汽化潜热在2200千焦/千克左右，占使用的蒸汽热量的95%以上
	热水	热水在使用的安全性方面比蒸汽优越，与空调冷水的性质基本相同，传热比较稳定
按热源装置分类	锅炉	供热用锅炉分为热水锅炉和蒸汽锅炉
	热交换器	从结构上来分，热交换器有三种类型，即列管式、螺旋板式和板式换热器

三、冷热水机组

直燃吸收式冷水机组（简称直燃机），就是把锅炉与溴化锂吸收式冷水机组合二为一，通过燃气或燃油产生制冷所需要的能量。直燃机按功能可分为三种形式，如下图所示。

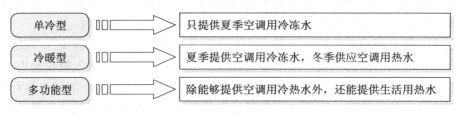

直燃机的形式

四、冷热源系统的监控

（一）冷热源系统的监测与自动控制的功能

通过对冷热源系统实施自动监控，能够及时了解各机组、水泵、冷却塔等设备的运行状态，并对设备进行集中控制，自动控制它们的启停，并记录各自运行时间，便于维护。同时可以从整体上整合空调系统，使之运行在最佳状态，还可以控制多台冷水机组、冷却水泵、冷却塔、热水机组、热水循环水泵或者其他不同的冷热源设备按先后有序地运行，通过执行最新的优化程序和预定时间程序，达到最大限度的节能，减少人工操作带来的误差，并简化冷热源系统的运行操作。

集中监视和报警能够及时发现设备问题，进行预防性维修，以减少停机时间和设备损耗，通过降低维修开支而使用户的设备增值，见下表。

冷热源系统的监测与自动控制的功能

序号	分类	功能
1	基本参数的测量	（1）各机组的运行、故障、手动自动参数 （2）冷冻水、热水循环系统总管的温度、流量、压力 （3）冷冻水泵、热水循环水泵的运行、故障、手动自动参数

续表

序号	分类	功能
1	基本参数的测量	（4）冷却水循环系统总管的温度、冷却水泵和冷却塔风机的运行、故障、手动自动参数 （5）分集水器之间旁通阀的压差反馈 （6）冷冻、冷却水路的电动阀门的开关状态等
2	基本的能量调节	机组本身的能量调节，机组根据水温自动调节导叶的开度或滑阀位置，电动机电流会随之改变
3	冷热源系统的全面调节与控制	（1）根据测量参数和设定值，合理安排设备的启停顺序 （2）适当地确定设备的运行数量，最终实现"无人机房"

（二）智能建筑的冷热源监控特点

智能建筑的冷热源主要包括冷却水、冷冻水及热水制备系统，其监控特点如下。

1. 冷却水系统的监控

冷却水系统的主要作用是通过冷却塔和冷却水泵及管道系统向制冷机提供冷水。冷却水系统由水泵、管道及冷却塔组成。对冷却水系统的监控应保证冷却塔风机、水泵安全运行，保证冷冻机组内有足够的冷却水流量，并根据室外气温及冷水机组开启数量，调整冷却塔运行工况，使冷冻机冷却水进口处的温度保持在要求的范围内。

2. 冷冻水系统的监控

冷冻水系统由冷冻水循环泵通过管道系统连接冷冻机蒸发器及用户各种冷水设备（如空调和风机盘管）组成。冷冻水系统的作用是为冷水机组的蒸发器提供的冷量，通过冷冻水输送到各类冷水用户（如空调和风机盘管）。

3. 热水制备系统的监控

热水制备系统以热交换器为主要设备，其作用是产生生活、空调机供暖用热水。对这一系统进行监控的主要目的是监测水力工况以保证热水系统的正常循环，控制热交换过程以保证要求的供热水参数。

实际的热交换器可能不止一台，其中，热水供水常用于空调和生活供水等情况。热交换器根据热水循环回路出水温度实测值及设定温度，对热源侧蒸汽/热水回路调节阀开度进行控制，以控制热水循环回路出水温度。

热交换器启动时一般要求先打开二次侧蝶阀及热水循环泵，待热水循环回路启动后再开始调节一次侧蝶阀，否则容易造成热交换器过热、结垢。

第三节 空调系统监控

良好的工作环境要求室内温度适宜、湿度恰当、空气洁净。智能建筑的空气环境是一个极复杂的系统，其中有来自于人、设备散热和气候等原因的干扰，有调节过程和执行器固有的非线性及滞后各参量与调节过程的动态性，有建筑内人员活动的随机性等诸多因素的影响。为了节约和高效,必须对这个系统进行全面管理且实施监控。

空调设备本身是智能建筑中耗能耗电的大户,有统计资料表明,空调系统的耗能已占到建筑总耗能的40%左右,而且由于智能建筑中大量电子设备的应用使得智能建筑的空调负荷远远大于传统建筑。

一、智能建筑中的空调及其自动控制系统的重要性

智能建筑中的空调及其自动控制系统的重要性体现在以下几个方面。

首先,智能建筑的重要功能之一就是为人们提供一个舒适的生活与工作环境,而这个功能主要是通过空调及其控制系统来实现的。

其次,由于空调系统又是整个建筑最主要的耗能系统之一,因此通过建筑设备自动化系统实现空调系统的节能运行,对降低费用、提高效益是非常重要的。

另外,因为在空调系统运行过程中,控制系统必须进行实时调节控制,所以空调控制系统的配置与功能相对而言是整个建筑设备管理系统中要求比较高的部分。

二、空调系统的组成部件

空调系统的组成部件如下表所示。

空调系统的组成部件

序号	部件	功能
1	进风	根据人对空气新鲜度的生理要求,空调系统必须有部分空气取自室外,常称新风。空调的进风口和风管等,组成了进风部分
2	空气过滤	由进风部分引入的新风,必须先经过一次过滤,以除去颗粒较大的尘埃。空调系统装有预过滤器和主过滤器两级过滤装置。根据过滤效率不同,大致可以分为初效过滤器、中效过滤和高效过滤器
3	空气的热湿处理	将空气加热、冷却、加湿和减湿等不同的处理过程组合在一起,统称为空调系统的热配处理部分。热解处理设备主要有两大类型,即直接接触式和表面式
4	空气的输送和分配	将调节好的空气均匀地输送和分配到空调房间内,以保证其合适的温度和湿度。这是空调系统空气输送和分配部分的任务,它由风机和不同型号的管道组成
5	冷热源部分	为了保证空调系统具有加温和冷却能力,必须具备冷源和热源。冷源有自然冷源和人工冷源两种。热源也有自然和人工两种。自然热源指地热和太阳能。人工热源是指用煤、石油或煤气作燃料的锅炉所产生的蒸汽和热水

三、空气调节系统的分类

(一)按照空气处理设备的设置情况分类

按照空气处理设备的设置情况,空气调节系统可分为半集中系统、全分散系统和集中系统。

1. 半集中系统

在半集中空调系统中，除了集中空调机房外，还设有分散在被调节房间的二次设备（又称末端装置）。变风量系统、诱导空调系统以及风机盘管系统均属于半集中空调系统。

2. 全分散系统

全分散系统也称局部空调机组。这种机组通常把冷、热源和空气处理、输送设备（风机）集中设置在一个箱体内，形成一个紧凑的空调系统。房间空调器属于此类机组。它不需要集中的机房，安装方便，使用灵活。可以直接将此机组放在要求空调的房间内，也可以放在相邻的房间用很短的风道与该房间相连。一般来说，这类系统可以满足不同房间不同的送风要求，使用灵活，移动方便，但装置的总功率必然较大。

3. 集中系统

集中系统的所有空气处理设备（包括风机、冷却器、加热器、加湿器和过滤器等）都设在一个集中的空调机房内。经集中设备处理后的空气，用风道分送到各空调房间。在建筑物中，一般采用集中式空调系统，通常称为中央空调系统。中央空调系统主要由制冷、制热设备或装置（压缩机、压缩冷凝机组、冷水机组、空调箱、锅炉、喷水室等）、管路（制冷剂管路、冷煤管路、载冷剂管路等）、室内末端设备（室内风管水管、散流器、风机盘管、空调室内机等）、室外设备（室外风管、冷却塔、风冷式冷凝器等）、水泵、控制装置及附属设备等组成。对空气的处理集中在专用的机房里，对处理空气用的冷量和热源，也有专门的冷冻站和锅炉房。

（二）按照所处理空气的来源分类

按照所处理空气的来源，空调系统可分为循环式系统、直流式系统和混合式系统。

循环式系统的新风量为零，其冷、热消耗量最小，但空气品质差。

直流式系统的回风量为零，全部采用新风，冷、热消耗量大，但空气品质好。

混合系统既能满足空气品质要求，经济上又比较合理，因此是应用最广的一类集中式空调系统。该系统的所有空气处理设备和送、回风机等都集中设置在空调机房内，空气经处理后由送、回风管道送入空调房间。

（三）根据送风管的套数不同分类

根据送风管的套数不同，集中式系统又可分为单风管式和双风管式。单风管式只能输送一种状态的空气，若不采用其他措施，则难以满足不同房间对送风状态的不同要求。双风管式用一条管送冷风，另一条管送热风，冷热风在送则房间前进行不同比例的混合，以达到不同的送风状态，再送入房间。

（四）根据送风量是否可以变化分类

根据送风量是否可以变化，集中式系统又可分为定风量式和变风量式。定风量式系统的送风量是固定不变的，并按最不利情况来确定房间的送风量。当室内负荷减少时，它虽可通过调节再热提高送风温度而减小送风温差的办法来维持室内的温度不变，但耗能较大。

变风量式系统则采用可根据室内负荷的变化自动调节送风量的送风装置。当室内负荷减少时它可保持送风参数不变（不需再加热），通过自动减少风量来维持室内温度的稳定，与定风量式相比，不仅节约了定风式系统再热的能量，而且还可降低风机功率电耗及制冷机的冷量。

建筑设备管理系统对空调系统的监控主要是针对集中式中央空调系统。一般的局部空调如自式空调机、形式空调机、专用恒温恒湿机等都自带冷/热源和控制系统，不是建筑设备管理系统的主要监控内容。

四、空调机组的监控

空气调节设备有新风机组、空气处理机组、风机盘管、查风量系统（VAV）等类型。由于使用条件和功能需求不同，同一种设备在不同的情况下从结构到配置均有所不同。下面介绍目前我国常用的定风量空气处理机组的监控原理。

空调机组使用场合比较多，对空调机组的结构、组成和功能的要求各有不同，导致了空调机组有较多样式。在这里，通过对有代表性的空调机组的监控系统进行分析，对空调机组基本的控制功能有一个全面、清晰的认识，为其他各种类型空调机组的监控系统设计和工程问题的处理奠定基础。如果对这些系统的监控原理和系统设计能够熟练掌握，则对其他各种空调机组控制问题的处理不会有太大的困难。

（一）定风量空调机组运行参数与状态监控

定风量空调机组运行参数与状态监控如下表所示。

定风量空调机组运行参数与状态监控

序号	测量参数	状态监控方式
1	室外/新风温度	取自安装在室外/新风口上的温度传感器，采用室外/风管空气温度传感器
2	室外/新风湿度	取自安装在室外/新风口上的湿度传感器，采用室外/风管空气湿度传感器
3	过滤网两侧压差	取自安装在过滤网上的压差开关输出，采用压差开关监测过滤网两侧压差
4	送/回风温度	取自安装在送/回风管上的温度传感器，采用风管式空气温度传感器
5	选回风温度	取自安装在送回风管上的温度传感器，采用风管式空气程度传移器
6	送风风速	取自送风管上的风速传感器，采用风管式风速传感器
7	防陈开关状态	取自安装在送风管表冷器出风侧的防冻开关输出（只在冬天气温低于0摄氏度的北方地区使用）
8	送/回风机运行状态	可取自送/回风机配电柜接触器辅助触点，也可通过监测点在风机前后的压差开关监测
9	送/回风机故障监测	取自送/回风机配电柜热继电器辅助触点
10	送/回风机起停控制	从DDC数字输出端口（DO）输出到送/回风机配电箱接触器控制回路

续表

序号	测量参数	状态监控方式
11	新风口风门开度控制	从DDC数字输出端口（DO）输出到新风口风门驱动器控制输入点
12	回风/排风风门开度控制	从DDC数字输出端口（DO）输出到回风排风风门驱动器控制输入点
13	冷/热水阀门开度调节	从DDC模拟输出端口（AO）输出到冷热水二通调节阀阀门驱动器控制输入口
14	加湿阀门开度调节	从DDC模拟输出端口（AO）输出到加湿二通调节阀阀门驱动器控制输入口

（二）定风量空调系统的自动控制

定风量系统的自动控制主要内容如下。
① 空调机组回风温度的自动调节。
② 空调机组回风湿度调节。
③ 新风电动阀、回风电动阀及排风电动网的比例控制。
④ 排风阀的开度控制从理论上讲应该和新风阀的开度相对应。

（三）定风量空调机组连锁控制

定风量空调机组启动顺序控制：新风风门、回风风门、排风风门开启，送风机启动，回风机启动，冷热水调节阀开启，加湿阀开启。

定风量空调机组停机顺序控制：关闭加湿阀、关闭冷热水阀、送风机停机、关闭新风风门、关闭回风风门、关闭排风风门。

（四）定风量空调机组运行与节能控制

1.定风量空调机组的温度调节与节能策略

定风量空调系统的节能是以回风温度为被调参数，DDC控制器计算回风温度传感器测量的回风温度与给定值比较所产生的偏差，按照预定的调节规律输出调节信号，控制空调机组冷/热水阀门的开度，以控制冷/热水量，使空调区域的气温保持在设定值。通常情况下，夏天空调温度低于28摄氏度，冬季则高于16摄氏度。

另外，室外温度是对上述调节系统的一个扰动量，为了提高系统的控制性能，把新风温度作为扰动信号加入调节系统，可采用前馈补偿的方式消除新风温度变化对输出的影响。如室外新风温度降低，新风温度测量值减小，这个温度负增量经DDC运算后输出一个相应的控制电信号，使回水阀开度减小，即冷量减小。

2.空调机组回风湿度调节

空调机组回风湿度调节与回风温度的调节过程基本相同，把回风湿度传感器测量的回风温度送入控制器，与给定值比较，产生偏差，DDC控制器按PI规律调节加湿电动阀开度，将空调房间的相对湿度控制在设定值。

3.新风风门、回风风门及排风风门调节

根据新风的温湿度、回风的温湿度在DDC进行回风及新风的焓值计算，按回风和新

风的焓值比例以及空气质量检测值对新风量的需要量控制新风门和回风门的开度比例，使系统在最佳的新风回风比状态下运行，以便达到节能的目的。

4.过滤器压差报警

用压差开关测量过滤器两端压差，当压差超限时，压差开关报警，表明过滤网两侧压差过大，过滤网积灰积尘、堵塞严重，需要清理、清洗。

5.机组防冻保护

采用防冻开关监测表冷器出风侧温度，当温度低于5摄氏度时报警，表明室外温度过低，可关闭风门，同时关闭风机，不使换热器温度进一步降低。

6.空气质量控制

为保证空调区域的空气质量，应选用空气质量传感器，当房间中二氧化碳、一氧化碳浓度升高时，传感器输出信号到DDC控制器，控制器输出控制信号，控制新风风门开度以增加新风量。

7.空调机组的定时运行与设备的远程控制

若要使控制系统能够依据预定的运行时间实现空调机组的按时启停，则系统中应有对设备进行运程开关控制的功能，也就是在控制中心实现对空调机组的现场设备的远程控制。

第四节　给水排水系统监控

给水排水系统是智慧楼宇必不可少的重要组成部分之一。通常情况下，智慧建筑的给水排水系统包括生活给水系统、生活排水系统和消防水系统，这几个系统都是建筑设备管理系统重要的监控对象。由于消防水系统与火灾自动报警系统、消防自动灭火系统关系密切，国家技术规范规定消防给水应由消防系统统一控制管理，因此，消防给水系统由消防联动控制系统进行控制。本节主要讨论生活给水排水系统的监控。

一、给水监控系统

智能建筑的生活给水系统是整个建筑必不可少的重要组成部分。写字楼、高档办公楼、会展中心、星级宾馆、医院等智慧楼宇除了有冷水供水系统外，还有生活热水供水系统。生活给水系统主要是对给水系统的状态、参数进行监测与控制，保证系统的运行参数满足建筑的供水要求以及供水系统的安全。

现代智慧楼宇的高度一般较高，城市管网中的水压力有时难以满足用水要求，除了底下几层可由城市管网供水外，其余各层均需加压供水。由于供水高度增大，直接供水时低层的水压将过大，过高的水压对日常使用、材料设备、维修管理均不利，为此必须进行合理竖向分区供水。

（一）智能建筑常见的生活给水系统

应根据建筑物给水要求、高度和分区压力等情况进行合理分区，然后布置给水系统。智能建筑常见的生活给水系统有下表所示三种方式。

智慧楼宇的生活给水系统

序号	给水方式	功能与特点
1	高位水箱给水方式	在建筑的最高楼层设置高位供水水箱，用水泵将低位水箱水输送到高位水箱，再通过高位水箱以重力向给水管网配水，将水输送到用户。对楼顶水池（箱）水位进行监测及高/低水位超限时报警，根据水池（箱）的高/低水控制水泵的启/停，监测给水泵的工作状态和故障
2	气压罐压力给水方式	水泵-气压水箱（楼）给水系统是以气压水箱（楼）代替高位水箱，而气压水箱可以集中于地下室水泵房内，从而避免在楼房中设置水箱的缺点
3	水泵直接给水方式	无水箱的水泵直接供水系统可以采用自动控制的多台水泵并联运行，根据水量的变化，启/停不同水泵来满足用水的要求，如采用计算机控制则更为理想

（二）生活给水系统的监控

1. 生活泵启/停控制

生活给水系统可以由高位水箱、生活给水泵和低位蓄水池构成。生活泵启/停由水箱和蓄水池水位自动控制。

2. 检测及报警

当高位水箱（或蓄水池）液面高于溢流水位时，自动报警。当液面低于最低报警水位时，自动报警。但蓄水池的最低报警水位并不意味着水池无水，为了保障消防用水，蓄水池必须留有一定的消防用水量。

3. 设备运行时间累计、用电量累计

累计运行时间将为定时维修提供依据，并根据每台泵的运行时间自动确定其是作为工作泵或是备用泵。对于超高层建筑，由于水泵扬程限制，因此需采用接力泵及转水箱。

二、排水监控系统

建筑物排水监控系统的监控对象为集水坑（池）和排水泵。排水监控系统的监控功能见下表。

排水监控系统的监控功能

序号	功能
1	污水集水坑（池）和废水集水坑（池）水位监测及超限报警
2	根据污水集水坑（池）与废水集水坑（池）的水位，控制排水泵的启/停
3	排水泵运行状态的检测以及发生故障时报警
4	累计运行时间，为定时维修提供依据，并根据每台泵的运行时间自动确定其是作为工作泵或是备用泵

建筑物排水监控系统通常由水位开关和直接数字控制器（DDC）组成。在污水集水坑（池）中，设置液位开关，分别检测停泵水位（低）、启泵（高）水位及溢流报警水位。DDC控制器根据液位开关的监测信号来控制排水系统的启/停，当集水坑（池）液面达到启泵（高）水位时，控制器自动启动污水泵，排出集水坑的污水，集水坑（池）液面下降。当集水坑（池）液面降到停泵（低）水位时，DDC送出信号自动关闭排水泵。如果集水坑（池）液面达到启泵（高）水位时，水泵没有及时启动，集水抗水位继续升高达到最高报警水位时，监控系统发出报警信号，提醒值班工作人员及时处理，同时启动备用水泵。

第五节　供配电系统监控

供配电系统对由城市电网供给的电能进行变换处理、分配，并向建筑物内的各种用电设备提供电能。它是智能建筑重要的能源供给系统，也是智能建筑的命脉，因此供配电设备的监控和管理是至关重要的。供配电监控系统通过对智能建筑内各供配电设备用电情况的计量和统计，利用科学管理方法，合理均衡负荷，以保障安全、可靠地供电。

一、供配电系统监控的功能

供配电监控系统对智能建筑供电设备和供电状况进行监控，为整个建筑物安全、可靠地供电，合理地调配用电负荷，实现最大限度的节能。它的监控功能见下表。

供配电系统的监控功能

序号	功能
1	实时检测电压、电流、功率、功率因数、频率、变压器温度等配电系统运行参数，为计量管理、应急处理、故障原因分析等提供数据
2	对配电系统与相关电气设备运行状态，如高低压进线断路器、母线联络断路器等各种类型开关当前的分合闸状态是否正常运行等进行实时监视，并提供电气系统运行状态画面
3	统计建筑物内所有用电设备的用电量，电费计算与管理，如空调、电梯、给水排水、消防喷淋等动力用电，以及照明用电和其他设备与系统的分区用电量的统计
4	绘制用电负荷曲线，如日负荷、年负荷曲线等
5	检修、保养、维护、管理各种电气设备，建立设备档案
6	进行自动抄表、输出用户电费单据等

二、供配电系统的监控内容

供配电系统的监控内容如下表所示。

供配电系统的监控内容

序号	监控项目	说明	
1	高压线路电压及电流监控	6～10千伏高压线路的电压及电流测量	
2	低压端电压及电流监控	参数检测、设备状态监视与故障报警	DDC通过温度传感器/变送器、电压变送器、电流变送器及功率因数变送器自动检测变压器线圈温度、电压、电流和功率因数
		电量计算	DDC根据检测到的电压、电流和功率因数计算有功功率、无功功率、累计用电量
3	功率、功率因数的监控	通过电压与电流的相位差，可测得功率因数。根据功率因数、电压和电流计算无功功率和有功功率	
4	应急柴油发电机组监控	监控电压、电流等参数和机组的运行状态、故障报警和油箱液位等	
5	供电品质监控	频率	我国电力工业的标准频率为50Hz，国家规定电力系统对用户的供电频率偏差范围为±0.5%
6		电压偏移	当电压过高或过低时监测系统应该报警，同时需采取系统或局部的调压及保护措施
7		电压波动及谐波	电力系统中交流电的波形从理论上讲应该是正弦波，但实际上由于三相电气设备的三相绕组不完全对称，带有铁芯线圈的励磁装置在电力系统中产生了与50Hz基波成整数倍的高次谐波，电压因此变成非正弦波

第六节　照明系统监控

在智慧建筑中，照明用电量占建筑总用电量很大一部分，仅次于空调用电量。如何做到既保证照明质量又节约能源，是照明控制的重要内容。在智慧建筑中，不同用途区域对照明有不同要求，因此应根据使用的性质及特点，对照明设施进行不同的控制。照明系统的监控包括建筑物各层的照明配电箱、应急照明配电箱以及动力配电箱等。按照功能，可将照明监控系统划分为几个部分，即走廊、楼梯照明监控，办公室照明监控，障碍照明监控，建筑物立面照明监控，以及应急照明的应急启/停控制和状态显示。

一、照明监控系统的任务

照明监控系统的任务主要有两个方面：一是为了保证建筑物内各区域的照度及视觉环境而对灯光进行控制，称为环境照度控制，通常采用定时控制、合成照度控制等方法来实现；二是以节能为目的，对照明设备进行控制，简称照明节能控制。

二、照明控制方式

照明控制方式如下表所示。

照明控制方式

序号	控制方式	功能
1	翘板开关控制方式	采用控制一套或几套灯具的方式,它可以配合设计者的要求,随意布置,同一房间不同出入口应设置开关
2	断路器控制方式	该方式以断路器控制一组灯具的控制方式。此方式控制简单,投资小,但由于控制的灯具较多,造成大量灯具同时开关,在节能方面效果很差,又很难满足于特定环境下的照明要求,因此,在智慧楼宇中应道慎采用该方式,尽可能避免使用
3	定时控制方式	利用建筑设备管理系统的接口,通过控制中心来实现,但这种方式太机械,遇到天气变化或临时更改作息时间则比较难以适应,定要通过改变设定值才能实现,显得非常麻烦
4	光电感应控制方式	光电感应开关通过测定工作面的照度,与设定值比较来控制照明开关,这样可以最大限度地利用自然光,达到更节能的目的,也可提供一个不受季节与外部气候影响的相对稳定的视觉环境,特别适合于采光条件好的场所
5	智能控制方式	在智能建筑中照明控制系统将对整个建筑的照明系统进行集中控制和管理。一是照明设备组的时间程序控制将楼宇内的照明设备分为若干组别,通过时间区域程序设置菜单,来设定这些照明设备的启/闭程序;二是当楼宇内有事件发生时,照明设备的联动功能需要照明各组做出相应的联动配合;三是照明区域控制系统的核心是DCS分站,一个DCS分站所控制的规模可能是一个楼层的照明或是整座楼宇的装饰照明,区域可以按照地域来划分,也可以按照功能来划分

三、照明系统的监控功能

照明监控系统将对整个建筑的照明系统进行集中控制和管理,主要功能见下表。

照明系统的监控功能

序号	功能	描述
1	走廊、楼梯照明	可按预先设定的时间,编制程序进行开/关控制,并监视开关
2	办公室照明	即人工照明的照度与自然光照度成反比例变化,以使两者动态补偿
3	障碍照明、建筑物立面照明	根据预先设定的时间程序控制,并进行闪烁。或根据室外自然环境的照度来控制光电器件的动作,达到开启/关闭
4	应急照明的应急启/停控制、状态显示	当建筑物发生事故时,需要各组照明做出相应的联动配合

不同用途的场所对照明的要求各不相同。照明监控系统的核心是DDC分站,一个DDC分站可控制一个楼层的照明或整座楼的照明。区域可以按照地区来划分,也可按照功能来划分,各照明区域控制系统通过通信系统连成一个整体,成为建筑物设备管理系统的一个子系统。

第七节　电梯系统监控

电梯是现代智慧建筑内主要的垂直交通工具。电梯系统不但是楼宇内最频繁使用的设备，也是关系人身安全的重要设备。建筑内有大量的人流、物流的垂直输送，因此要求电梯智能化。对带有完备控制装置的电梯，将其控制装置与建筑设备管理系统相连接，实现相互间的数据通信，使管理中心能够随时掌握各个电梯的工作状况，并在火灾、保安的特殊场合对其运行进行直接控制。在大型智能建筑中，常常安装许多台电梯，若电梯都各自独立运行，则不能提高运行效率。为减少浪费，必须根据电梯数量和高峰客流量大小，对电梯的运行进行综合调配和管理，即电梯群控。

一、对电梯监控系统的要求

电梯一般由轿厢、曳引机构、导轨、对重、安全装置和控制系统组成。对电梯监控系统的要求：安全可靠，启、制动平稳，感觉舒适，平层准确，候梯时间短和节约能源。即在启动加速段和减速制动段均为抛物线、中间为直线的抛物线-直线综合速度曲线。当电梯加速上升或减速下降时，人会产生超重感；当电梯加速下降或减速上升时，则会产生失重感，人对失重的感觉比对超重的感觉更加不适。

按驱动电动机的电源，可将电梯分为直流电梯和交流电梯两大类。

直流电梯由直流电动机拖动，由于直流电动机存在换向器和电刷，因此维修保养工作量大，而且体积、重量和成本都比同容量的交流电动机大。交流电梯由结构简单、成本低廉和维修方便的异步电动机拖动，采用计算机控制的变频调速系统既可以满足电梯运行速度的要求，又可以节约能源。

二、电梯系统的监控功能

电梯系统的监控功能如下表所示。

电梯系统的监控功能

序号	功能	描述
1	时间程序设定及状态监视、报警	按时间程序设定的运行时间表启/停电梯，监视电梯运行状态、故障及紧急状况报警。运行状态监视主要负责检测启动/停止状态、运行方向、所处楼层位置等，可通过自动检测并将结果送入DDC，在上位计算机上动态地显示出各台电梯的实时状态
2	电梯群控管理	电梯群控系统能对运行区域进行自动分配，自动调配电梯至运行区域的各个不同服务区段。服务区域可以随时变化，它的位置与范围均由各台电梯通报的实际工作情况确定，并随时监视，以便满足大楼各处不同停站的召唤
3	配合安全技术防范系统协同工作	根据保安级别自动行驶至规定楼层，并对轿厢门实行监控。当发生火灾时，各电梯直驶首层、放客，切断电梯电源

第八节　建筑设备管理系统设计

近几年，国民经济快速发展，固定资产投资与规模不断提高，智慧楼宇不断兴建，这些大厦都要求有建筑设备管理系统对其运行管理提供保障。建筑设备管理系统设计的主要目的就在于将建筑物内各种机电设备的信息进行分析、归类、处理、判断，采用最优化的控制手段并结合现代计算机技术对各系统设备进行全面有效的监控和管理，使各子系统设备始终处于有条不紊、协同一致的高效、有序状态下运行，以确保建筑物内舒适和安全的环境，并尽量节省能耗和日常管理的各项费用，保证系统安全、有效、节能运行。

一、建筑设备管理系统的设计原则

建筑设备管理系统的设计首先应遵循先进高效、技术成熟、经济合理、安全可靠的原则，具体如下表所示。所采用的设计方案及产品都应满足建筑物内设备监控及管理的功能要求，系统硬件设备和软件的配置应满足具体工程应用中的实际需求，采用结构化、模块化、标准化且具有良好的可扩展性和开放性的产品。

建筑设备管理系统的设计原则

序号	原则	描述
1	开放性	选用可以在不同设备之间互联、兼容的产品
2	一体化整合设计原则	充分考虑水、电、公共安防等系统的诉求，争取使用多项技术融合的产品
3	可扩展性	根据受控设备分布，编制监控设备点数表和配置表，并考虑适当的冗余度，以便于后期扩展
4	技术的适用性	为了延长建筑物及其设备的使用寿命，尽量采用国际上先进的、成熟的、实用的技术和设备
5	可靠性	系统必须具有保证可靠运行的自检试验与故障报警功能。
6	节能环保	在规划、设计中必须强化节能意识，把能源供应管理及节能控制列为主要内容

二、建筑设备管理系统的设计流程

建筑设备管理系统的设计贯穿于建筑电气设计的始终，在民用建筑电气设计的方案及初步设计阶段，即应结合工程需求，充分考虑建筑设备管理系统设计方案。原则上，方案设计文件应满足编制初步设计文件的需要，初步设计文件应满足编制施工图设计文件的需要，施工图设计文件应满足设备材料采购、非标准设备制造和施工的需要（如设计说明、系统图、平面图、材料表等）。通常设计单位对建筑设备管理系统的设计包括在弱电设计或是总的电气设计中，而工程承包方的二次深化设计有时仅包括建筑设备管理系统的单项设计。具体到各个阶段的设计内容如下。

（一）方案设计阶段

建筑设备管理系统设计文件主要为设计说明书，包括在电气或智能化系统总说明中阐述设计范围及建筑设备管理系统设计标准，并说明建筑设备管理系统设计包含的内容，当由建筑设备管理系统完成系统集成时，应说明集成的内容等。

（二）初步设计阶段

建筑设备管理系统设计内容包括设计说明书、图纸目录、系统图、平面图、主要设备材料表等。设计说明书中，设计依据主要包括建筑概况、相关专业提供给本专业的工程设计资料、建设方提供的有关职能部门认定的工程设计资料及建设方设计要求、本工程采用的主要标准及法规。建筑设备管理系统控制室的位置、面积、独立设置或与哪些系统合用。监控总点数，包括数字输入、数字输出、模拟输入、模拟输出各为多少；系统的组成等。对于制冷及热力系统应说明制冷机及锅炉的形式、数量及自带的控制功能与控制要求以及建筑设备管理系统要实现的控制功能。对冷冻（冷却）水系统应说明冷冻（冷却）水泵的数量、冷却塔的数量，控制要求及建筑设备管理系统实现的功能。对于空气处理及给水排水系统应说明设备的数量、控制要求及建筑设备管理系统实现的功能。对于供配电设备监测系统应说明高低压开关柜、变压器、发电机、直流电池屏数量，主要设备的使用功能。说明照明系统的控制要求。说明与安防系统的联动控制要求等。

当完成智能化系统集成功能时，设计说明书还需说明集成的子系统及其要求，主要产品的选型，设计中所使用的符号、标注的含义，接地要求、导线选型等。

（三）施工图设计阶段

施工图设计是系统设计的一个重要环节。建筑设备管理系统的设计文件包括图纸目录、施工图设计说明、系统图、平面图、主要设备材料表。

施工图设计说明的设计依据可按初步设计的内容进行说明，设计范围包括建筑设备管理系统控制室的位置、面积、独立设置或与哪些系统合用，监控总点数及现场控制器输入、输出信号的数量，系统的组成等。

在建筑设备管理系统中，现场控制器输入、输出信号有4种类型。

A1：模拟量输入，如温度、湿度、压力等，一般为0～10伏或4～20毫安信号。

A0：模拟量输出，作用于连续调节阀门、风门驱动器，一般为0～10伏或4～20毫安信号。

D1：数字量输入，一般为触点闭合、断开的状态，用于启动、停止状态的监视和报警。

D0：数字量输出，一般用于电动机的启动、停止控制，两位式驱动器的控制等。

当完成智能化系统集成功能时，施工图设计说明中还需说明集成的子系统及其要求（与初步设计致），主要产品的选型、设备订货要求，设计使用的符号和标注的含义，接地要求，导线选智及敷设方式，系统的施工要求和注意事项（包括布线、设备安装等），以及工程选用的标准图等。

系统图包括绘至DDC站为止的系统干线图，系统主要设备，与DDC站的连接，线路选型与设方式，线缆、设备的数量、路由，主要设备与设备间的线路连接，设备材料的图例、型号、数量应与平面图材料表上所列的一致，设备位置应与实际位置基本一致。监控点表应说明详细的设备和DDC的分布位置、监控对象、实现的功能、监控点分类、点数统计及DDC的点数占用率等，各监控点、DDC与干线系统图应严格一致。

平面图包括控制室平面布置图、接地平面图、DDC平面布置图、干线及设备机房外线路平面图。主要设备材料表包括主要设备的图例、名称、型号规格、技术参数、单位、数量、安装做法等。

建筑设备管理系统及系统集成包括绘至DDC站为止的监控系统方框图，随图说明相关建筑设备监控（测）要求、点数、位置，可向承包方提供建筑设备的情况及要求，使承包方提供的深化设计图纸。

（四）深化设计阶段

深化设计阶段与施工图设计的主要区别在于需增加详细的分系统图，详细的设备机房内DDC与监控设备的连接平面图和接线图，以及详细的设备材料清单。调整到深化设计的图纸主要是子系统的系统图，传感器、执行器的材料选择，机房内设备与DDC之间具体连接的平面图等。深化设计要求承包方提供相应的深化设计资料，主要有设计说明（包括系统功能说明及性能指标、监控点数表、系统设备配置清单、监控原理说明等）、系统图（包括系统结构图、网络拓扑图）、平面图（包括控制中心、分控室、受控设备机房、末端设备安装及配线平面施工图）、设备安装大样图（包括控制中心和分控室设备的平、立、剖面安装图，DDC、传感器、执行机构的安装大样图）、各系统或设备的监控原理图及电气端子接线图、系统设备配置及器材与线缆清单、系统安装及施工的土建条件与环境要求。

三、建筑设备管理系统的节能优化设计

维持智能建筑运行将耗费大量能源，空调、给水排水、照明等子系统能耗占智能建筑运行能耗的2/3以上，因此，降低建筑物能耗，重点在于降低设备的运行能耗。当各类设备的选型确定后，要降低设备能耗，只能从分析设备系统的运行控制过程入手，分析外界气候条件和建筑物内人员、设备变化对建筑物运行能耗产生的影响，从而在设备运行控制过程中进行节能研究。为此，应充分运用现代计算机技术、互联网技术、制造技术、信息技术、管理技术和分析工具对各类智能建筑的设备系统运行特性、集成控制方式、控制过程、控制内容、控制软件系统进行详细的分析与研究。并在此基础上，对影响建筑物内部舒适性的因素进行分析，定量分析建筑物内舒适度指标，确定控制目标和控制参数，建立相应的设备控制模型和目标函数，进行设备运行能耗仿真计算和实验，分析设备耗能与智能建筑功能以及建筑物使用时间、空间关系，优化设备运行，在保证智能建筑使用性能前提下，降低设备使用的能耗，才能使智能建筑在节能、智能化、安全性、舒适性、快捷性、经济性等方面更好地发展，从而推进智能建筑整体的发展。

具体到智能建筑中,建筑设备管理系统的节能优化设计主要体现在空调系统、给水排水系统和照明系统的节能设计,见下表。

建筑设备管理系统节能分析表

序号	系统名称	节能优化设计说明
1	空调系统	在对空调系统运行过程中各部分的耗电进行分析的基础上,确定影响空调运行能耗的主要参数和控制目标。建立优化运行的目标控制模型和目标函数,运用各种算法进行控制参数求解,将优化后的控制参数送入控制系统,达到节能的目的。对于空调机组的控制优化,目前多采用自适应控制的方式有效实现空调机组的精细化控制。自适应控制在系统的运行过程中不断地提取有关模型的信息,使模型逐步完善,同时,依据对象的输入和输出数据,不断辨识模型参数,模型会变得越来越准确,越来越接近于实际
2	给水排水系统	节电措施主要是对水泵进行调速,使得无论用户用水量如何变化,水泵都能及时改变其运行方式,实现最佳运行。方法有:用调速电动机或用水泵电动机可调速的联轴器(力矩耦合器)
3	照明系统	合理安排用电需求,降低不必要的用电,采用智能控制方式进行照明控制

总之,建筑设备管理系统的设计应实现其对智能建筑内的各种机电设施进行全面的监控管理,如冷热源系统、空调通风系统、给水排水系统、供配电系统、照明系统、电梯系统、消防系统、安防系统等。通过对各个子系统进行监视、控制、信息记录,实现分散节能控制和集中科学管理,为建筑物用户提供舒适、良好的工作环境,为建筑物的管理者提供方便、快捷的管理手段,从而减少建筑物的能耗并降低管理成本,保证智能建筑内各系统的安全、可靠、节能运行。

第九节 建筑设备系统的操作与维护管理

为确保建筑设备系统处于最佳运行状态,保证设备安全有效运行,必须结合设备的实际和管理要求,加强维护管理,以使整个维保工作系统化、规范化、档案化,使整个系统正常运行,以达到物业小区的实际使用要求,确保物业小区的人、财、物安全。

一、建立建筑设备系统设施设备台账

设施设备台账是设备管理的基础资料。台账全面、完整地反映了物业的全部设施设备的原始情况和动态变化情况,是设备运行管理和系统保养工作结果的最完整记录。

鉴于台账的重要性,在记录台账时必须对设备的各参数做到详尽、准确。所以在物业前期介入管理过程中,就尽可能详细地去熟悉各设备系统设计技术参数、技术性能参数以及安全经济运行的状态参数等,做好详细记录并建立完善的设施前期技术资料档案。若在接管后因设施设备资料欠缺的情况下,最好的办法就是在现场设施设备(包括附属设备)铭牌上数据记录的抄集。

建筑设备系统台账所包括的资料有:

① 设计说明；
② 系统图；
③ 各系统控制原理图；
④ 点位表；
⑤ 设备清单；
⑥ 各系统控制说明；
⑦ 点位测试记录表格；
⑧ 试运行记录；
⑨ 操作维护说明书；
⑩ 常见故障处理手册；
⑪ 系统备份光盘；
⑫ 产品说明书；
⑬ 竣工图；
⑭ 技术偏离表；
⑮ 施工过程中相关记录表格。

二、配备建筑设备系统的运行维护人员

智慧楼宇建设备系统运行维护管理人员要求适合岗位的员工是建筑设备系统运行维护管理的前提，因此对于楼宇自控管理人员一般要求如下。

（一）人员配备

1. 楼宇自控管理工

① 熟悉制冷空调专业知识，熟悉楼宇自控系统控制对象：冷水机组及冷冻站、组合式空调、新风机组、换热器及换热站、给排水、变配电系统、照明系统、电梯系统工作原理。

② 熟悉电工基础知识，熟悉三相五线供电工作原理，熟悉交流接触器、热继电器、变压器、继电器等主要电器元件工作原理，熟悉各种线材规格及选型。

③ 熟悉电子电路基础知识，熟练电压、电流、电阻、功率的相关计算，熟练电阻器、电容器选型及应用。

④ 熟悉楼宇自控系统工作原理、作用，了解楼控系统主要设备中央管理软件、通信控制器（网络控制器）、直接数字控制器（DDC）或者程序逻辑控制器（PLC）和末端设备（温湿度传感器、压差开关、低温断路器、电动风阀执行器、电动水阀、微压差变送器、二氧化碳变送器、浮球开关、水流开关、液位变送器）等功能。

⑤ 熟练通过现场控制器（DDC）人机界面（MMI）对空调机组、冷水机组、制冷站、换热站、给排水系统、照明系统等运行操作。

⑥ 熟练通过中央管理站对空调机组、冷水机组、制冷站、给排水系统、照明系统等运行操作。

⑦ 能够配合上一级管理工程师处理完成相关工作。

2.楼宇自控管理员

① 符合楼宇自控管理工全部要求。

② 有低压电工工种上岗证书。

③ 制冷空调工种上岗证书。

④ 熟练阅读楼宇自控系统网络图,中央空调、冷站、热站、给排水、照明等控制图纸,以及变配电、电梯等监测图纸、点表和控制要求。

⑤ 熟练使用WORD、EXCEL软件,具有起草系统检修报告的能力。

⑥ 能根据DDC或中央站给出的数据对楼控所管理设备故障部位进行准确判断。

⑦ 熟悉变频器工作原理,至少掌握一个品牌变频器的设定、操作。

⑧ 能够独立完成本岗位全部工作。

3.楼宇自控管理师

① 符合楼宇自控管理工、楼宇自控管理员全部要求。

② 至少熟悉两家不同类型的进口品牌、一个国产品牌楼宇自控系统。

③ 熟练使用AUTOCAD软件,能够对楼控系统图纸进行一般修改。

④ 熟悉楼控专业英语词汇,能看懂相关设备技术说明书。

⑤ 熟悉楼宇自控施工规范,能按规范对系统施工质量进行检验。

⑥ 熟悉楼宇自控系统检验标准,能按标准对系统状态进行判断、验收。

⑦ 对焓值控制、PID控制有深入了解。

⑧ 对变风量控制(VAV)原理有深入了解。

⑨ 熟练掌握两个品牌以上变频器的设定、操作。

⑩ 对楼控系统网络构建,如BACNET、MODBUS、CAN、LONWORK有初步认识。对二级网络、三级网络不通的应用对象有所了解。

⑪ 能对本单位楼宇自控系统构建、品牌选择、控制条件提出明确要求。

⑫ 至少了解不少于三种空调、冷站的节能方法。

⑬ 对暖通知识,特别是中央空调系统有一定的了解和认识。

⑭ 能够独立解决工作中出现的问题。具有一定的工程技术管理能力,能够指导或管理楼宇自控管理员、管理工作。

⑮ 对建筑设备的其他系统的工作原理,如给排水系统、排风系统、变配电系统等有一定的了解和认识。

(二)开展操作培训

操作培训是保证物业人员使用操作软件进行管理的基础。操作培训的内容如下。

① 系统讲解(拿到系统资料,研读后,让相关供应商开始培训)。

② 上位机软件培训(查询历史记录、报表打印、设定值修改,设备开关、时间表设定等)。

③ 各子系统的控制原理(空调系统、水系统、排风系统等)。

④ 现场设备维护培训(传感器、执行器、压差开关等)。

⑤ 常见故障处理方法培训。

合理的权限设定很重要,可以保证在功能正常使用的同时系统的安全性。

三、签订维护保养和维修合同

物业公司要与建筑设备系统的供应商签订维护保养和维修合同。建筑设备系统维护保养和维修合同至少应包括以下内容:

① 维护保养和维修期限;

② 维护保养和维修内容;

③ 维护保养和维修要求;

④ 故障响应时间和维修处理时间限定;

⑤ 维修质量要求和维修所需配件供应方式的确定;

⑥ 维护保养和维修记录及验收的标准;

⑦ 维护保养和维修资金支付方式及时间;

⑧ 当事人双方具体负责人的姓名、联系电话;

⑨ 提供完整的安防系统竣工资料,应包括设计方案、工程合同或器材设备清单、系统原理图、平面布防图、电源配置表、线槽管道示意图、监控中心布局图、主要设备和器材的检测报告(认证证书)、使用说明书、系统操作手册、验收报告等;

⑩ 当事人双方的责任、权利和义务;

⑪ 争议及违约的处理方式。